出乡关记

康永久　余清臣　主编

浙江教育出版社·杭州

图书在版编目（CIP）数据

出乡关记 / 康永久，余清臣主编. -- 杭州 : 浙江教育出版社，2025. 7. -- ISBN 978-7-5722-8621-6

Ⅰ. G645.5-53

中国国家版本馆 CIP 数据核字第 2024GU0638 号

出乡关记

CHU XIANGGUAN JI

康永久　余清臣　主编

责任编辑：刘亦璇　　**责任校对**：洪　滔

美术编辑：韩　波　　**责任印务**：陈　沁

装帧设计：Ashes

出版发行：浙江教育出版社（杭州市环城北路 177 号）

图文制作：杭州林智广告有限公司

印刷装订：浙江新华印刷技术有限公司

开　　本：710 mm × 1000 mm　1/16

印　　张：22

插　　页：1

字　　数：316 000

版　　次：2025 年 7 月第 1 版

印　　次：2025 年 7 月第 1 次印刷

标准书号：ISBN 978-7-5722-8621-6

定　　价：68.00 元

导言　学业成功者的教育学

一

这是一部特殊的文集，收录的是北京师范大学教育学部2011—2014级部分新生的教育自传，反映的则是当代中国家庭、学校与“90后”优秀学生的教育与生活的概貌。

现在看来，这样一本教育自传至少可以实现五个方面的目标：让学生总结与反思自己的成长历程，让教师了解学生对自我形象的定位，让家长了解孩子的学校生活与内心世界，让未来的教育者发出自己的“第一声”，让研究者关注学生眼中的成长实践。

自一开始，我就在自己的教育学原理课程中，要求学生们致力于报告这些与教育深度关联的方面：(1)家庭规模与结构、社会经济地位、社会关系网络、父母受教育状况、父母与学校的联系等；(2)亲子关系、管教方式、父母对待学习的态度与期待、课外补习情况、来自父母的学习指导等；(3)与同学的关系、在班级中的地位与参照群体等；(4)与老师的关系、学科兴趣的分化、个人的努力状况、自主学习与阅读、师生关系的建构等；(5)关键的事件与转折、学习中的主要困难或成功之道。[①]我希望，与成长有关的关键记忆，都可以在这里涌现。

学生最后拿出的东西远远超出了我的想象。他们不但成功深描了自己成长过程中的这些关键方面，而且以极具个性的方式展现了这些方面。按照他们自己的说法，教育自传这东西有“毒”，一旦提起笔就不

---

① 康永久.教育学原理五讲[M].北京：人民教育出版社，2016：13.

容易放下。事实上“中毒”的不仅是他们，读他们的教育自传时，我也完全忘了曾给他们提的上述要求，只觉得一个个鲜活的成长故事浑然天成，生动可爱。不论家长、教师还是教育研究者，都不应错过这些在学生成长过程中支撑了他们十几年的关键片段。

也许是教育学原理课程开设的时机真的太好了！学生们刚从高中进入大学，有一肚子的话想说，但还找不到倾诉的对象。面对陌生的环境，远去的高中生活和远方的亲友都历历在目。结果，就在学生们也想动手为自己十几年的风风雨雨写点什么以“立此为据”的时候，我们“不期而遇”的教学要求促成了这一次集中的绽放。

二

2011年，也就是第一次让学生反观自己的成长历程时，我主要有三方面的考虑：一是对学生好奇，想了解他们，也想更好地接近他们，希望与他们建立某种非正式的联系或默契，以便更好地享受教学的乐趣；二是想为自己的课程教学提供一些实例，营造志同道合的教学共同体，促成师生敞开自我，发掘情境中的教育意义，最终让我的教育学原理课程与教育学原理课堂相互印证；三是考虑到当时自己正在做一个“文化视野中的学校、教师与学生”的课题[①]，想借此为自己理解学生的成长积累一些素材。

但最主要的动力还是教学兴趣，对学生的好奇也是出于教学兴趣。当时我已经能够享受到教学的乐趣，这种乐趣主要源自我在教育学方面的一些关键性突破，尤其是对魅力与制度的教育意义的理解上的新突破。原来的教育学过于看重教育教学的艺术与技巧（我称之为“专业教育学”），忽视事物本性之中的教育力量（或称之为“魅力教育学”）。而现在，我将知识的魅力、人格的魅力、探究活动本身的魅力，作为教育沟通的根基，并将专业教育学、魅力教育学与制度情境中的教育学（简

① 课题全称是“文化视野中的学校、教师与学生：教育中的文化再生产机制再审视”，为北京师范大学自主科研基金2010年重点项目，受“中央高校基本科研业务费专项资金”资助。

称“制度教育学”）之间的相互依存乃至替代关系，作为我的教育学原理课程的基石。我还提出了“先验的善意”的概念，试图像约翰·杜威那样，将教育教学建立在一种不知不觉的普遍过程的基础之上，也就是建立在魅力的基础之上。[①]此外，我还借助德国经典社会学的思想资源，尤其是马克斯·韦伯[②]与斐迪南·滕尼斯[③]的社会概念，在对教育（学）与人的发展的历史脉络的理解上取得了一系列突破后，已能将它们真正放到社会与历史的情境之中去理解[④]。

这些理论突破，使得我在教学中已然处于一种亢奋状态。它们支持了我的自我呈现，这种自我呈现不仅是个人经验的分享，更重要的是个人观点的展示，以及对理论背后的意义的深度挖掘。学生的表现出人意表，他们虽经常迷失于课堂上所谓的“灵光一现”，但又不可遏止地表现出了某种我渴望已久的“神往”。因而，我迫切希望借此了解那些面孔背后的教育力量，将我的教育学进一步建立在学生自身教育学的基础之上。

而第三个方面的考虑自一开始就被某些学生识破了，他们在自己“不得不写的自传”中，明确表达了被作为“小白鼠”的不满。例如有同学就宣称：“布置作业的康永久先生不过是想收集资料，而我也只是想练一下打字速度而已。”但他没有想到，人类世界的事情就是这样奇妙，当你自以为揭示出世界真相的时候，世界本身马上就会发生变化。

事实上，当看到学生的第一批自传时，我就产生了一种将之结集出

---

① 康永久.教师知识的制度维度[J].教育学报，2008(3)：54-59；康永久.回归生活世界的教育学[J].教育研究，2008(6)：24-30；康永久.民主与教育学：论一种新的教师专业发展观[J].教师教育研究，2009(1)：31-35；康永久.魅力、情境与教育学：教师专业化之历史反思与重构[J].教育资料与研究，2010(5)：117-146；康永久.深度定位的教师专业发展[J].教育研究与实验，2012(1)：1-9；康永久.制度世界及其教育学[J].教育研究与实验，2013(1)：1-6；康永久.科学世界及其教育学[J].南京社会科学，2014(3)：1-8.

② 韦伯.经济与社会：上卷[M].林荣远，译.北京：商务印书馆，2004；韦伯.经济与社会：下卷[M].林荣远，译.北京：商务印书馆，1998.

③ 滕尼斯.共同体与社会：纯粹社会学的基本概念[M].林荣远，译.北京：商务印书馆，1999.

④ 康永久.教育学原理五讲[M].北京：人民教育出版社，2016.

版的冲动。再次的理论加工肯定会有收获，我也希望自己乃至其他研究者日后能利用好手头的这本“原始资料”，但原汁原味地呈现它们更符合教育的初衷。而且，就在我欣喜若狂地回应与夸赞这些自传的时候，那些没有洞察到我初始的功利意图的学生获得了最大的发展。他们能将课堂上学到的内容与自己投身于其中的事物做更好的结合，再也不是站在课堂教学之外。最终，我们不仅可以在这里发现个人的成长密码，甚至还可以借此相当精确地预测学生们的后续学业成就。

三

这些自传之所以被挑选出来，不是因为它们有文采，而是因为它们以巨大的勇气，展现了社会中的成功教育学，使得不同群体的教育进身之阶变得清晰可见。这种教育学显然不是存在于理想情境之中的那种最优体系，不可避免地会被其情境所定义，但两者之间还是可以相互印证。基于一种直观理论，我们将这些自传粗略分成了五类。

“勇敢的心”——这些传主尤其体现了某种倔强的个性或意志力，但不一定与学校或家庭有疏离或冲突，也不一定意味着其家境贫寒。他们或受到老师、学校外世界或善的召唤，或受到同伴的竞争激励，或受到性别或现实命运的驱动。最终，他们生活在一个非常单纯的世界，故乡只是他们人生的驿站，他们的使命就是捕捉生命中那一抹亮色。当然，其中也呈现了社会处境不利者的成长，羊肠小道上的攀登。他们在此抓住的，似乎是那唯一且狭窄的进身之阶。生活的磨难，为什么单单对他们构成了强劲的推动力？天资、亲情、师恩、人情冷暖、挫折在这里相互缠绕，难分难解。

“城镇顺逆流”——在这里，我们可以特别清晰地看到城镇之中某种常规之外的成长，或特别的家庭氛围及圈子中的超越。与学校或家庭之间的疏离并没有阻断这种发展，这是其中最令人关注的部分。其中，有些人在学校显得反叛但也获得了成功，有些人家庭结构残缺但也获得了成功。很显然，每个问题都可能有其独特的解决机制，家庭与学校之间也可能存在某种相互替代或补偿关系。

“风雨征途”——这些自传重点刻画了制度化学校生活中的苦与乐。其中的主角在学习上曾经历过特别的荣耀和挫折，这些对学校和家庭都有特别的影响，它们因此与个人经常一起“飘摇”。从这里，我们可以看到他们成长过程的复杂性。即便是优秀学生，也不是学业成功者团队中的“天然成员”，学习在某种意义上更像是一个不断定位的过程。

“道法自然”——这部分展示的是城市中产阶层的子女自由自在的成长。有幸置身其中的学生有个性，学校、家庭能包容，显然已进入游刃有余、顺风顺水的状态。农村“道法自然”的生活方式不只存在于课外生活的领地，在学校的学习与自由成长也能很好地与其进行结合。这些个案中，主人公们不但有丰富的学习资源，而且对成功有自己独特的定义。

“幸福来敲门”——这一部分呈现的是在诸种关爱与机遇下成长起来的宠儿，在此特别引人注目的是他们成长过程中受到的恩宠与提点。他们因自我呈现而与教师建立了广泛而稳定的联系。因此，在“幸福来敲门”的背后，依然是个人的自我呈现。他们说到底是机遇的创造者，因为首先打开了自己的那扇“门”，真心拥抱这个世界，由此种下了“梧桐树”，最终引来了“金凤凰”。

四

看得出，传统意义上的贫困家庭，依然在持续贡献学业成功者。这不但因为社会支持系统已相对完备，也因为物质上的贫困并不必然导致精神上的贫乏。说到底，物质上的贫困只有在自我迷失之时才可能导致内在的自我贬抑，并最终在这个世界上产生异己者、逃避者或激进的反叛者。或者说，只有在基本价值幻灭的情形下才会导致内在的幻灭。其他时候，物质上的贫困与精神上的自立经常结合在一起，从而为个体的成长提供信念上的支撑。

也有越来越多的学业成功者，出自那些结构不完整的家庭。很显然，家庭的不稳定性在增加，无论农村人口的外出务工还是城镇核心家庭的情感纠葛都会导致这一问题。但家庭结构上的不完整并不必然意味着善意、信任或爱（尤其是对孩子的爱）的缺失，尤其不意味着社会、学校、教师的善意、信任或爱的缺失。相反，正是由于这种不完整性，孩子还经常渴望进一步确认善意、信任和爱的力量。这种家庭虽然必定有其特定的困难，但世俗目光对这类家庭有过多的怜悯和担忧，至少在其子女教育问题上存在不客观看待。监护者在基本情感结构未曾动摇的前提下，依然有健全的信仰，足以为子女撑起一片蓝天。

在个人成长的问题上，可以一再看到家庭的重要性。但学校生活中的人的发展，或者更具体地说，个人学业成就的取得，绝不是由家庭的客观条件直接或间接决定的。至少，这些家庭对其子女学业成就的贡献，首先不是来自其“社会经济地位”，而是来自民间广泛传颂的“家教”或“教养”。其中的奥秘就在于，除了客观的“社会经济地位”，经常还有相对独立的文化与心理因素足以影响到个人的见识、品位、视野、雄心、努力、规矩、本分[①]乃至责任意识。很显然，真正起作用的文化资本，不限于皮埃尔·布迪厄所说的那些方面。庶民社会俗称的“家教”，反倒构成了家庭与学校相互信任与衔接的基础。

这里所说的“家教”，就是指一个家庭所具有或体现的素养。其中有很大一部分被称为“规矩”，其背后有对这个世界沟通机制的洞察，以及对个人、家庭与社会本身意义的追求。因而，当一个人被说成“缺少家教”的时候，他首先面临的是一种道德上的指责，一种内在信念的缺失，而不是一种知识或品位上的贫乏。“家教”当然还包括其他的方面，如在地方知识或文化上的启蒙。智慧的大门一旦被开启，孩子们自身就能焕发出一种神奇的力量，冲破家庭文化资本的局限。

每个学业成功者的背后，几乎都能看到这种“家教”的影响。道德的根本品质是自律，启蒙的本质是帮助孩子触摸到另一个世界。因而，

① 关于“本分”的理解，参见胡雪龙，康永久. 主动在场的本分人：农村学生家庭文化资本的实证研究[J]. 全球教育展望，2017，46(11)：104-116.

“有家教”的小孩，本性上拥有一种对教师、知识和学校生活的尊重。①这种尊重是其对范围广泛的人与事的内在尊重的一部分，也是他们汲取家庭的文化乳汁、走向更广阔世界的力量源泉。由此，“家教”天然具有“亲学校”的特质，“有家教”的农家子弟都会关注自己的学业成就。这种力量的存在，使得他们可以与学校、教师乃至知识之间建构起一种特别的关系结构，成长经常就此展开。即便对学校或生活中的诸多事情不满，他们也能将自己的反抗控制在“有理、有利、有节”的限度。②

但家教乃至更广义的文化资本的传承，还是依赖于父母与子女之间的现实关联。父母的远去有时会使子女产生一种被遗弃的感觉，尤其对那些刚开始懂事的孩子而言，但也并非完全没有回旋的余地。一切都取决于家庭本身的道德底色，以及对分离后子女的安排和跟进。好几篇自传都提供了在这种条件下取得学业成功的实例，还有一些则事关离异或冷战家庭中子女的成长，它们都显示出这些家庭道德上的健全。至于随父母在外求学者，更不乏成功的范例。

五

但即便对这些有教养的孩子——很多时候也是人们口中的“别人家的孩子”而言，学习的过程还是充满了艰险。他们中的很多人，很早就被认为是“读书的料”。但为了留在这样一个“天资聪颖者”俱乐部，他们差不多付出了自己全部的心血。而他们辛勤耕耘的，经常是一个有限的学习领域。人们通常也相信，唯有这样一个领域，才能为他们提供一个相对纯粹的道德环境，充分发挥其“家教”优势。每个学生都在其中精耕细作，整个系统似乎也是为了精确鉴别个人的天资而建立起来，以期达到最大的公平，最终都将他们逼上了应试教育的“独木桥”，偶尔

① 有关“学校化的心性品质”的进一步论述，参见程猛，康永久.“物或损之而益”——关于底层文化资本的另一种言说[J].清华大学教育研究，2016(4)：83-91.

② 胡雪龙，康永久.主动在场的本分人：农村学生家庭文化资本的实证研究[J].全球教育展望，2017，46(11)：104-116

的分神都可能导致个人自我定位的震荡乃至坍塌。这种震荡带来的自我否定，早先已经摧毁过他们儿时同伴的教育梦想。

与此相匹配，这些学生经常有远大的志向和内在的上进心，但缺少明晰的目标。[①]套用一句话来说，“目标，永远存在却绝不提及”[②]，而且随时可能修正。他们的“家教”要求他们认可并追寻意义，但他们的社会经济地位限制了他们的视野、见识和品位，现实的学校教育也没能为他们创设一个多姿多彩的教育环境。结果，他们对外部的世界经常缺乏感性的认识，只有朦胧的印象。他们知道“山的那边”有一个全新的世界，但只能接触到有限的职业信息。最后，他们对职业的选择在很大程度上也是道德化的，利益的追求很少直接进入他们的视野焦点。不是因为别的，只是因为他们没有相关的体验，也没有相关的基础。在有选择自由或行动空间的地方，他们就像名花名草，等着别人来赏识或提携。身边人的示范、引导或选择，对他们有很大的影响。结果，他们的选择经常又是学校化的。

可以说，“家教”给他们提供了亲学校的心性品质，学校为他们的发展提供了具体的心理内容，因而他们理智的发展在根本上依赖于学校，自一开始似乎就走上了某种专业化的路径。尽管他们自身并没有意识到，实际上在专业教育开始之前，他们已经被学校专业化了，但在学校教育以及学校生活中他们展现出来的能力倾向，还是不知不觉就圈定了他们的职业选项，他们对这一范围之外的职业几乎没有认知。而且由于缺乏根基，他们最终会倾向于选择低风险的职业，并主要借助自己的专业能力来深耕这些职业。他们的父辈大多数是物质生产者，他们则大多数将成为生产管理者、知识生产者与技术专家。

---

① 程猛，康永久.“物或损之而益”——关于底层文化资本的另一种言说[J]. 清华大学教育研究，2016(4)：83-91.

② 安妮特·拉鲁(Annette.Lareau)在《不平等的童年》一书中指出，中产阶级和贫困的工人阶级家庭的孩子对钱有完全不同的体验。对于中产阶级的孩子而言，钱，永远存在却绝不提及。参见拉鲁. 不平等的童年[M]. 张旭，译. 北京：北京大学出版社，2009：58-59.

因此，他们不但是“读书的料”，在某种意义上也是“读书的命”。在相当长的时期内，学校教育所及的范围，就是他们潜在的专业领域，也就是他们的全部世界。唯有在此获得成功，他们才能触摸到自己曾经朦胧觉察到的那个世界。一旦失去对自己这一“命运”或“本分”的主宰，他们也就失去了成功的根基和方向，自感愧对家庭的供养。底层人群的“钱”由此彻底转化为一种道德约束力量。① 因而说到底，读书就是他们的本分，也是他们的使命。他们所受的“家教”正因为洞察到了这一点，才能在与学校配合的过程中如此卓有成效。也唯其如此，他们才会在此表现出特别的上进心，有如此强烈的出人头地的意向。这样成长起来的一代人中很少有那种全面、自由、和谐发展的人，他们的发展在根本上是以片面为特征和代价的。这个过程有时被人们乃至他们自身界定为“死读书”的过程，在此过程中的全身心投入，让他们感到“好像整个世界与我无关”。在这样的环境中，也唯有如此投入、坚定与执着，才可能成功。

在这样一种制度化的学校教育体系中，他们对知识当然是有理解力和洞察力的。但他们主要是在知识体系内部融会贯通，不能洞察到知识与广泛的社会生活之间的潜在关联，因而不能真正摆脱权力、利益或教条的控制，认清知识的工具性质、假设性质、建构性质，从而恢复个人在知识面前的主体性。按照英国著名教育社会学家伯恩斯坦的理解，对学科边界明晰（强分类）、教学控制严厉（强架构）的课程教学体系而言，学科的最终秘密② 一直要等到教育生涯晚期才会揭晓，而且只对那些已成功显示社会化迹象因而被挑选出来的少数人揭晓。他们身处的

① 有关这些人将钱“道德化”的更多论述，参见程猛，康永久．“物或损之而益”——关于底层文化资本的另一种言说[J]. 清华大学教育研究，2016（4）：83-91.

② 这里所说的“学科的最终秘密”指的是“知识是可渗透性的，它的分类是临时性的，知识的辩证法是封闭与开放”，可以理解为真正摆脱权力、利益或教条控制的有活力的知识领域。参见BERNSTEIN B. On the classification and framing of educational knowledge [M]//YOUNG MR. Knowledge and control：new directions for the sociology of education. London：Collier Mac-millan，1972：57.

恰恰就是这样一个体系。对他们而言，大学生活真的就是一个“重塑三观”的过程。他们必须摆脱自己的“学生腔”，才能触摸到真正的现实和真正的知识。

六

这样一种成长道路，是否预示着他们在某些学科上的先天劣势？这一问题，仅凭对这些自传的初步分析，还是很难回答。但可以强烈地感觉到，经济与视野上的限制，导致他们更可能优先选择技术性、实用性或热门性的职业。从其他专业过来辅修教育的学生，很多是有实际目的的，他们的专业选择似乎就具有这些特征。而优先选择我所从教的教育学专业的学生，大多数还是有理想、有“闲心”、有社会担当的。

也有越来越多的学业成功者来自城市中产阶级或知识分子家庭。他们不但秉承了一套独特的道德品质，也更加尊重个性和个人自由，而且具有超越于学校教育范围的见识、视野与品位。他们的教育生活更加不依赖于学校，他们的专业选择也更加个性化。他们跟学校教育保持着适当的距离，在他们的生活中，始终能够看到自主活动的重要性。他们有更大的阅读量和更多的业余爱好，也有更专业的特长，参加过更多的课外班、学科竞赛以及才艺训练。但他们与教师之间，通常也有更远的距离。他们或许不把教师课堂的成功看作自己的成功，但愿意作为课堂上的“苏格拉底”帮助教师把课上好。他们具有视野与经济上的优势，与那些有着强烈进取心和课堂参与意识的同伴“相映成趣”。

学校有可能为处境不利者提供一个开放的环境，使他们也能在中产阶级家庭所偏好的那样一种教育模式中获得成功吗？不少学生在自传中表达了进入大学后对过往那种学校化教育模式的感激和眷恋，他们能适应一个没有明确的学业分层体系的具有开放性的教育环境吗？处境不利者教育学的一个特征，是需要得到学校学业成就的及时反馈。他们的道德支持，说到底建立在个人实力的基础之上，而实力本身又需要成绩的佐证。按照这样的逻辑，一个更接近“素质教育”的大学环境对他们似乎就是不利的。但事物之间的联系在这里可能被过于简化了。学校化教育模式中的学业成就，始终伴随着个人地位上的急剧变化，未必能比新的教育模式更便捷、持续地提供必要的激励。由于更关注个人的现实发展，新的教育模式可能使更多的处境不利者获益。看看今天处境不利者不断下滑的学业成功率，以及那些“学会劳动”的“家伙们”对无聊的学校生活的激进反抗[①]，就能知道考试主导的课程教学体系存在的问题的严重性。

七

没有想到自己会编一本这样的书，旁人肯定也很难理解我对此投入了多少热情，尚未认真阅读本书的人当然也不会理解其中有多少教育智慧。每一次，我都被学生们的故事所吸引，大半个学期都不能干别的事情。我曾掩饰不住自己的激动，向家人和学生炫耀这些自传。这种情况一直延续到现在。

借助这次整理出版的机会，学生们又一次翻阅了此前的自传。因为要出版，难免需要对可能涉及隐私的地方做一些必要的处理。他们一个个都雄心勃勃，希望借此拿出更好的自传版本。但事实证明，这些自传，都是机缘巧合之下的肺腑之作，最初的心态，其实已一去不复返。学生们初次修改后的一些文本，不可避免地带有匠气，被我们勒令恢复成原初那种纯真状态。生活在延续，知识在增长，生活体验在增加，认识在提高，经过训练的逻辑越发清晰，对教育的理解也与日俱增，但一切都敌不过最初喷薄而出的倾诉。

现在呈现在大家面前的，除了某些不得不保护的隐私，学生们已拿出了自己全部的勇气，来展现曾经的自己与生活。其中有已经改换了门庭（专业）的学生，也有那种特别不愿暴露自己生存状态的个别学生。他们最终为我们的诚挚所打动，同意在不显露真实姓名的前提下，公开

① 威利斯．学做工：工人阶级子弟为何继承父业[M]．秘舒，凌旻华，译．南京：译林出版社，2013.

自己的成长轨迹。为了保护他们的隐私，我们也做了部分化名处理，并采用群像的方式让他们在书中“出镜”，“作者·卷中人”中的出现顺序与文章并未一一对应。这一次不是为了学业成就，不是为了与老师建立关系，只是因为“天生丽质难自弃”。

因为出版社控制篇幅的原因，原来收录的一些自传，事到临头不得不忍痛割爱。在此，特向部分学生致歉。利用暑假的空闲，我又一字一句重读了所有自传，也亲手删掉了一些自我合理化或矫饰的内容，重分了无数的段落，改掉了无数错误的标点符号、错别字和“bug”，修饰了无数可能导致他们“露馅”的表达，就不再一一指出了。其间，我的学生卢意也给了我不少帮助，一并致谢！

康永久

2024 年 7 月 20 日

作者 · 卷中人

我是**林溪**，来自四川，随性开朗，爱玩也爱安静独处，爱美食也爱阅读，爱音乐也爱思考。梦想是多走多看后在喜欢的城市做喜欢的工作，做个独立、快乐、对社会有贡献的人。

陈紫珊，来自广东，时而活泼开朗落落大方，时而腼腆羞涩低眉顺眼；时而灵光一现说干就干，时而懒虫附身一拖再拖。是一个明明喜欢武侠却总逼自己看《资治通鉴》，试图磨炼意志、屡战屡败又屡败屡战的傻姑娘。

我觉得自己是一个快乐、简单的人，常常觉得很幸福；有时也会为了一点小事感到伤心、犹豫，不够坚强。我喜欢拍照、看书、交朋友，我是“**美心儿**”，很高兴认识你！

我是“**布丁**”，一个充满好奇心的非典型北方姑娘。爱诗词，喜戏剧，热忱于历史、社会与文化。智商“hold不住”理工科，但不会放弃科学精神。拖延症和白日梦是生命中不可抹去的色彩。喜欢天真可爱的小孩子，在寻找自我同一性的路上从未停歇。

顾懿宁，主修教育学，辅修汉语言文学。爱好文学、戏剧。创作的剧本入选国家电影局主办的“扶持青年优秀电影剧作计划”。希望将来在从事教育行业的同时还能进行影视文学创作。

我是“**蘑菇**”，在成长路上有幸避开了疾病、意外等诸多风险，从小县城“卷”进985大学，是一个总体上幸运的人。虽然现在的我与书写自传时的自己已截然不同，但仍然希望能重建人生的秩序，寻回对生活的热爱和好奇。

一个注重内心实际和精神享乐的思考者，一个善于反思事物本质和内在联系的观察者，一个热衷于探寻新事物的理想主义者。我是“**泮临海**”。

黄瑞妮，福建人，北京师范大学教育学部2012级本科生。性格活泼外向，兴趣爱好广泛，喜欢阅读、动漫、各类运动。热爱志愿者工作，立志成为一线教师，“征服”学生！

李东书，癸酉年生。受教育模式——城市放养型。爱生活、爱玩乐，喜欢多变的人生。是双重性格的巨蟹座，爱家“死宅党”，穷游背包客。古典范和搞怪范混搭。人生信条：结果之中必有原因。

我是“**泊汀**”，“产自”河北。眼尖、手残、嘴毒，拖延症、手机依赖症晚期。爱好读书、旅游、口琴、画画，学艺不甚精。若论成长历程，全仰仗一路上父母、恩师、挚友的提携帮助，感激不尽。

我是“**雁来**”，活泼开朗，但又不擅言谈；喜欢外出闲逛，又比较恋家；生活简朴，但又追求生活质量；善解人意，但又有些倔脾气。这就是我，一个相信“拼搏改变命运”的女孩儿！

我是“**书吾**”，出生在某西南小镇，父亲是一名矿工，我是家里唯一受过高等教育的孩子，一直梦想把自己送到更大更远的地方去。从小到大做过许多小生意，几乎什么都做，为的是有一天能为自己感到骄傲，不羡慕任何人，不畏惧任何事。

林仙子，黑龙江人。性格时而活泼时而安静，喜欢积极主动地接触新鲜事物。从小就梦想着能从事教书育人的行业，想通过自身的能力帮助学生塑造更加完美的自己。

我是“**梨酒**”，久居微胖界，乐观型小女生，笑点低且极具感染力，偶有文艺属性纯属假装。目前落入某组合主唱“大坑”无法自拔。

你可以叫我“**麦香鱼**”，一个被父母宠坏、不知天高地厚的女孩，一个把自己生活不断推翻又重启的生活实践者。热爱音乐和一切美好的、闪闪发光的事物，渴望真实而纯粹的生活。

我是“**鲸鱼**”，是东北大妞也是北京姑娘。对人感兴趣，热爱自然、艺术与孩子，喜欢尝试新鲜事物，尤其喜欢旅行。不忘初心，无悔无憾，内心有个一点儿也不安静的“小宇宙”。

孙远修，一个性情极温和、想法略古怪的“90后”男青年。生长于天朗气清的云南，现在北京从事语文教育工作。琴棋书画，皆有涉猎；经史子集，略知一二。用最大的善意同世界对话，希望把一切令人欢喜赞叹的事物展现给别人。

我是“**小白**”，男，北京师范大学2011级教育学专业学生，辅修汉语言文学。被保研至北京师范大学文学院。喜欢文学和动物，最爱钓鱼。将来可能发展的方向：中学语文教师、木工、理发师、烹饪师、水手、宠物饲养员、兽医。

我叫“**小米**”，在不同的人面前有不同的样子，且反差极大。我没有刻意去装，它们都是我真实的样子。我每天都和自己“吵架”，但没关系，我爱自己，开心就好。

汪鹿鸣，安徽滁州人。喜欢幻想，小时候的梦想是改变世界，长大后发现比改变世界更难的是认识自己。向往自由却又无往不在枷锁之中。

王晗，1996年生，河北人。性格较乐观，有看闲书、涂鸦与睡觉三大爱好，作为处女座有追求完美的倾向。面食控，痛恨葱花。最喜欢的名言是“面包会有的，一切都会有的”——是的，我还是个吃货！

我开朗活泼，善解人意。静可画画弹琴卖个萌，动可跳舞唱歌犯个二。还有数不清的“坏”点子……没有什么大智慧，只是有些不甘人后，却总是幸运。我就是北京师范大学学前教育专业的2012级本科生**谢思桐**。

我叫**许金星**，说不清自己是一个什么样的人，或者我会是一个什么样的人，我们都还行走在寻找自己的道路上。给自己新的定义，活出不一样的自己是我一直以来的追求。总之一切未完待续，敬请期待。

我是“**杨咩咩**”，来自辽宁。爱金庸也爱琼瑶，青衫磊落不改初心。爱说又爱笑，平凡且骄傲。

章序熙，一个昔日的悲观的弱小者，一个在漫长岁月中坚信努力意义的自我拯救者，一个验证了所谓“读书改变命运”的十足幸运者，一个时至今日仍在向生活和现实讨教的学习者。愿你我终能成为发光发热之人。

外号“**滑梯**”，我的爱好很多，除了旅行，看绘本也是其中之一。每次总要受一点挫折才开始振作。最大的愿望是得到一份安定的工作和幸福的副业，相信当最热爱的事物和生活压力扯在一起时，就一定会有铜臭味。

你可以叫我“**小芋圆**”，我是一个“万年中二病患者”。人家早恋的时候我在看少女漫画，过了早恋的年纪我还在看少女漫画。我很懒但是我有强迫症。我的存在感很低，也许哪怕站在你面前你也看不见我。对了对了，我还很喜欢做手工。

目录

第一编

勇敢的心

看 清

每个人都是一个深渊，

我们俯身去看的时候，都会禁不住头晕目眩。

近来萌生了一种想法：教育别人的过程其实也是实现自我再教育的过程，而回顾自己受教育的过程其实也是弥补自己、完善自己、升华自己的过程。不过对于我来说，教育存在于那些生活的火花之中，它们偶尔还能折射出一点真理的影子，学校教育对于我而言没有什么值得怀念的地方，但它让我结识了许多可爱的人，或许这是它对于我最大的意义。现在我将要俯身看向自己，就像卢梭在《忏悔录》中提到的那样："我要把一个人的真实面目赤裸裸地揭露在世人面前，这个人就是我。"

山水之间，破瓦寒窑

我是个差点儿与基础教育擦肩而过的人。故事很长，让我们从头说起。我出生在太湖边的一个小乡村，幼年的生活在山水与幻想之间度过。远处的山，山上的树，树上的叶，叶上的虫，吃虫的鸟，鸟飞的天，天上的日头，日头下劳作的人，人耕耘的土地，土地中冒出的庄稼，庄稼上结满的露水打湿了在田间奔跑的孩子的裤脚，也打湿了此刻坐在电脑前的我的眼角。

我突然有些怀念我的小小村庄，怀念那被我想象成巨大乌龟的小树林，怀念那被我当作一群奴隶的怪石，怀念那个会画孙悟空的老木匠，怀念好多好多，人生中可能没有哪一段时光会像小时候那样给人留下如此多美好的回忆。或许记忆骗了我，我觉得那些是我见过最美的风景。

我想世界上再没有比这更好的教育了，如果一个人的童年是在大自然的怀抱里度过的，没有被所谓的工业文明扭曲得厉害，那么他在未来的生活中一定可以从他的生命本源处获得无穷的力量。

那段美好得不真实的日子很快就结束了，后来为了“看水”（方言，即防止孩子玩水而出现意外），家里人把我送到一所“小学”，在此之前我就没上过什么幼儿园。之所以说是“小学”，是因为我们确实领到了小学一年级的语文书和数学书，之所以打引号是因为这里只有一间小小瓦房作为教室，只有一个初中没毕业的女学生作为老师，而且我们只上一年级的课，有比我大两岁的同学已经在那里重复学了好几遍一年级的课程。

老师的脾气着实不好，加之家里人常对她说：“麻烦老师了，孩子要是不听话，您就随便打。”我们就常常受些皮肉之苦。有一回她让我们集体背书，我则滥竽充数，背到会的地方就大声疾呼，不会的地方就干动嘴皮不发出声来，或许是我的表演太过夸张，她很快就识破了，叫我出去单独背给她听。于是同学们就看到我被她带出去，那节课再也没回过教室，而我实际上是被她打了几棒子之后站在墙边哭。

其实我的回忆里也不全是挨打，她还带我们去看过电影，那是我生平第一次看电影，十几个孩子排着高低起伏的队，高高兴兴地步行了几里路。印象最深的是途中还遇到了我的母亲，她给了我一块钱，我现在已经无法体会一块钱对于那时的我的意义。

可奇怪的是，自那以后，无论是上正规的小学、初中，还是高中，我都再也没和同学一起看过电影，大家都把注意力放在考试这件事情上。直到昨天晚上，在北国剧场，我再一次重温了这种感觉，开场之前演播厅内已是人山人海。许多人没有座位，导演对大家说，站着的同学回去吧，明天再来，我们会加演一场。可是没有人愿意离开，过道两边站满了人，影片就这样开始了，当影片开头出现北师大的标志时，全场掌声雷动，放映过程中大家一起吓得尖叫，看到熟悉的场景时又一起笑，一起欢呼，一起鼓掌。这种气氛是在其他地方看电影时无法体会到的，只因我们都是北师大人，我们拥有共同的荣光，这种氛围是我们在北师大获得的珍贵礼物。

言归正传，我们这个“小学”当然也是要考试的，村东头的桃子又熟了的时候我拿到了我人生中的第一张成绩单，语文18分，数学9分。虽然我无法确定我算不算在这所池塘边的“小学”里接受了我的启蒙教育，但我相信对于一个孩子来说，无论他是否在严格意义上的校园里，他每一天的生活都是他受到的教育。我依然记得在那间破得不能再破的小房子前的空地上，一到下课就会有一群脏乎乎的孩子闹得尘土飞扬，在那飞扬尘土里，没有谁能看清他们的未来。

命运脚下，征程伊始

在那之后的一年，因为一些我无法感知到的改革，我们那儿所有不上学的，以及我们这种“野鸡班”的孩子都被统一召集到一所正规的小学。从此，我每天都要背着一个小书包，去离家三公里远的地方开始我的求学之路。我不得不承认国家的发展与个人的命运有很大的联系，我是幸运的，我在这里遇到了两个年轻的大学生老师，他们为我和我的小伙伴们打开了全新的世界。我常想，一个人被关在一个房间里，如果他没有什么对房间之外的认知，那他就永远也不会走出这个房间了。所幸两位老师让我看清了这个房间，也把我的目光带到了房间之外，让我有勇气和力量离开它。

这所正规的小学以前是一座尼姑庵，虽然不像余秋雨在《文化苦旅》中提到的尼姑庵那样真的有一群超凡脱俗的老师，但对我来说也是有一位“仙女老师”的，她就是我的小学语文老师。记得刚开始学写字的时候，我偷懒，不认真学，铅笔都被我用牙咬得没个样。于是我和几个表现与我“不分高低”的小伙伴放学后就被留了下来，不学会那几个字就不能回家。渐渐地，小伙伴们都走了，只剩我一个。老师就手把手地教我，“日”“月”“水”“火”……我至今记得她握着我的小手教我写字时身上散发出来的芳香，它代替了母亲的味道，使我第一次感受到女性的美，以至于后来我会觉得长得像她的女孩子都特别好看，不得不说这对我的影响是巨大的。

似乎小学生都热衷于“拜把子”，我和另外九个小伙伴就拜了兄弟，我排行老三，老大姓王，老二姓曹，排行在我之后的我就不记得了。只记得有一回我跟曹老二打架，我的脸被他抓破了，到现在还有一个疤。而大哥是对我最好的，或许因为我们都是独生子，所以他待我像亲弟弟一样，处处照顾着我，无论我犯了什么错，他都会袒护我，就连打架他都会帮我，他对我超越血缘的好让我觉得他是世界上最好的人，只是我从来都没有好好珍惜，直到他因为白血病而永远地离开。孩子眼中的友谊或许就是我对你好，不求回报。可惜时光总是会落下许多灰尘，让我看不清他望向我的眼神，我再也学不会用那样的目光去看别人。

留住怀抱，守着孤独

没有永远幸运的人，在我幸运地进入正规的小学之后，我的父母也正式成为农民工，而我成为一名留守儿童。我的记忆里有这样一个场景——虽然我知道那不是发生在他们离开我的时候，但我经常把它们联系在一起。

那是一个阴沉沉的雨天，一个小孩因为落了东西回家去取，回到家发现门已经锁上了。邻居告诉他，他的母亲才刚刚走，于是他穿着不合脚的大胶鞋追了过去。雨很大，路很泥泞，烂泥粘在他的胶鞋上，显得格外沉重。他已无力奔跑，只得停下来呼喊，他看见在雨中，她穿着一件绿色的雨衣。哭喊声被雨水打散，只留给他一个绿得刺眼的背影。以至于后来每次我看到向我锁上的大门就会莫名地狂躁，每到下雨天，我最怕听到雨打在雨衣上的声音。

虽然，表面上这一切似乎并没有对我产生多大的影响，但或许只有我自己明白，那场雨以及那以后无数个没有母亲怀抱的雨夜，会在某个悄无声息的夜晚从心底流出，把我淹没在令人窒息的无助当中。不光是我，全中国还有许多留守儿童有与我相似的经历，我自知在性格或心理上有一些不可弥补的缺陷，我害怕再被抛弃，所以我从不曾展露真实的自己，并且既不敢相信别人又很需要依赖别人，所以就算我认识很多人也很少把他们当作真正的朋友。我不确定这种缺陷是否具有普遍性，但当留守儿童长大之后必然会展现出他们与同龄人的不同。小孩子在长个子的时候，会经历骨骼的疼痛；社会在生长的时候，会有一群人经历人生的阵痛。

生的光荣，死的伟大

在小学三年级的时候，我第一次接触到死亡。那是周三的下午，学校出于某些原因放假一个下午，大家都开开心心地回家了。第二天一早我比往常去得迟了一点，一个同学迎面向我走来，以一种我无法理解的表情和语调朝我喊了句："有人死了。"我一时没听明白。他又走到我近前，小声而有力地说了句："阿汤死了，淹死的。好多女生在班上哭呢！"我这才听懂这句话的含义。

可是我却无法理解这句话的现实意义，什么叫"死了"？就是永远不能在一起玩了吗？就是借给他的钱永远要不回来了吗？就是永远无法向他借双节棍了吗？就是永远听不见他咯咯咯的笑声了吗？就是永远看不见他那双好看的大眼睛了吗？可是"永远"又是什么意思呢？直到现在我也没明白。

他和我一样是留守儿童，和爷爷奶奶一起生活，听说他被捞上来以后鼻子嘴巴全都被淤泥堵住了。农村人迷信，说是"水猴子"把他拖到水下再用泥给封住了。他的爷爷就用嘴把泥全都吸出来，他的奶奶瘫坐在一边呼天抢地。这件事使我们这群小孩子陷入一种莫名的不安和不解之中。如果上天是用他的死来告诉我们生命的意义，我宁愿陷入永恒的无知之中。

可是老天总是一意孤行地实行这种教育方式，我刚上初中时我的奶奶去世了，那种打击是撕裂式的。她是我在成为留守儿童之后唯一的依靠，我与她相依为命，她作为五个孩子的母亲，知道什么是对我真正有益的，她给了我太多的爱和包容，她也教会了我许多。可是在我还没来得及学会感恩和爱的时候，她就已经“不负责任”地抛弃了我，我多想告诉她我已经学着努力去爱别人了，我已经学着努力去包容别人了，可是她已经远远地走在我的前面了，只留给我一个看不清的背影。

记得以前奶奶常常带我去走亲戚，我走在路上经常为路边的景色所吸引，就常常被奶奶落在很后面，这时候奶奶就会停下脚步呼喊我的乳名，我会跑到她身边继续赶路。可是现在我发现自己已流连得太久，再也追不上她的脚步了。奶奶去世后的头一年我不常想起她，大约一年后的一天深夜，我从宿舍的上铺醒来，趴在床边盯着地上那一片黑暗，不知为何我觉得她就在那里，这样想着眼睛就不由地湿了。我把头埋在枕头里不让自己哭出声来，哭着哭着又睡着了，第二天醒来枕头还有些湿，大约不是个梦。

这促使我开始正视死亡的意义，我一开始以为她就好像是存在于某一个地方，只是我没有机会去看她。可是后来我慢慢惊恐地发现我永远地失去了她，不能吃她做的菜，不能帮她摘棉花，不能惹她生气，不能被她打了。包括我奶奶在内的这些农村的女人，她们把自己的一生献给了土地，献给了家庭，献给了子女，连她生命的最后一段光辉也用来温暖孙子孙女的脚丫。

如果说这个奋力建设的时代依靠着太多的农民工，那么支撑起这些农民工家庭的无疑是这些无所要求的农村妇人。中国有多少年迈的老人依然劳动在田间地头，有多少村庄里只有老人和孩子，又有多少老人和孩子得不到应有的关爱。这些都存储在我的记忆里，对我的成长有着不可忽视的影响。我曾经特别愿意听别人讲这些事，想把这些记录下来，希望有一天人们可以关注到他们，社会在发展的时候，老人和孩子们也做出了极大的奉献，也需要有人给他们应有的关怀了。

“群狼”之间，良师益友

我的小学生活就在一种对死亡的恐惧和对生命的敬畏中结束了，之后我进入了县城一所私立的初中读书。这所初中占地面积只有一个正规的操场那么大（或许还小一些），但它包括了一栋教学楼、一个食堂、一排女生宿舍、一排男生宿舍、一个澡堂、一个公共厕所、一个篮球场、一排乒乓球桌、一个小商店以及两棵树，还有一条叫“贝贝”的狗。现在回忆起来才发现它是那么小，那么拥挤，可当初的我一点都不觉得，因为这一切对我这个乡下“土包子”来说都算得上高大上了。

我住在一排活动板房里，只有一条狭小的过道，里面住着上百个血气方刚的愣头青，打架斗殴是常有的事，如何在这群“豺狼虎豹”之中生存成了我最重要的必修课。刚开始的时候我经常被那些人的一个眼神吓得半死，可后来渐渐地我就不再害怕，或者说习以为常了，其实他们就像自然界中的一些猛兽一样，只是外表可怕，只要你不去招惹他们或总是盯着他们看，就不会有太大的危险。而这或许养成了我不愿太引人注目的性格，要知道在自然界之中引起关注有时候就意味着引来杀身之祸。

也是在这段岁月里，我遇到了我生命中最重要的一段友谊。初一刚开始的那个学期我和另外十三个同学住在一个宿舍内，有一位同学十分与众不同，我叫他“阿章”（好像我一直特别喜欢和与众不同的人、事、物打交道）。他来的那天带来了一箱子的证书，这对我这种头衔比白纸都干净的孩子来说真是太稀奇了，不要说见过，就是听也没听说过，作为同龄人，我们的差距怎么就这么大呢？转眼冬天到了，他没有带厚被子，于是我和他同床共枕了一个冬天。

写到这里突然觉得庆幸，在此期间他对我产生了许多好的影响。他是从上海回到老家的“海龟”，他给我带来了很多超越我认知的想法，正如我前面所提到的，这些想法是使人超越环境的原动力。后来虽然不睡在一起了，但我们几乎每周六都会畅谈到深夜，在此过程中我逐渐学会了有自己的思考。我一直把他当作我这一辈子最好的朋友，他是唯一一个不会让敏感的我感到担心害怕的人。昨天晚上听雪小禅的讲座时，她说，爱情的最高境界是懂得。我想不光是爱情，友情也是如此，当两个人互相懂得对方，那么对方的位置将是不可替代的。我和阿章在无数个夜晚之中形成的默契就是别人无法替代的。

奇怪的是后来他只考上了一所很普通的大学，但这对我们的友谊没有产生什么影响。就在我来北京之前，在我的家中，我们躺在同一张床上，像以前一样一直聊到深夜，从音乐到哲学，从过去到未来，从活着到死亡。后来我们止步于对人类未来的畅想，因为我们终将灭亡，或者说当时我们还无法看到人类的未来。但我想说的是，就像苏格拉底所做的那样，教育就存在于交谈之中，或许阿章就是我的苏格拉底。“非我而当者，吾师也；是我而当者，吾友也”，这是我一生之中最大的幸运，也是我最重要的灵魂转折点。

在我的初中生涯里，有一位老师给了我很大的影响，可以说他是我成长之中无法忽视的一笔，他是那所学校的校长，教我们英语。因为我是从农村来的，没学过什么英语，特别害怕自己学不好，他知道以后牺牲了自己吃晚饭的时间来教我，使我对英语甚至对学习产生了一种喜爱和责任感。除此之外，当我还在被那些痞子欺负的时候，是他告诉我：“你是做大事的人，何必跟他们纠缠。”

我知道很多这样的例子：在一个孩子的成长过程之中，若有一个长辈以一种非常尊重的方式去相信他，那么这个孩子也会相信自己可以，并且很多时候这些孩子真的做到了。所以有这样一种说法，一个孩子为什么会一直成功，其实就是因为在他第一次成功的时候同时赢得了大人们的信任，进而产生了一种无法阻挡的惯性。他是我生命里的贵人。

在初中的时候我和同学们没有太多升学的压力，大家每天生活在一起，没有为了学习互相较劲，没有那种若有若无的嫉妒，而这些是我如今在学校中任何地方都可以感受得到的。或许是我太敏感，但敏感的我可以感受到初中生活的那种温暖，或许正是因为地方小，老师与学生之间的关系才会如此亲密，学生可以在老师办公室里吃饭，随时可以去老师办公室吹空调，一起下棋、一起分享零食、一起东拉西扯……我不知道这样的师生关系是否健康，但我真心不喜欢那些跟学生只在课堂上有接触的老师，他们中有些人总觉得自己说的就是真理，学生的想法永远是幼稚的，所以不屑与之交谈。其实这样的老师是最幼稚的，时代的思想是青年人的，如果你不去和青年人交流，你就与这个世界脱轨了，这才是最大的悲哀。

作茧自缚，破茧成蝶

初中的生活就像在寒冬中烤火，虽然四周寒冷却守住了一片温暖。高中时，我开始认识到，这个世界有其现实也有其无奈。我常常觉得成长是一个痛苦的过程，真正使我感到痛苦并且从中成长的也正是这段时期，经历多少痛苦才能有多少蜕变，就像一条毛毛虫一样，若想破茧成蝶，必先“作茧自缚”。

刚一进入高中就能很明显感觉到，这里的教育不同于我的小学教育，也不同于我的初中教育。我第一次如此真实而直接地感受到应试教育带来的影响，在我还没有说服自己接受它的价值观的时候，它就开始强迫我以一个不习惯的姿势去飞翔。

我经常会在作文中用这样的暗喻：一只老鹰一直被告知它是野兽，

被要求和野兽在一起比赛跑步，后来遇到悬崖，它被迫飞了起来，才发现原来自己是一只鹰。或许是写得莫名其妙，或许是不受待见，总之我的作文经常是16分、20分，语文成绩也常常不及格。

我的班主任，也就是我的语文老师，经常找我谈话，他试过很多方法去说服我，我们争吵过，好好谈过，可后来我们还是抱着各自的偏见。高三的时候我生了一场大病，几乎半年没有好好上过课，也曾经想过不参加高考，不过后来我发现，或许去北师大可以找到一个解决我和应试教育之间的矛盾的办法。

可是北师大在我们省只招免费教育师范生，所以我去参加了北师大的自主招生，为了获得自主招生的资格熬夜写自荐信。那时候我的病还没好，被隔离在地下室里，我在狭小的地下室里写到了夜里一点，一点半的时候我坐上了去南京看病的火车。在此之前我终于完成了所有材料的准备工作，并且让我的母亲在第二天寄出去。我记得那时已经快到截止日期了。后来我参加了考试，获得了面试资格。

在来北京面试之前我还在跟我的父亲吵架，说如果过不了面试我就不想参加高考了。就在火车上，我看到一则新闻，当时便抑制不住地哭了。报道说一个高三的孩子被老师逼着跳楼了，我看了介绍，那个孩子的出身、经历、爱好都跟我十分相似。那时候我是极痛恨高考的，我面试时对面试官说，我今天来不是为了加分的，我只是想来问一个问题，我们北师大人的共同追求是什么。那个老师对我说："你只能回答我提出的问题。"我当时只想一阵苦笑。

我曾经因这次面试而对北师大非常失望，但没有办法，我只能想各种方法去说服自己，总之我考入北师大是一件极其偶然的事，如果因为看病我错过了截止时间，如果北师大没有给我自主招生的名额，如果我没有通过笔试面试，或者我对面试感到失望，我现在真不知道会出现在哪里。但我绝不会后悔，我还没有做过让自己后悔的事，就像我现在不后悔来北师大一样，因为我在这里看清了一部分的自己。

眼已朦胧，心却明朗

一路走来，从来没有完全看清过自己，一切都变化得太快。给了我改变机会的恰恰是我最痛恨的应试教育，而真正使我变成现在的模样的是这一路上遇到的那些可爱的人。我认为成长其实就是遇到不同的人，没有人可以独自成长，而这也是我不喜欢应试教育的原因。无论怎样，考试的时候你都是一个人在战斗，任何人都帮不了你，所以它培养的充其量是一个个独行侠，这样的人不懂得珍惜身边的人，成功时觉得是因为自己的努力，失败了又被别人指责不努力或者笨。在这种氛围下，你很难明白其实身边的这些人才是真正影响你内在品质的关键。幸运的是每一个阶段我都或多或少地遇到了一些好老师、好朋友，而我很自然地选择了亲近他们，并且珍惜他们，从他们身上汲取了力量，而这力量是比那些为了考试而准备的知识更加让我珍惜的。

可是往事如风，吹过就不再来了，就算再来也不是从前那一阵了。凝视得久了，往往会被这风吹得泪流满面。有时候站得远了，再来看那些山、那些水、那些人、那些事，都和从前不一样了，我越是试图看清它们，双眼就越是模糊，我越是努力去回忆，回忆就越显得虚幻，虚幻到我都不敢相信这一切曾经如此真实地发生过。而现在这一切似乎都变得不同了，我的母亲经常在我的耳边唠唠叨叨，我的奶奶化作我钱包里的小小相片陪伴着我，我的朋友们常常在手机里嘘寒问暖。这一切属于现在的我，可是将来的我看起来却一定是另外一个样子。究竟怎样才算是看清了自己呢，或许这已经不重要了。真正重要的是，我在慢慢学着做一个真实的自己，慢慢学会承担自己的责任，也慢慢学会去爱别人。不管我们从哪一条路上走来，都一定带着自己的故事和路上的风景，而这故事和风景就是我们生命的全部。

关山未央

我所努力的，不过是让你触摸到一个
悲观的弱小者的自我拯救，然后带给你些许细小的力量。

写这样一篇文章的念头，早在高中时就已在心中了吧。又可能是因为这些年光顾着追逐考试，而忘记了更应该好好欣赏生命。所以我一直在等待、寻找这样一个契机，能够让自己消停下来，回头去看看这十余年我走过来的路。只当是一个年岁长了一些的我，把曾经没来得及回味的故事，讲给那会儿的自己听听。

记得高考后，语文老师发短信给我，大致内容是，务必将这几年的时光做些整理，与学弟学妹分享。当时正值高考后那个最长的假期，我在天津一家大排档打工，每日十几个小时的工作让我无暇提笔。直到临近开学，我才坐上回家的列车。回家后忙碌了两天，终于置备齐了开学的东西。开学的日子日益临近，我顿觉此事不可再拖。从晚上八点到凌晨三点，当我将三年的时光涂抹于十几页稿纸上时，终于长舒一口气。

站在大学的起点，又在做着一件极其相似的事情。此刻，我可以回顾的时间更长，我所面对的未来也更加开阔，可以不再对考试分数患得患失，让光标随自己脑海里最生动的记忆在字里行间下肆意挥洒。

我像是傻子

在我记忆的起点，我周围的人，都觉得我是个傻子。

不活泼，不好动，不爱说话，四五岁了连窗台都爬不上去，只喜欢一个人在自己的世界里蔫不拉几，少了小孩猴儿一样的灵气。这样的我多少会有点不招人待见吧。

十几年前，位于华北平原的那个小村子还很落后，一晃我就虚岁六岁了，虽然要比规定的入学年龄小一点，但还是被送进了学校。

我入学时间比开学稍晚一点，当时班上已经有了一些同学。上学第一天，面对陌生环境和陌生人，我惊恐地环视着周围的一切。还记得当时班里有个比我还晚几天到学校的小姑娘，整天哭着找妈妈。我当时确实害怕，却一次都没有哭过，也不曾闹着不肯去上学。从被我妈丢进学校的那天起，我就每天背着自己的小书包去上学，除非下了特别大的雨，才会有人接送。

回想小时候，可能自那时独立的性格就扎下了根，但那时的我哪里懂什么坚强，全靠硬撑。我小时候真的没什么特点，就是老实。其实我们总是把没有任何特点的人称为“老实人”，当我第一次进入学校时，就老老实实地待在那里，每天老老实实地去上学。

就在这样一所有些落后的学校，我遇到了我的启蒙老师，她是一位老教师，在我六年级的时候就退休了。第一次见面时，我就记住了她鼻梁上宽大的老花镜。她的专业知识储备不够扎实，但凭借着一份庄稼人朴实的责任感和满腔热忱，温暖了班里二十几个小孩子。在一个稳定的环境中，我不需要花过多的精力去适应新环境，因而得以安稳地生长。

现在我还记忆犹新的一件事，发生在一年级时。一天，老师让我们在练习本上写数学课本上的习题。现在我已记不清当时是怎么听的，是怎么理解的了，我就记得我在抄书、抄例题，甚至例题所附的图画。整整一个下午，我就趴那儿抄书，傻傻地画着一个个苹果、一个个梨。

与我形成鲜明对比的是班里的另一位同学小芳芳，她哥哥是我们学校的大队长，她一直是我们的班长，她姑姑后来还教了我们几年语文，家里条件也不错，用现在的话讲，对我而言她就是“神一般的存在”。我当时就在想，她怎么能这么聪明，老师布置完作业没多长时间就做完了，也许整本书上的习题她都做完了吧。见她实在没事做，老师对她说：“自己玩一会儿吧！”

放学时老师说了这样一句话：“没做完的回家继续做。”当时正值秋收，大人都在地里忙着，屋子锁着门。回到家，我就趴在刚刚收割回来的玉米上抄书。天暗下去的时候，我终于完成了作业，整本数学书被我抄了一遍！深秋的天，趴在院子里两三个小时，衣服都被露水打得有些潮了，那天晚上，我发了高烧。现在回想起来，当时真傻，想到这些，我都能笑出眼泪。

时间过得飞快，一转眼就迎来了第一学期的期末考试。当然，我依然是老老实实地做了一份试卷。小时候身体极弱，公布成绩那天，我发烧，没能到学校，是我爸代我去的。我很惊讶，我爸拿回一张年级第二名的奖状。一切都挺意外的，唯一不意外的是第一名是小芳芳。这件事太出乎自己的意料，我倒有了些许自信。

这些年过去了，做过的“傻事”很多，甚至很多时候更像是自己在故意欺负自己。因为我愈加相信这样一件事情：只要努力，我的不足，总会被克服。

“雏鹰”的自我拯救

当我在中国最好的师范学校接触了教育专业之后，我才明白，家庭教育对于一个人的成长，影响会有多么深远。我妈是个很开朗的人，所以在很多时候她也希望我能够像她一样。小时候我妈管我很严，矫正了我好些问题。

某道语文作文题里说，老鹰会把小鹰推下悬崖，然后小鹰就学会了飞翔。网上说这是假的，但我宁愿相信它，因为我感觉当年就是这样被我妈“丢下悬崖”的。现在她时常会提起，说感觉对我有很多亏欠，希望我别埋怨她和我爸爸。可能是因为她上了年纪，开始遗憾没有好好参与我的成长。或许也正因如此，我一人在外求学很长时间，却未对“家”有深深的眷恋。这个过程真的不美好不温暖，因为我们不知道小鹰在坠落的时候会多么恐惧，在拼命扑棱翅膀的时候会多么疲惫，在一不小心跌下悬崖时又会是怎样的鲜血淋漓。

这种经历慢慢地消磨掉了我对他们的期待，所以我从来没有觉得他们对我有所亏待，也并未有什么遗憾。过程有些艰辛，但庆幸的是我还是飞起来了。在外越久，这种感觉越深。我就这样一步一步地走着自己的人生，欣喜的是这么多年我还算争气，有点戳心的是我留给了他们一个渐行渐远的背影。

老兰和她的黄皮子试卷

很快到了五年级，我遇到了另一位对我产生深远影响的老师。学校的老师们叫她老兰，我们背后也跟着叫她老兰。她是我五、六年级的数学老师，身材矮胖，脸上满是雀斑，整个冬天都穿自家做的臃肿的棉裤，典型的农村妇女形象。现在我回家时偶尔还能遇见她，远远地向她打招呼。她却不应，走近了认上半天才反应过来面前的学生是谁，然后感叹一句：“变化太大，如果在外面，想是一点也不敢认了。”

不知道是不是一年级抄过数学书的缘故，后来我的数学成绩非常好，好到可以把小芳芳远远地甩在后面。当然，只是数学比较好。老兰绝对是我见过的最凶的老师，没有之一，脾气暴躁，喜欢打人，谁都打，不管你学习好坏。她总说我是她最听话的一个学生，打完了也不赌气，第二天上课依旧开心，该好好学还是会好好学。她还说，我是被她打出来的。她的逻辑就是，因为你数学好，所以更要严格要求。每次考试改卷子，她给我的标准总要比别人严。她自己都说是在用鸡蛋里挑骨头的态度给我看卷子，所以我每次都暗自有些不爽，有时还有点委屈。

有很多事当你正经历时，时常会抱怨不公。可是长大一些，懂得理解和珍惜之后，才备觉温暖。正是她变态的“苛刻”，让我建立起严谨的数学学习习惯，也在此过程中夯实了我数学的根基。我初高中时数学一直不错，大约全部得益于那两年打下的底子吧。

在这样的鞭策中，我进入六年级。六年级的那个春天，我们即将面临小升初考试。还是老兰，不知怎么联系了一个卖盗版书的，搞来一套试卷集，很厚实，大约有三四十套试题吧。第一套试题，当时被用来小测。没想到，题目特别难，有很多超出了小学的知识范围，及格率出奇地低，有的同学做到后面就直接放弃了。后来再做，老兰会直接删掉一部分试题。她不要求做也不会讲，但我还是坚持将这一整本啃了下来。

当时我们乡里的初中管理很乱，所以学习好一点的学生一般都不愿去那里读书。那几年，我们学校好一点的学生都会去隔壁县的一所乡镇中学上学，也就是我的初中。由于很多外县外乡的学生想到这所学校上学，因此学校会安排一次单独考试，有点类似大学自主招生。那次考试时很多学生都崩溃了，因为题很难。至今记得当时最后一道大题是关于二次函数的极值问题。那张试卷，我得了98分。原因很简单，这套试卷中的很多试题就是老兰删掉的题，不巧我死磕过它们。或许是学校的老师也知道这套试卷的难度，又或许是我比第二名多了30分，在交费的那天，我才知道自己曾被怀疑有替考。不管怎样，我就这么以第一名的成绩考进了我的初中。

那段日子，“鬼”知道

我的初中虽是在当地小有名气的一所学校，但和城里学校自然是没法比的。直到上高中，我才第一次真正地去过市区。当时，这所学校已经很让我心满意足了。而且，如果初三时在这所学校的成绩可以排到年级前五位，可以直接去市里最好的高中。上这所学校需要住校，但是生活条件很艰苦。那三年的罪，我真是不想再受第二次。很多家长把孩子送到那里，希望在严格管理下孩子能够多念点书，将来有出息，但真实的效果可能只是晚两年辍学吧。

那一年，我十二岁，第一次离开家，开始真正意义上的独立生活。这儿比村里土坷垃一般大的学校大那么多，我在这样一个完全陌生的环境中，看着这么多不认识的人，还有这个偌大的世界，紧张、不安、惶恐。晚饭时我在伙房买了一个烧饼，吃完后不愿回那间被塞下了一百多名学生的教室，就在学校里来回逛游，无所适从，完全没有了七年前那种老老实实待在座位上的淡定。

第二天就有同学因为太想家在班里肆无忌惮地哭着鼻子，这样的状况之后便一发不可收地蔓延开来。我没有上过幼儿园，估计那就是开学第一天幼儿园小班的样子吧。更多的人只是偷偷抹一抹控制不住的眼泪，出于羞涩或者其他原因，终究没有宣泄。这种思绪在我的脑子里来回转，又不得释放，于是胸口和喉咙就被封得死死的，几乎要窒息。开学后那一周，班里就这么被压抑的气氛笼罩着。

感觉忍了好久好久，第三天我终于还是崩溃了，晚上就躲在没人的墙角大哭。每次晚饭后，我就独自出去，在学校各个角落里漫无目的地走着。终于熬过了第一星期，回到家，再也忍不住内心的委屈，趴到床上大哭，发誓再也不要回到那个鬼地方。

那个地方像监狱。宿舍木板搭起的大通铺，平均每个人的空间大概只有两尺宽，很挤。夏天连风扇都没有，透风的窗户没有纱窗，为了防火还禁止点蚊香。到了冬天条件更是严酷，暖气一般八点开始烧（九点晚自习放学），等十二点再摸，暖气片基本就已经冰凉，如果毛巾袜子洗了，第二天早晨就冻上了，所以每到冬天我们都要准备两床特别厚的被子，然后一屋子的人挤到一起。

我们那里有伙房，就是做饭的地方，吃饭是在教室。每天下午生活委员都要完成一项叫作“报饭”的工作，把同学们第二天要吃什么汇总起来报到后勤部门。吃饭的时候，值日生用箩筐、水桶把饭拎到教室，再由小组长分到每个同学手里。过程复杂繁琐，完全配不上饭菜的简陋。主食只有馒头烧饼和素菜包子，菜每天只有一种，基本靠水煮。大部分同学是舍不得“加菜”的，虽然只需要一元一份，但还是选择每天吃着馒头咸菜就这么过了。每周，甚至要靠班主任强制要求加份菜，因为缺乏维生素，很多同学的手都会脱皮。一到了春秋天，天气干，又有许多同学生了碱唇，白花花的，夹着干裂后渗出的血丝。

在学校住没住好，吃没吃好。现在我却开始感激那段日子，虽然苦得让人有些难以接受，但不仅仅是带给我自立的能力，更磨炼了我的意志，让我学会了感激生活的赐予。到了高中、大学，虽然不尽如人意之处时刻存在，生活也从未让我有片刻轻松，但在内心，我真的觉得，这样已经很好了。我很感激。

庆幸，当上了老师的“眼珠子”

苦归苦，书还是要念的，来这儿可不是为了受苦。可能是因为班主任知道每个学生的入学成绩吧，一入学我就受到了班主任的特别关照。入学第二天，班主任安排值日表，说：“咱们班有两名同学没有安排值日，定为英语课代表。”一个是我，另一个是本镇的同学。恰巧他的名字与我的只有一字之差，一开始我俩常被认错。但因为他字写得不好看，高一时改名又被老师认错了名字，于是高中同学就给他起外号，“大圣大圣”地叫了三年。班主任可能没料到的是，我英语很烂，从三年级起到现在，一直都是。

第二天，数学老师第一次上课点我名，问我是不是数学很好。我很好奇老师是怎么知道的，下课才知道，老师同时还教一班，小芳芳是一班的数学课代表。中学小学的老师都一样，最喜欢的学生大致有三种：一种是像我这样学习好的；一种是能力强的，可以做班长管纪律；还有一种是体育棒的，因为体格好、能劳动。学生时代总有“眼珠子”和“眼眶子”之分，而老师的态度又着实影响着学生的态度，谁受了老师青睐，自然会更有积极性。

这时候，我必须比之前更努力。倒不是为了讨好老师，只是因为我知道以前学习好，不过是因为我在小村子里而已。在这儿，会遇到更多优秀的人。很快，第一次月考来了，这是我人生中第一次有班级名次和年级名次的考试。小学只有那么三十来个人，只有班级名次。现在要和更多潜在的未知的优秀者一起，三年经历无数次考试却感觉还是有一点紧张。

在一个和平常没有什么区别的晚自习，班主任拿着成绩单进了教室，很淡定地读着成绩名次，读的第一个名字是我，班级名次第一，年级名次第二。这一次我终于超越了小芳芳，我虽然有些小激动，但随之而来的是压力。第一次考试，让我们对周围人的成绩有了比较清晰的认知。当你成为标杆，成为众人想要超越的对象时，你既是榜样，也是靶子。

要想标杆不倒，自然一刻不敢放松。那几年我的确很用功，在老师和同学的眼里，就是在拼命。我们当时九点晚自习下课，九点半停电，我基本上不会在十一点之前睡觉，每天拿着手电筒趴在被窝里看书，眼睛也就是这时候用坏的。

每天我们学校的老师都会巡视，结果就发现了我的这个毛病，开始时会制止，后来又把我树成了年级的楷模。巡夜的老师第二天上课时就和他们班的同学说，你们看他，学习如何如何用功。老师间又互相聊起，一来二去我在学校出了名。

隔壁班的数学老师年纪比较大了，所以被称为老杨老师。他在学校开了个小超市，我每次去他们家买咸菜、辣条的时候常被夸一通。偶尔没零钱，六毛的东西也就收五毛。不过，说来惭愧，第一次考试后我的成绩却在小范围内上下波动。可能是未及时优化学习方法，效率太低了吧。不过没有什么遗憾的，我尽了最大的努力。

我也想回原来的名次呀

初三，按照惯例，要根据初二期末的成绩重新调整班级。不过，不是像有些学校那样，把尖子选出来重点培养，而是让每个班的实力都更加均衡。因为老师不够，初一入学时，年级有五个班，每个班塞进了一百零几人。教室中间两列双人的课桌并到一起，要挤下五个人，前后桌的空隙挤着胸腔和后背。初三入学时，年级重组变成四个班，每个班还有六十人左右，总人数比两年前少了整整一半。这期间，各种原因导致一些同学转学，而更大一部分则离开了校园。

我在这一年遇到了班主任秀兰老师，还有新调任的校长。秀兰老师第一次做班主任，就摊上了这么一个刚刚重组的毕业班，压力可想而知，但她丝毫没有被吓到。刚开始的那段日子，班里的各项事务乱得要命。秀兰老师一心扑到了班上，每天就在教室里外来回地转。结果她那时还在上小学的儿子就和她说："你就每天守着你那帮宝儿们去吧，甭管我。"她和我们说起这件事的时候，先是笑着，笑着笑着，就笑不出了，默默地转过身去。她是班主任，也是一位母亲。

初二下学期的期末考试，我滑落到了年级第十，成绩也出现了三年中最大的波动，于是我更加拼命地晚睡早起，更加努力，实际效果却大不如前。那一学期，我的成绩一直就在年级二三十名徘徊，很着急。家长开始怀疑我在学校干啥坏事，老师也经常找我谈话，效果却不明显。与我形成鲜明反差的是大圣，初三，他的"小宇宙"爆发了，虽然在第一梯队但一直不温不火的他一下子蹿到了年级第二。

初三的四个班，在教学楼的二层，东边一、二班，西边三、四班。一直以来就有一个“魔咒”，东边班的成绩会压着西边班，但就在那一年，我们打破了这个“魔咒”。第一学期期末考试，年级前十我们班占了五个，校长专门在校会上提出表彰。

也是在那一年的期末考试，我回到了心心念念的第二名。初三上学期期末考试时间本身就晚，考试后又要补课，因此出成绩、放寒假的时候已经到了年根儿底下了。得知成绩的那天晚上，我正和小伙伴一起下楼去伙房抬饭。碰上班主任，她喜笑颜开，跟我说：“你这次终于考好了啊！”当你对一些人、一些事有真挚的期望时，你会为他高兴。那种感觉，几年之后我才懂。那天晚上，饭是两个白菜馅的素包子，站在二层教室外走廊的护栏边，我就那么安静地看着楼前小广场上来来往往的人，心里边百感交集，吃不下东西。

经由那次考试加上学校对我初中前两年表现的评价，我终于成为五个保送的学生之一。

当“不要脸”成为一种能力

站在大学的起点往回看，高中可能是对我们每一个人影响最深的三年，这三年有太多事值得纪念，有太多人值得感激。

进入高中，面对的又是一个陌生的环境。这里的条件要比初中好太多，且舞台又比之前宽阔了一个量级，聚集着来自市区的一大群基础优秀的同学和各个县、镇抽上来的尖子。在这里没有人会注意到你，至少开始时不会。即便有了初中的经历做铺垫，但当我真正置身其中，才发现适应这个环境依旧有难度。

这次我不再像三年前一样㞞了，而是选择勇敢地迈出一步，主动地去适应这个环境。一开始我又当了课代表，倒不是因为老师看我长得像课代表，而是有天晚上，老班给每个人发了张表，调查初中时做过什么班干部没有，我就认认真真填了。最后分配我去管生物，当时心想生物是什么“鬼”，没想到，这一干就是三年。

正式上课的第一天，课代表的任务就是帮老师画一份座次表，我就借着这个机会，在一天之内偷偷把全班同学的名字记全。我应该是我们班里第一个认识所有同学的人吧。只有你先记住别人，别人才会记住你。你主动适应了环境，世界才会向你张开怀抱。

这些年，独自在外生活日久，风里雨里经历多了，常比同龄人显得成熟一点。成熟需要积淀，而积淀的开始，可能就是主动。从被迫到情愿，慢慢地，“不要脸”成为一种能力，我也由此更加受益匪浅。

我犯错，她想代我受过

高中三年是我最不安分守己的时光。虽然没闯过什么大祸，但再也不是之前那个传统意义上的“三好学生”。我出生在高考大省河北，这里的高中一般会禁止学生带手机，但手机在学校却是屡禁不止的。高一暑假，我说服我妈给我买了一台手机，不装卡当MP4用。最开始的时候确实用它来听听英语课文，但是看着周围人都玩，心里也就长了“草”。那时智能机还不像现在这样普及，网络也不如现在发达。我偷偷买了一张手机卡，然后开始玩游戏、看小说而沉迷其间，转眼一个学期就过去了。高二寒假开学回去的时候，我妈问我，手机还要不要带，真的有用？我忘记了当时是如何厚着脸皮撒谎的，又把手机带出了家门。

高中的体育课也是蛮“水”的，虽然我高中时体育课没让数学老师来上，但因为体育老师实在没精力顾这么些个班，组织做个准备活动就解散了。对大部分人来说，解散后并不会有什么锻炼。如果赶上最后一节课，就活动活动筋骨，好提前到食堂吃饭；如果不是，那就多了一节自习课。某节体育课，解散后我就去食堂玩游戏了。那游戏是个低级版的“消消乐”，当时不知哪里来的痴迷劲儿。正巧赶上学校领导到食堂视察卫生，教导处主任把我逮了个正着，给我拎回去教育了一番。然后按照学校的规定，记了警告处分，要求回家反省三天。我们学校还有很奇特的一条规定，就是月考中如果作弊，其家长要为学校义务劳动两天。劳动内容，是下次月考时，到自己家孩子所在的考场监考。据说真的执行过。

被抓着的第二天，我妈来领我回家。她还跟教导主任解释：“我了解学校不允许学生带手机，但他带手机来是听英语的。这手机我没有给他买卡，不信您可以抠开后盖看。”她依旧选择相信我。不知是我妈对那条规定没有记清，还是实在太心急，她噙着泪和主任说：“我能不能在这儿为学校做一点事情，让他回去上课。”不管前一天多生气，现在她只想减轻我受的惩罚！那老师看她实在诚恳，也有些心软，又见我昨天检讨反省得深刻，便给我减轻了惩罚，允许我第二天回来上课。

我忘记了后来是如何走出办公室的，但我妈说“能不能在学校做点事情”的画面如今在头脑里依旧那么清晰。坐班车回家时，我呆呆地望着车窗外，不知道该说些什么。前一晚在做坏事被发现后等待“行刑”的紧张中失眠，在颠簸晃动中，我迷迷糊糊睡了过去。那时寒假后开学不久，天气还没回暖，妈妈轻轻推我：“别感冒了。”当时我妹妹刚上小学，那天中午，她放学回家后问我：“哥哥你怎么回来了呀？”我爸说：“他不好好上学，老师不要他了。”

在家总共待了一天多，家中的氛围有些冷，但我妈的关心却不减。在我回家反省的两周前，同寝的“宿头儿”因为出去上网也被要求回家。返校后，我们还开玩笑问他：“你爸是不是揍你了？”他回了句：“吃了两天好的。”当自己真正经历了这一切之后，才发现都是真的。这世上总有那么一个人，平时一直苛求着你努力，可真到了困难的事上，不管你有没有出息，她只希望你幸福快乐就好。

因为一直在外上学，上初中后我和我妈一起生活的时间并不长，我很大一部分的人生她未曾参与，所以我和我妈的关系后来并不亲密。算不上疏离，只是缺少了依赖带来的温暖。后来我还算争气，因为成绩突飞猛进，一年后顺利销掉了处分，之后也考上了不错的大学。这些年虽自诩没有让她费什么心，但这件事，却成了我对她一直抹不掉的愧怍。

回不去，就是回不去了

我高中三年成绩前后差别很大，为什么进步？一部分原因可能是弥补心里的那份亏欠。为什么高三甚至更早的时候就把目标定在北师大？更多的是为了一个丫头。高一下学期，我正偷偷喜欢班里的另一个女生。后来换座位，我和丫头坐在了一起，跟那个女生就没有了然后，丫头成了初恋。

丫头高一时是个暴脾气，班里不少男生都怕她，我却跟她很聊得来。那回换座位，我们两个到了教室最右边挨墙坐。和教室一墙之隔的，是楼层的卫生间。教学楼是栋老楼，教室多厕所少，两个楼层的女生都要挤到这一层来上卫生间。人多了，阿姨自然顾不上打扫。不巧的是，教师和卫生间中间的这堵墙下面漏水了，从墙根洇上来一大截。没有一两天，她就买了盒空气清新剂，小罐头打开里面像果冻的那种。有天下午课间的时候，我玩弄着清新剂的小罐头，打开外层透气的盖子，看她用笔划破表皮，画了个桃心。我跟她开玩笑说："少女怀春了吗？"她把清新剂扔到了我脸上。

那天晚自习，班里一起看《雷雨》话剧的视频，灯都关着。我给还在生气的丫头道歉，丫头却不理。我不知道该做些什么，又实在觉得那话剧没什么意思，就借着投影布反射下来的光在稿纸上写了满满一大篇的"对不起"。光实在是太弱了，眼睛又涩又疼，我把那张稿纸递给她时，她转头看看我，我又看看她。

第二天上午上政治课。因为在理科班，政治老师不怎么管，我俩聊得火热。聊到了初中时有多少男生追她，想出怎样的花样来哄她高兴，生日时，别人送的镀金的摆件被她丢进垃圾箱。我有意无意问她："要是我追你，你会怎么办？"她说："那就不理你了。"我就跟她说："那好，我追你。"她低下头，没有说话，脸红透了。中午午休，不经常出现在教室的她回教室自习，没有回座位，和闺蜜坐到一起。下午上课前，她回座位，问我："你知道中国为什么叫'中国'吗？我爸爸说，'中国'的'中'是'中庸'的'中'。"我就问她："你不是说，我要是追你，就不理我了吗。你怎么还理我呀？""你……你……"一下午话并不多，只记得那天晚上她和我说的那句话，她说："我是一个理智可以打败感性的人。"

这话我没有特别往心里去。很快，又一次月考要来了，她说："等月考后再跟你说吧，别影响你考试。"那时候我成绩很一般，中游水平，那次又恰好考得很糟糕。而她原本理科成绩很棒，分科后优势更得到了凸显，结果那次考试，我跟她整整差了三百名。她有点内疚，说："没想到还是影响你了。"可能她是想考试后更理智地处理这事儿吧。而我跟她的关系，也就这样比朋友近一些，却从未敢越一步雷池，到最后连手都没有牵过。

班里有小组，每组有六七个人，座位是按照小组坐的。她在第七组，我在第六组。那次换座位刚好赶上需要我们两个组各出一个人拼一起，这才有了做同桌的巧合。我的组长是她最好的闺蜜，后来又经过几次轮换座位，到两组又有机会相邻时，大家都默契地调换一下，让我俩坐到一起。

暑假来得太快。放假前，我说："你留个号码给我吧，我放假给你打电话。"放假不久，我就用我妈的手机给她偷偷发了条短信，不一会儿收到了回复，署名是"阿姨"。后面的事，也该被猜到了。我们两个人都不是任何事都可以不管不顾的叛逆学生，所以那段短暂的任性其实也时刻受着理性的拘束。她是十分懂事听话的孩子，一定不想让家人难过生气。分开后的两年，我们依旧在同一方天地间学习，却几乎没有再说过几次话。我还是默默关注着她，或许她也会偶尔关注下我吧。但是终究，都没说。

如今我自然依旧喜欢，只是她后来跟我说，有些事情，过去了，就回不去了。

舍不得吃的“青苹果”

高二那年的圣诞节，我提前花掉两个每周只有半天的周末，第一次很认真地为丫头准备了一份礼物。

她喜欢玩魔方，我便逛遍了商场，找到了一颗可爱的心形魔方，去到那家“校园传说”小卖部，在礼盒里塞满亮晶晶的糖果。平安夜流行吃平安果，我又去水果店认真包了觉得最好看的那个。那一年的圣诞节刚好赶上每周一次的校园广播，估计那一周广播站的信箱要被送祝福的小纸条塞爆。我把来来回回写了一周的百十字，托后来分科转文的小刘“走后门”递给了广播站站长。平安夜来了，我把准备好久的礼物送到，祝福却没有出现在广播里。那天，广播站一位同学扮成圣诞老人的模样，到每个班祝大家节日快乐，把那张字条递给了她。晚自习回座位，组长跟我说：“丫头说了，魔方很有意思，但是你装魔方的那个小礼盒里塞那么多糖，吃完要得糖尿病啦。”

转眼就是高三。高三那一年，我吃饭自习常和老韩一起，可能是在高考带来的重压下，身高虽然差了快一头的我们俩跑向食堂的步调意外地比较一致吧。高三的革命友谊，不只来自学习上的互相帮忙，更多的还是心理上的，比如每天吃饭时在食堂扯淡。聊了一年丫头还有低一级的他的小董，聊了一年厚脸皮的老杨还有高二好看的“小体委”，聊了一年想不出粒子到底转几圈的那道模考物理题。那一年的革命友谊，不出意外，将会延续一辈子吧。高考后，他去了军校，现在还经常“骚扰”我，让我帮他修改汇报材料。很庆幸高中时候能有几位像他这样的同学，让我们彼此相信，不管在什么时候，不管在什么地方，在这个世界上总有一个兄弟是等着你的。

高三那年圣诞节格外冷清。几天前下了雪，教学楼通向食堂的路上还有残冰。下午放学，老韩应该去给小董送苹果了。我当时正沉浸于自主招生笔试的教材中无法自拔，就自己去食堂吃了饭，回班的路上在教学楼后多溜达了两圈。到班里后发现座位上多了些东西，老钮看见了，冲我笑道：“小伙子不赖呀，收着这么些好东西。”老门摆了一个橙子，烨子姐在书缝里插了几根棒棒糖。还有一个不大点儿的青苹果，压着黑色的小礼盒，里面装着一个塑胶小猫的钥匙链，和一张只写着“圣诞节快乐”和“Merry Christmas”的小卡片。字迹我太熟了，因为丫头的字，丑得很好看。到教室后面饮水机接水，刚巧碰上，我问她：“你买哒？”她低头笑笑没有说话。

下了晚自习，我惯常要在教室再学一会儿，非要等到门卫大爷甩着铁链子砸门说封楼才走。圣诞节也没有例外，那天和剩下的几个小伙伴关掉了楼里最后一盏灯，我把老门给的大橙子跟室友们一起分了，棒棒糖没想好怎么分，唯独苹果连自己也舍不得吃，就妥善放到了床头。我至今不明白这苹果为何能如此保鲜，时间久了，虽不似开始那么鲜艳，但竟一点不会坏。如果不是某次不经意的磕碰留下那道小指甲盖宽的疤，我真要以为它是个仿真的。它就在我宿舍床头这么一直陪着我，我每天晚上回去捧在手里看一看，直到高考结束，我小心收进行李，带着回家。高考后我去天津打了两个月工，回家时再看，因为夏天天热，苹果整个已经变黑腐败了。我有点感激它，庆幸它陪我撑过了最辛苦的那半年。

岸哥说，青苹果酸涩，代表着初恋。也许是吧，时至今日也没有向丫头求证过，也几乎和她没有了联系。大一寒假的同学会，我们第一次一起喝起了白酒，推杯换盏了多少轮，我终于鼓起勇气："敬敬你吧，同桌的你。"《初恋这件小事》里，小水说，在我们每一个人的内心深处，都藏着一个人。当你想起他的时候，会觉得有一点点心痛，但我们依然愿意把他留在心底。那人让我们了解爱的积极意义，像我们前进的动力，让我们有了今天的成绩。就算今天，我不知道她在哪里，她在做些什么，但至少，是她让我了解，什么是初恋这件小事。

嗯，谢谢你，让我遇见你。

终于拿到了"30分"

有不少人，尤其是成绩处于上游的学生，还有一场"小高考"，就是自主招生。2012年刚入冬，各个大学的自主招生就相继拉开了帷幕，笔试、复试，一轮又一轮地大比例淘汰，最后的胜出者，会拿到学校相应的加分。在中国无数高三学生面前，为了能给学生更多的机会，高校以这种残酷又充满诱惑的方式撩动着高中学校和高三学生。这些加分意味着，你可以有机会"保全性命"，或者"过得更爽"。

那一年的自主招生，盼着盼着，就这样来了。我有意走这条路，和班里几位同学天天轮流往对外联络办公室那里跑。在网络不发达的寄宿学校，大部分人获取政策信息的来源就是那位老师。终于等来了学校正式通知，学校根据最近五次大考的综合成绩把我们一群学生排了座次，而那些在大家眼里发着光的校荐指标，就要按着这个次序分配。在有机会拿校荐指标的学生里，我的综合成绩算差的，最后留给我的只有零星三两所学校，我选择了放弃。那个时候，我就是想考北师大，只想考北师大。不只因为丫头想考北师大，我自己也想。

北师大给的校荐名额早早地被抢了精光，所幸丫头后来得着一个，但我没有了校荐的一臂之力，只能自己报名，硬着头皮"毛遂自荐"。

我应该是当时班里申请自主招生的人里比较笨的，但应该是最用心的。高中时，我时常发挥“不要脸”的特长，时不时抱着我那包A4纸，在教室对门的年级部、语文组办公室、波姐生物组的办公室、班主任艳儿姐数学组的办公室里游窜，蹭用办公室的打印机和墨水。除了处理打印机卡纸比较熟练外，其余方面我简直是个白痴，好不容易搞明白了注册，又因为这个成绩没有填，那个信息没保存，来来回回搞了很多次。有次甚至翘掉了每周一次的理综模考，在办公室鼓捣了一上午，才算报上了名。随后大家也都开始行动起来了，各个老师的办公室就此全面沦陷，电脑和打印机都被报名的同学占着。至今仍感激当时照顾我们一群县区寄宿生报名，尤其是让我使用打印机而不赶我走的老师们。报名表、自荐信、推荐信、获奖材料，我就这么和班里几个兄弟姐妹互相商量着、准备着。

材料寄出，数天等待，我初审通过了，丫头没有，她的自主招生止步于此，但成绩比我好些的她高考还有机会。我还要继续追赶，以我当时的模考成绩，这或许是我考上北师大唯一的途径了。

我开始面对如天书的两本自招教材，似六年前又超过六年前面对黄皮子试卷时的倔强。从初审通过到考试，留给我不到两个月时间。我放弃了春节短暂的休息，放弃了三轮复习的作业，每天只做压轴题，每天伴着门卫大爷催促封楼“咣咣”砸门的声响，收拾起摊在桌上厚厚一沓稿纸才舍得回宿舍。不过，终于还是让我咬着牙在考试前啃完了书。

我踏上去石家庄考试的火车。出发前，在波姐办公室查了好久，学会了订又近又便宜的快捷酒店，又照着电脑在答题卡背面画下酒店车站与考点间公交换乘的地图。但是当我走出偌大的石家庄站的那一刻，我才发现，网上看起来的便捷都是假的！所幸第二天准时完成了考试，晚上安全回了学校。紧张的弦一松，人立马垮掉，回宿舍直接瘫在了床上。又是数天的等待。最后数学考了66，物理考了67，已算是很值得满意的成绩。满意不是因为比班里数理“大神”博爷还高一点，而是因为系统里一起出现的还有复试时间的信息。

还是要追逐，不久后，要到北师大复试了。学校自己出题笔试，没有什么可以准备的。我因为脸皮日益变厚，倒顺便练就人前说话淡定自若的功夫，面试有了几分底气。我辗转到北师大时已经是笔试那天的中午了，在学校对面的沙县小吃店要了一碗面，还不到酒店可以办入住的时间，我就自己在校园里闲逛。那时候感觉大学好大，有好多大楼，还看到了一条路两边花花绿绿的喷绘，看到了虽然已近营业尾声但还很精彩的异域风情街。找考场教学楼时，在门口一个学生样子的姐姐那里登记一个电话号码，就可以领到一本跟“5年高考3年模拟”一样厚的英语资料。

晚上考试临结束的时候，老师在每个人的准考证后面贴了一张标签，上面有各自面试和体测安排的时间段，我要等到第二天下午四点多。第二天一早，我在酒店看了一上午之前积攒的《南方周末》的剪报，寻思着说不准哪句话面试能用上。临近十二点，我背着来时带的书和昨天领的好多英语资料，退房出了门。等待的时候，我就在学校里逛一逛，累了就在教学楼前的小花园里坐一会儿。我觉得大学真好，将来我要是能考来这儿就太好了。面试时间快到了，我被领进了一间教室候着，在那里我见到了跟我同一组的其他四位小伙伴。我一直自诩“不要脸”是我的能力，所以在候场教室里跟讲台上那位老师问着大学里好多感兴趣的事，跟同组面试的小伙伴聊着。

就这么聊啊聊，聊到了面试教室门外，聊到了无领导小组讨论的考场上。同组的姓氏少见的查同学，后来成了我的大学室友老查。同组的很可爱的宋同学，后来也成了我还未进入大学便认识的“宋教授”。那组面试的主面试官，长相比较有特点，所以上大学后被我认了出来，现在是“宋教授”的导师。

嗯，是的，我做到了。复试成绩虽然一般，但凭着笔试还不错和接近满分的面试成绩，我最后拿到了加分。我庆幸自己最后能够来到这里。其实我算是偏科吧，高考数学和理综都正常发挥，最后那加分全都用来补了英语的短板。这场原本是给有特长天赋的学生准备的游戏，没想到资质平平的我踉跄着走到了终点。我曾想过这条路千千万万种样子，各种各样胜利或失败的排列组合，但没想到，这游戏赢起来，会如此辛苦。

我成为这场选拔中的幸运儿，与在各个学校选拔中优胜的人一起，出现在了校门口左边那张会挂一年的新光荣榜上。除了丫头，我不知道其他几个校荐的名额给了谁，也不知道他们是什么时候离开的。每个人的照片下边是各自的名字和梦想的学校，可能就像旧榜还没撤下的时候，我每次到学校外面吃饭回来都要抬头看一眼，那张榜也会继续陪伴着下一群学生吧。

窗外，紫藤花又开了

和自主招生时的百味杂陈一比，备战高考的过程倒是更像教室窗外那片清新的紫藤花开。

那一年，我们习惯了晚睡和早起。每天五点闹钟准时响起，我们习惯了在朦胧的晨曦中“噔噔”地奔向食堂，不管是谁点亮楼里第一根灯管，也不管他背的是“虽体解吾犹未变兮”还是英语三千五百词，一个个日子便在两个烧饼夹烤肠和一束灯光中渐渐饱满。当满满的十几节课塞进一整天，便开始无数遍重复着我们的考题和难点。当课间铃声响起，我们都齐刷刷地用打盹的方式度过那宝贵的几分钟。当新一课开始，又总因为甩不掉瞌睡而狠狠拧掐一下胳膊。生活就这样在规范中回旋着，一天又一天，周而复始。

终于，教室外的那片藤萝，又繁盛起来了，就像之前很多年，以及之后很多年一样。花儿未变，人却不同。岁岁年年，不同的一群人会准时路过这里，而琐碎的点滴间，又总藏着雷同的感动。

2013年6月8日下午5点，最后一声“请考生立即停止答卷”响起，我以及我们的高中生活由此点下一个浓墨重彩的惊叹号。

很久之后，再没听到门卫大爷催促我们回去睡觉的锁链声响，再没看到校门口的爷爷冲着每个人笑的慈祥脸庞，也不会再计较厚颜的老杨请全班吃冰棍儿的承诺还会不会兑现。还有教室窗外那片紫藤萝，繁盛或凋零，都已于我，再无春秋。

那三年，就这么过去了。

一〇级十九班变成了一三届十九班，我考上了梦想中的北师大，老韩去了军校，丫头去东南学了化学，烨子姐学了医……我们终究要各奔东西。不知道张老师、艳姐、波姐、老杨、董老师、罗老师，你们后来又“摊上”比我们“更差”的一届没有？老韩、宿头儿、贱侠、烨子姐、老樊、骚华、博爷、老钮、小辛、大脑袋、小马哥、老王、璇爷、晶爷、老门、湃湃、岸哥、军哥……同处一间的那些人儿呀，你们现在可还好吧？

那年教师节回去，又和张老师、波姐一起吃了个饭。波姐说，拼命如我却又不觉得累，也是个“神人”吧。我说了句话，还被张老师记在了高中贴报纸的那个大厚本子上——

“所谓梦想，不过是你妄想的一个美好远方。而我们能做的，就是脚踏实地朝着那个远方靠近吧。”

路漫漫其修远兮

原谅我这一生不羁放纵爱自由……

父亲的期望

我的名字是父亲取的，他在我很小的时候就要我记住两句话：一句是屈原的，“路漫漫其修远兮，吾将上下而求索”；另一句是孔明的，“静以修身，俭以养德。非淡泊无以明志，非宁静无以致远。”这两句话寄托了父亲对我的期望，也让我一生受其影响。多年后的一个晚上，那时我已经和父亲一般高了，我们站在老家的路边，他对我说：“只有成功的人，才有资格淡泊。”

我年幼时的记忆只余下一点点模糊的片段，有的甚至不过是在年龄稍长后，听父母长辈说起，便试图在脑中恢复事件的原貌，以至于多年后自己的想象竟成了自以为是的记忆。就如我脑海中一直有这样一个场景：行驶的轿车中拥挤地坐着一家人，小男孩探着脑袋看向窗外，外面是碧蓝的湖泊，湖边是一排排红房顶的小洋房，那房子是如此精致漂亮。于是小男孩兴奋地转过头，对他的外婆说：“外婆，以后我有钱了，就买这个房子给你住！”不论现实究竟如何，我在此写下这些感觉遥远而不尽真实的记忆，还是希望以一个相对客观而近乎旁观者的角度进行思考和剖析。

父母在我两三岁的时候便离异了，后来我长期跟在母亲身边。这段时间父亲距我是非常遥远的，无论是空间上还是心理上。虽然我与父亲的联系有很长一段时间的空白，但不可否认的是父亲给了我极深远的影响，而且这些影响随时间的推移愈发突出。

破碎的钢琴

在母亲为生活而打拼奋斗的艰难时期，我不断地从一所幼儿园转到另一所幼儿园就读，更多的时候只是在母亲工作的幼儿园待着。频繁地转校让我没有一个稳定而熟悉的环境，这使我具有更强的适应性和独立性，同时也让我与一切陌生的事物尽量保持一定的距离，从而表现得比常人更谨慎而有礼貌。

在刚上小学的时候，我开始学钢琴。不久，母亲便买了一架一万多的钢琴给我。这在当时算是一笔巨大的花销，尤其对于我们这样并不宽裕的家庭而言。小小年纪就开始接触并学习这样一门技艺，我在将来或许会有所成就且以此为傲，然而许多事就是因为偶然而彻底改变。悲剧很快就发生了，不到一年，在搬家的过程中因为有人意外脱手，钢琴摔到地上，琴键碎了一地。这件事完全扼杀了我的艺术生涯，不久之后，我便结束了自己的钢琴课程。

多年后和母亲说起此事，她说我当时已经消极怠工了。既然我不想学了，就随我意好了。当然我有理由反驳她——在我看来，接受陌生的事物并非是一个愉快的过程，当好奇心开始被消磨，排斥与厌恶滋生的时候，若没有外力的压制和强迫，很容易走向失败。毕竟对一个尚未有志于学的孩童而言，艰苦而勤奋的学习是无法仅依靠他自己的主观能动性而得到保障的。母亲注重对我兴趣的培养，从未真正强迫我做我不愿的事，这或多或少对我随意懒散的性格养成有推动作用，也导致我在许多方面都有所涉猎却无一称得上登堂入室。而今我对此很是遗憾，可若要我真去弥补，我又是不愿的，况且已经太迟。

由此我更加体会到父亲对我影响的可贵。父亲大学念的是汉语言文学专业，相比于幼师专业的母亲，他更能在某一具体的领域——汉语言文学——给我带来潜移默化的影响，使我在不知不觉中对其感到亲近，让我接受它甚至将自己与其相融。这带来的好处不言而喻，当步入学堂接受学校教育，必须要接受大量的信息时，我感到的是自我完善而非他人强迫。当我接受的越多，与其契合的也就越多，就必然会发觉自己认知的浅薄并感到空虚，从而如饥似渴地用知识充实自己。这样的学习动力是其他任何事物都不能替代的。

疯狂的兴趣探索

一年级结束时，正好一所新的学校建成，按地域要将一些学生划分过去。母亲把我送到了新学校，但是这样一来，家离学校就比较远了。为了上学方便，也因为母亲确实比较忙，我住到了姨妈家，每天和大我两岁的表姐一同上学。过早脱离父母让我对他们的依赖远低于同龄人，这从我上大学一个多月却几乎没怎么想家就可以看出。

那段时光是十分愉快的。新学校不仅有美观的建筑、充足的活动空间，还有许多在一个孩童看来新奇有趣的东西——小气象站、天文站、舞蹈室、规模宏大的学生管乐队等等，而这其中只有极少数会对学生的参与有条件限制。我喜欢往画室跑，我的表姐更是长时间待在里面。老师既会对认真绘画的学生进行指导，也容许我这样的学生在里面自得其乐。仅有的不足是被告诫不要妄动一些工具，然而那正是我最感兴趣的，就比如木版画用的刻刀。不过我很快就获得满足——表姐作为杰出学员拥有了一套自己的工具，而我分享了她的使用权。家中长辈从未剥夺我玩刀的乐趣，也可能是因为屡禁不止，总之他们通常只在看到我的一些危险操作时才会制止并进行技术上的指正，大多数时候他们是默许我在无重大安全隐患的前提下开展此项活动的。

玩火是我当时除了玩刀外的另一项爱好。长辈虽未明令禁止，但这对他们而言只怕并没留下什么好印象。与此有关的一桩“惨剧”发生在一个周末的夜晚，我点蚊香时不小心引燃了堆放在一边过冬用的棉被，起初它因没有产生明火而并未引起我的注意。我睡了一会儿后醒来才发觉失火，虽然从表面看来不过只烧了半个拳头的大小，但实际它的内部已经快要燃尽了。母亲应该是下意识地将其定义为我玩火闯的祸，于是严厉的斥责加一顿揍也就不可避免了。但同时她也感到后怕和疼惜，哭得不成样子。虽然平时的小打小闹母亲并不在意，但是当她认为不再是小问题时，绝对会采取足够严肃的手段。这件事给我的印象是无比深刻的，虽然未必让我心服，也不能改变我爱玩火的兴趣，但是会让我更加小心谨慎。

对于这种教育方式我是十分排斥的，尽管某些时候它显得很有必要，但畏惧责罚而遵从教育者的意志，被迫对自己进行否定，这行为本身就不够光彩，更何况它的作用也只是抑制而非根除。然而这对孩童而言可能又不尽然。尚未有明确意识的孩童，缺少与被强加的意志相抗衡的能力，因而对其排斥性也就很弱了。

最朝气蓬勃的班级

我在新学校愉快地度过两年后再次转学，这依然是母亲意愿的体现。新的环境没有引起我的抵触，我反而很快融入了新班级。班主任是一名年轻的男老师，他也是我们班的语文老师。班干部大多是男生，学习尖子也是男生居多，男性彻底占据了主导。这是我见过最朝气蓬勃、最自由、最和谐、最全面发展的班级。它给我如此良好的印象很可能也是由于班主任有意将最优秀的学生聚到一起，让我们更好地进行交流、合作和竞争。由于彼此都很优秀，我们很容易相互钦佩，也就激发了更强的竞争性。人总是和与自己差距不大的人相比较，并且只对身边的人存在竞争心理，因而自己的朋友往往会是某些方面重要的竞争对手——这样的朋友我极为珍惜。

在语文课上，我们不用举手，站起来即可发言，老师甚至不介意讲课时经常被我们打断。每节课都有相当一部分时间是留给我们表达自己的看法的，大家各抒己见，有时候观点冲突甚至变成整节课都在辩论。有一节课让我记忆十分深刻，是学古文，选自《列子·汤问》的《两小儿辩日》。课文最后一句是：“两小儿笑曰：‘孰为汝多知乎！’”讲析完课文后，有同学提出异议，他认为孔子是圣人，古人怎么会嘲笑他呢，文章作者嘲笑的应该是两小儿那样的人。老师没有否定他，也没有同我们讲诸子百家中那些我们还完全不了解的事，他支持了那位同学的观点。老师在让我们对知识充满好奇和渴望的同时，从未让我们认为自己是无知的，没有让我们因为知识的无涯而感到畏惧。相反，他让我们相信自己的能力，鼓励我们进行思考并勇于提出自己的看法。这正是他作为老师最高明的地方。

需要提一下的是，在这期间我的父亲和母亲复合了，家庭平时是和谐的，但他们会不时吵架。父亲心高气傲可又因种种因素不得志，母亲则有些偏激和情绪化，偏偏两人又都固执。于是有时我会在晚上被吵醒，开一条小小的门缝偷偷看他们，觉得自己真是可怜。在很长一段时间内，我在卧室听到母亲的声音都会不由地觉得她带着哭腔。这些给我带来什么影响尚不明晰，但我怀疑自己和家人在一起会变得很内向与此有关。在我六年级念了一半时，母亲再次让我转学了。出于对未来更好发展的考虑——相比城市，我出生地的教育水平、发展空间等都是远远不足的。转学这件事母亲早已考虑过，并得到了整个大家庭的支持。在此需要介绍一下我的家庭情况。由于种种原因，我同父亲一边的关系很淡漠，在此便不加赘述。至于母亲这边，母亲的父母都健在，她与兄弟姐妹共六人，母亲是小妹。我的几位姨母和舅舅都事业有成，尤其二姨，对几位弟弟妹妹都多有照拂。出于多方面考虑，我来到了二姨所在的城市念书，并暂住在大姨家。

小学最后的一个学期是毫不值得怀念的。虽然我并未显得格格不入，但是也没有什么特别的记忆，反倒是因为怀念原来的朋友而常常情绪低沉。我表现得含蓄内向，却出奇地给了老师不错的印象。同时又因为老师的普通话实在有问题却自以为正确，于是我常常抱着字典去和她理论，这也让她对我印象深刻。拍毕业照的那天，我恰好因病请假，于是连最后的纪念都没有，这倒也并不怎么遗憾。

对人际关系的敏感

半年很快结束了，初中按区域划分入学，我被分到了市里最好的学校，这也是父母早已计划好的。入学后竞选班委，我拿着竞选稿上台，此外只有另一名男生做了同样的准备。我们都如愿以偿，他成为一班之长，而我担任了学习委员一职。我们很快就成了最好的朋友。

初中的第一堂英语课在我眼里是彻头彻尾的悲剧。英语老师让班长和学习委员用英语替她介绍班里的同学，可她却没有意识到这是一件多么不具有可行性的事情。我既不会英语，又无法在开学之初就记住同学们的面孔和名字，于是课堂陷入了尴尬的沉默。我很明显地看到她脸上显露出的不快，这一表情让我对她本来就没有的好感往负方向快速增长。这一个小小的插曲直接导致此后我对英语学习的懈怠和排斥，而英语也成为我学习上的巨大弱项。

初中的学习并非十分顺利，由于本性懒散跳脱，我并不是那种认真听讲、按时完成作业的标准好学生。数学老师过于沉稳，这本就与我个性不合，更何况他的嗓音低沉而催眠，且纵容了我在许多方面的放肆行为。上课时我自顾自地看小说，课后也不复习，作业草草完成……凭借小学时打下的良好基础，在很长一段时间内我并未意识到这会带来怎样的后果，何况在第一次期中考试时我还取得了数学单科的最高分。于是之后我的成绩一落千丈，初一下学期时甚至只能在70分左右徘徊。母亲曾打电话给老师询问原因，老师表示我在校表现良好，成绩下降或许和谈恋爱有关。我不知道老师为什么会有这样的猜测，不说我尚未对女孩表现出一定的兴趣，即便是谈恋爱，我也只会更加刻苦努力地学习——我确实是这么想的。

初一上学期的学校统考中，我们班的成绩惨不忍睹，全班竟然只有一人年级排名前一百。学期末时，同学及家长提出要换老师，但是被班主任以老师需要时间适应磨合为由劝阻了。下学期时，班级的成绩更加糟糕，大家对任课老师的怨气也不断累积，终于在学年末再次提出更换老师的要求。这一次班主任给了我们一定的支持。此后我更加努力，也找了老师补习，成绩稳步上升，尤其数学成绩再一次名列前茅。其间我对一位女孩颇有好感，她成绩很好，为此我很乐意去上学并更加用功，动力不过是希望当她遇到难题时可以为她解答。

初中时我热爱散文，并以写作为乐。可是由于缺少良好的指导，自己又读了不少纷华靡丽的文字，便用自以为美的语句典故堆砌文章。语文老师是应试教育的名师，但她只能用考场作文的模式对文章进行规范，无法提升我的能力，然而恰好我对那样的文章是深恶痛绝的。由于不屑于写应试作文，我的中考语文成绩远远低于竞争者们，甚至导致我中考总分远远低于预期，只是堪堪达到市一中的录取线。

试图突破的人，最初进行的摸索探求在成功者看来是可笑笨拙的，而固守的人却可以显得稳重与成熟。当时自己写的许多文章现在看来极幼稚，但不管怎样，它都应算是一种进步，是自己完成突破和超越所必需的。相对进步与相对不成熟共存，可惜的是，固守的人来鉴赏时往往忽视前者而抓住后者，而探求者恰好相反。老师或许能体会到自己学生的这种进步，她同时也更加清楚地知道此类文章在考试中有极大的缺陷和风险性，但是“评卷老师不会喜欢”并不能让一位固执的学生改变自己的追求。

起起落落的状态

但中考的“失利”并没有对我造成太大的影响，我依然顺利进入本市最好的高中。虽然母亲曾希望我中考排名在全市前四十名，但现实总是残酷地将预期否定。

第一次走进高中教室时，同学们已早早到来，且无一例外都专心地看着书，这对两手空空正和朋友谈笑的我来说无疑是巨大的震撼。然而这样的场景并没有持续几天，在大家适应身边的环境后，纷纷“腐化堕落”。可即便如此，班级的学习氛围还是非常良好的。

我所在班级的教师阵容十分强大。班主任姓李，是一位年轻的女教师，教的是我最喜欢的语文。李老师十分宽容且有亲和力，而我表现出的对文学的极度热爱也拉近了我们的关系。高中三年我都担任语文课代表，我们关系一直很融洽。她在极大限度内包容了我对文学的追求，比如她并不反对我在早读时看自己喜欢的散文，也允许我在考试测验中把作文写成随笔。她曾在我的考试作文上写过这样的话：“既是抒块垒之作，分数乃文外之物，不要也罢！”我不由抚掌大笑。她也从未试图干涉我在文学上的探寻，而是让我深刻且清晰地意识到自己的不足，并给予我专业的指导。在她的指导下，我很快明确并坚定了自己在文学上的前进方向。

由于自己对文史哲的热爱，我早已决定要读文科，而非选择自己更加擅长的理科。因此我上课不听讲，作业也从不做，我的物理和化学成绩在短短一个学期内由最初的数一数二很快跌至及格线附近。但对此我并不在意。一个学期后，我们文理分班，我到了文科加强班，教师还是原来的那几位——我原来所在的班级本就是文科加强班教师的配置。然而学校很快收到通知，禁止这样做，于是我只在新班级上了一节班会课后就被遣回原来的班级。加强班不存在了，好的教师资源也就应该共享，数学和英语两科果断换了新的教师。

从此以后，我的成绩变得极不稳定，大起大伏让教师和父母都很头痛。至于原因，在我看来很重要的一点是与教师的不契合。新的数学老师个性过于温和，他讲课给人的感觉就像是一阵微风吹过耳际，什么都没留下。至于英语老师，不知为何就是让我无法喜欢上这门学科。

我自然不能把责任推给教师，但我自己也确实无奈。心理学中著名的冰山理论认为，人有意识的层面仅仅是冰山露出来的那部分，而占据基础和主体地位的则是潜意识层面。我虽然知道怎样可以让自己的成绩更好，但是自身的价值取向、意志力及其他方面制约了我将意识很好地转换成行动。我不可能同那些努力而又认真学习的好学生一样一心只读圣贤书，我对于分数和成绩不像其他同学那样偏执，也没有太强的好胜心。成绩的下降并不能激起我强烈的学习欲望，让我还保持着上进心的，或许不过是自己的理智和长久以来形成的惯性。因而，与教师是否契合，会给我造成极大的影响。基于对自己个性和经历的思考，我认为一位好的教师应该具有鲜明的个性，无论是幽默或严肃，热情或冷峻，总之要能给学生以深刻的印象。

高三时，学校再次组织成立加强班。然而由于新生扩招以致教师资源不够，文科加强班再次被扼杀在了摇篮中。在消息还未确认时，许多同学反对分班。有人提出加强班的存在占用了更好的教师和硬件资源，使其余学生的教育权益遭到侵害，这有违公平。当时我认为，所谓的公平本就是相对的，若要求所有人都能享受到相同的待遇，这不啻于痴人说梦。优胜劣汰本就是社会法则，在并不试图改变这种法则的情况下谈教育公平，无疑是天真的。而我若要否定这种法则，首先否定的就是我自己，因为毫无疑问我就是占有更优资源的胜利者。我自认为观点无懈可击，可是之后却想到，自己是不是站在既得利益者的角度看待这个问题？我至今无法解决这问题，于是无奈地陷入逻辑与道德的冲突中了。

《英雄志》与金兰情

在高中三年中，自己人格的完善、思想的独立更多是源于对一些问题的思考和探求，以及对某些价值观的肯定和坚持，并在生活中有意识地进行自我规范——这是自我的完善。此外，给我影响最大的也不再是老师与父母，而是有共同志趣的朋友、一些书籍，以及了解到的社会现实。

《英雄志》是中国台湾作家孙晓的武侠小说，也是对我影响至深的一部书。它最初的情节很俗套，文辞也并非一流。然而随着故事的展开，却能动人心神，发人深思。人与时代的对抗是它的主题，“深红近血的悲色”是它的基调。这样的背景下人物的选择至关重要，抗争与坚持也更具震撼力。我在书中找到了自己所希望成为的模样，于是一些自己认同的价值观愈发根深蒂固。我也看到了相似的矛盾和苦恼，并试图从书中寻求解答。后来我把这书推荐给了我高中时最好的朋友，他也是我最欣赏的人，在此姑且称他为“唐”。

我喜欢说某某是我某段时期最好的朋友，这是由于不同时期心理成熟的程度不同，交友的标准也不尽相同。幼时在一起玩的就是朋友，稍长后关系则会受到性格的极大影响，而更为成熟后则需要相互间的欣赏。唐受家庭背景的影响，他有广博的知识、深邃的思想、对社会独到的看法，以及有志于天下的胸襟气度。我们曾在许多个夜晚坐在宿舍阳台上谈天，内容无所不包，文学、历史、人生理想、社会现实……我从事教育的想法也是在那个过程中明晰并坚定下来的。我相对宽厚与柔和，他则内心更锋锐而外表内敛，我们都坚持自己的“道”而又希望能成为对方那样的人。我们的那段时光虽然颓废，但于我们而言却是最有意义且值得怀念的。

我和唐都不是标准意义上的好学生，且他比我更甚。我们的成绩都有过大幅的下滑，成绩下滑本身不能引起我们太大的情绪变动，然而名次下降以致被某些人压在头上却是不可忍受的。我们虽然个性上都懒散随意，但在某些方面却心高气傲。我们并不介意自己认可的或是不了解的人比自己强，但是对那些打心底里看不起的人——这样的人多是品行追求上为我们所否定的——只要有可能，便绝不许自己在任何方面处于其下风。之后我们曾努力过一段时间，可是由于时间不长，所以效果一般。可以这样说，整个高中时期，我大部分时间并没有在认真读书。我看散文的时间绝对远远超过学习英语的时间，看小说的时间也绝对远远超过看散文的时间，于是成绩的下降远远多于进步也就不足为奇了。

另一件激励我学习的事是很有趣的。有一位女孩，在此且称她为“欣”。欣是我的初中同学，我们曾经同桌并建立了极好的友谊。我记得曾经我是这么跟她说的：“我看你越来越顺眼了，要不我们义结金兰？”高中分班后，她和我邻班。她成绩很好且稳定，一直是班里的第二名。在我成绩不断下降后，她也不断找理由和我打赌，赌注千奇百怪往往也很不靠谱，内容却永远都是学习。出于在她面前死不服输的心理，我十分努力地奋斗过一些日子。最后一次这样的打赌是在高三下学期，我们约定月考成绩她需排在年级前十名，我则排在前二十名，没达到标准的人在一个月内要对对方言听计从。在这样的压力与诱惑的双重作用下，我开始努力。我至今仍认为这是我在高考中取得较好成绩的重要原因。

文学与教育学

高中有一件事充满莫名的意味。老家有一位老先生是家里的故交，他曾是当地一所小学的校长，退休后潜心研究卜卦命理之学，家里人不时会找他算算命。母亲曾请他为我算一下，他说我将来会成为一位校长。当时我尚未萌生从教的想法，然而此时我却在全国顶尖的师范学校学习教育学！自己虽然并不迷信，但或许因为传统文化的影响或别的什么因素，这样的断语应是在此后给了我某种潜在的心理暗示的。

我从教的想法可能最初源于父母都是教师，因而我对这一职业有亲近感。然而更重要的原因，则是在成长过程中我对自己某些方面的不满意。比如，我一直遗憾自己从热爱文学到真正有志于此的时间太久。这样的遗憾让我有强烈的弥补欲望，后来这些欲望就演变为从教的渴望，我希望自己的学生将来不会有类似的遗憾。这是我想从事初等教育事业的重要原因。

另外的原因则是，在学生尚未有强烈的自我意识时，教师无疑对其各方面的发展都会有极大的影响。这样的影响是根深蒂固的，是可以影响其一生的发展轨迹的。孟子言人生有“三乐”，其中就有“得天下英才而教育之”。我以为，天下英才出于我手岂不快哉！然而我对自己的缺陷也有充足的认识，出于对个人意志的尊重，我无法忍受强迫，无论是别人施加给我的还是我对别人的，这决定了我无法以决策者的身份进行改革。事实上，我最认可的教育方法一直是潜移默化的影响，我认为这样的影响才是最深刻的，也只有这样才能塑造个人的本质。

高考结果是一个意外之喜，北师大成了我最好的选择。我在志愿中依次写下汉语言文学和教育学，虽然我对教育学一无所知，然而出于对教育的兴趣我对其很有好感。当时我并未想到自己会被教育学专业录取，我的省排名虽不太靠前，但以往年的情况来看，被汉语言文学专业录取还是很稳妥的，况且我真正想学的专业一直只有汉语言文学。可以这样说，教育是我的理想，而文学则是梦想，理想无法实现可能更多的是遗憾，梦想的破灭则绝对是莫大的痛苦了！当然我有自己的办法，我希望以文学为依托进行教育。

理想和现实再一次呈现出巨大差距，大学在还未开始的时候就抛给我一个巨大的难题，这难题在入学后更是被无限放大。我还不得不接受高等数学与人体解剖生理学的“摧残”。数学虽然在中考和高考中都是拯救我的“功臣”，我也并不讨厌甚至还有点喜欢它，然而考试结束后我已决定放弃它了。将放弃的东西再次拾起，不知为何我感到说不出的难受。至于人体解剖生理学，我完全与它绝缘，当被迫去接受它时，我不可抑制地一次又一次陷入沉睡。虽然这门课程结束后我或许可以从生理学角度解释我的睡眠行为，从而给自己如此不求上进一点安慰，但是这过程无疑是彻底的折磨。

我强烈地想转专业，这成了我在本学年的目标。为此我不得不把两个专业的知识都储备好，然而我很怀疑自己能否搞定人体解剖生理学这门高深的学问。大学生活时间并不长，还没有其他什么特别深刻的感触，于此就不加赘言。

第一次对自己的一件事——更是人生很重要的一部分——进行细致的回顾与思考，在此过程中，自己曾经的一些模糊的想法变得清晰，也发现了一些新的问题并进行了思考。这是内省，以更为成熟理智的思考方式反观曾经，审视一些直观的经验感受并加以扬弃和提炼。要说成长的意义，我想，那应是愈发坚定地追求独立而严谨的思想，如此才可以一言一行不为他人动摇，才可以做“自己”。成长，绝不是向世间俯首。我打磨自己的棱角，是去求一种如玉的温润，但这温润下是质的坚硬。我庆幸在自己的教育历程中，每一位能给我以影响的人都尊重我的追求，让我能一直朝着这个方向不断前行。

我很高兴老师让我写这样的文章，虽然我一直拖着没做，可开始静心回顾和写作后便一发不可收。这过程实在是一种享受。自己受教育的时间还有很长，更不用说以后还要从教，我很期待在下一次写教育自传时有新的感悟和收获。

旧梦依稀似当年

重温往昔，总能清晰地体会到当时的痛楚。

但假使重新来过，就算在梦中，我仍会竭尽全力。

家归川蜀片区，包括我自己在内，上溯三代均为朴实的农民。我体型偏瘦，一双大眼睛，其貌不扬，性格温和偏内向，做事情很细心。但我觉得自己缺少一种魄力，一种做事情干练、果断的气质，以至于长期以来安分地当着一个服从者。这是我的大概信息了，下面来具体介绍。

我家里有爷爷、奶奶、爸爸、妈妈和我，还有一个亲姐姐，已经出嫁了。我的爸爸有一个弟弟、三个姐妹，他排行老三。与幺爸和几个姑姑家比起来，我家的经济条件倒数第二。我幺爸家最好，他中专毕业，在地方税务局工作。幺妈是小学教师，他们家已经买了两套房子，一辆车子。

我的爸妈都是初中文化水平。由于家庭状况不好，在我刚满一周岁的时候，他们就南下广州打工了，从此连续十一年过年都没回家。也就是说，在十二岁之前，我几乎没见过我的爸妈，只是在电话里听见过他们的声音。可以说，我是爷爷奶奶一手带大的。必须说明一下，把我带大的还有我的姐姐。由此也为后面的变故埋下了伏笔。

家庭冷暖

我家里的主要矛盾之一是姐姐与爸妈的矛盾。因为我们从小没受到父母多少关爱，所以我们姐弟俩对父母很陌生，有时都不情愿接他们的电话。在他们离家十一年后回家修房子时，最开始，我们连叫他们都不愿意，更不用说晚上和他们一起睡。他们很伤心地说，在外打工、回家修房子还不是为了我们，我们却不理解他们，为此我们还挨了打。后来慢慢熟悉了，我渐渐接纳了父母。但是姐姐却没有完全接受，其中一个很重要的原因就是家里重男轻女。姐姐的成绩很差，他们经常骂姐姐，所以姐姐一直与我妈有隔阂。我爸还好，因为他的想法就是人要活得轻松。最后，由于姐姐自己要求，在初三刚要毕业的时候就辍学了，到了广州，和父母一起，也开始打工。

原以为姐姐与父母生活在一起，情况就会慢慢好起来，谁知情况反而更糟。在我上高三的时候，姐姐悄悄地离开了父母并且成了家。而在姐姐离开的那几天里，爸妈用尽了所有方式去联系姐姐都无效，电话怎么打也不接。最后父母对姐姐彻底失去信心，说就当没有养过姐姐吧！特别是后来当知道姐姐结婚没有事先告诉他们的时候更是生气。最后姐姐有了小孩，给爸妈打电话，母亲总是最心软的，她原谅了姐姐，并去湖北我姐夫家里守了姐姐一个月。但我爸爸却没有原谅姐姐，他是一个大男子主义的人，很看重面子，觉得姐姐没有办酒就结婚甚至有了小孩让他在村里人面前抬不起头，所以姐姐至今没有得到爸爸的原谅。

这件事发生的时候，我正在紧张地复习。当我得知这件事后，头都疼了。我给姐姐打了电话，而她也接了，我是家里唯一能联系上姐姐的人。我劝她回去，她说她既然选择了这条路，就要走下去。她叫我不要告诉家里其他人有关她的信息，否则再也不和我联系了。她还叫我千万不要分心，好好学习，这个家全靠我了。我们说了很多。接着我又打电话给爸妈，询问他们对姐姐的态度和看法。结果很令我伤心，他们都决定不认姐姐了，不管我说什么。

那几天，我心里很烦躁，什么也学不进去。我仔细地回想这件事发生的原因，其中最主要的一点就是姐姐缺少关爱。妈妈经常骂姐姐，姐姐只从爷爷、奶奶那里感受到浓浓的亲情。一想到这里，我就觉得好惭愧，我们欠姐姐的太多了。庆幸的是，姐姐现在过得还可以。姐姐的经历又给我注入了一股新鲜的动力，我要往上走，让自己变得更有出息，将来一定要拉姐姐一把，还有我那老实的姐夫与可爱的侄子。这可能算亲情的力量吧，我和姐姐之间的血肉情让我更加充满斗志。

我家里还有一个主要矛盾是我妈与二姑以及爷爷的矛盾。媳妇与公婆的矛盾我妈妈也经历过。反正自我懂事以来，就知道妈妈与二姑家相处不好，而争论的焦点就是每月给爷爷奶奶寄多少钱。我印象最深的一次，是妈妈提出要奶奶去给我煮饭，遭到二姑的强烈反对，最后还大打出手。我想不通为什么一家人会这样，而自己又能够做什么！在家里的大事上我是没有决定权的，能够调和矛盾吗？试了，不管用！家里的情况真让人苦恼，有时候我就想早点考上大学，不要再待在家里。

此外，还有一件麻烦的事，就是过节，或是爷爷奶奶的生日，或是其他大人的生日。我的家人无论在哪家吃饭，有一件事情他们一定会做，那就是打麻将，打到吃饭，再从饭后打到凌晨两三点。比如奶奶的生日，当天奶奶还要忙这忙那，忙着为大家煮饭。而大姑他们一来就开始打牌，中间要人给他们沏茶，点炉子取暖，吃饭了还要叫几遍才肯停下，晚上还要为他们煮宵夜。

我想不通这到底是不是奶奶的生日，不仅没有让奶奶放松，反而让她更累了。大多数的时候，我也忙了一整天，但由于人比较多，位子不够，我只能站着吃饭，许多菜还夹不上。最可悲的是，我经常是被遗忘的角色，吃饭都没人叫我，我早已习惯了不在桌子上吃饭。在我家，其他表哥从来没有被叫着干活，我想不明白，难道因为我小就可以被唤来唤去？我知道，这种情况只有等自己长大了有了出息才能改变，我想让自己的家变得更加富有，就像幺爸家的孩子，走到哪儿都是宝，谁都要让着他。

当然，由于我很听话，成绩又好，所以家里的人对我还是很好，只是相对来说好的程度不同罢了。爷爷、奶奶、爸爸、妈妈、姐姐就不用说了。其他亲人中对我最好的是幺姑与幺姑父。要是让我选择去哪家玩的话，我首先就选幺姑家。他们对我真的很好，无论是在物质方面还是在精神方面。他们会关心我的成绩，给我很多压岁钱，带我去买穿的。尽管他们算大家庭里经济条件最差的，但他们无论对爷爷、奶奶，还是其他人都是最大方的。我也从他们这里体会到了亲戚之间的温暖。

对我好的还有旭哥与幺妈。旭哥是二姑家的儿子，现在上大三，他是我所有哥哥中最勤劳的一个，每次在我家吃饭的时候他都会帮忙。上初中的时候他住在我们家，和我一起睡。我们晚上还一起到田里捉黄鳝，下棋到很晚，有时还一起打跳。他是我哥哥中和我走得最近的一个，他还很关心爷爷、奶奶。在他的身上，我找到了兄长的感觉，他也是唯一一个在我高考前两天给我打电话鼓劲的哥哥，我当时真的很感动，至少他没有忘记来安慰我一下。而其他亲人都没有问候，也许他们是怕给我增添负担吧。

欢乐易折

小的时候，我很活泼又很聪明。在我们村子里迷迷糊糊上完那三年幼儿园之后，我被送进了镇上的小学。

我生命中遇到的第一位重要的老师是伍老师。她从我三年级开始当我们的班主任，刚开始她给我的印象就是严厉。她很年轻，只有三十多岁。她会骂人，还会用手去捏人，谁要是让她抓住了把柄就遭殃了。伍老师最大的特点就是爱让学生回答问题，但是有时候却没人主动回答她的问题，教室一片寂静。这时候我与几个学习好的同学就不得不举手撑一下场面，所以老师还是很喜欢我的，而我的语文成绩也从来没下过90分。

四年级的一个早晨，由于奶奶睡过了头，我没吃早饭就走了。奶奶给了我五毛钱买吃的，我到学校的小卖部准备买一袋我最爱吃的方便面，恰好被从外面买完包子回来的伍老师碰见了。她问我为什么这么早，我不好意思地说我一般都来得这么早，她听后还夸奖我呢！当问我来买什么时，我只能回答买方便面，接着她便把我拉到了她家。开始我还不敢进去，怕把她家的地弄脏了。她便把我硬拉进去，叫我坐在桌子旁，给我盛了碗热腾腾的稀饭。当时我真的很幸福，觉得特别温暖，感觉伍老师像我的亲人一样。从那以后，伍老师的课我上得特别认真，而且课堂上我也是最活跃的一个。在课外，伍老师还与我们一起打乒乓球，那种感觉真的好棒，现在好怀念哦！伍老师可以说是我的第一位导师，在与她相处的过程中，我发觉自己很快乐，这让我树立了当老师的志愿。我想与我的学生打成一片，想让自己的生活充满孩子的朝气与活力。

然而幸福总是短暂的。在上五年级的时候，我的快乐时光戛然而止。原因只有一个，伍老师要去实验小学教五年级。如果要去她的班上课，首先要考试。这方面我肯定能过，但是那里的学费是在读学校的三倍多，这对我的家庭来说显然不现实。我的几个姑姑都劝我就在原来的学校读，虽然我很想去伍老师的班上课，而且我们班的很多同学都跟去了，但由于经济条件不允许，我放弃了。后来我听说伍老师等了我一个上午。伍老师走后，我们又重新分班，大多数老师都换了，我的成绩下滑，与我的下一位班主任也没有很好地沟通。

提前的顶点

初中是我人生的第二个转折点。我家离学校很近，只要三分钟的路程。因此，我们班几乎所有的同学都知道我家在哪里。刚开始，我还为自己得天独厚的条件沾沾自喜，但很快麻烦就来了。

先让我说一下我爷爷奶奶的情况吧！他们都是普通的老百姓，那时已经六十多岁了，奶奶的身体一直很差。但爷爷身体还很硬朗，他们做了很多农活，每天会把种的菜拿到学校或市场卖。上小学时我还小，对这方面也没有在意。但随着年龄增长，自己的虚荣心也在慢慢增强。当爷爷叫我把洗好的萝卜背到学校食堂去卖时，我觉得很没面子。最尴尬的是，爷爷还当着我同班同学的面，和食堂的老板讨价还价，我真有种找个地缝钻进去的冲动。这种虚荣心把我害得很惨，但随后我发现同学们对这事并不太在意，因为他们大多数都是农民家的孩子，我的心这才平静下来。

由于我小学毕业时的成绩还不错，所以初中分到了最好的实验班。在刚进班的时候，我在全班排名第三，而期中考试时，我也不知道怎么的，考了全校第一。由于我的成绩很好，而且家就住在附近，所以很多老师都认识我爷爷，在我家买过菜的也都听说过我。随着这一声“炮响”，我一下子“红”了。

在学校的表彰大会上，我发了言，还领到了荣誉证书和一个厚厚的笔记本。我的班主任袁老师也在班上表扬了我，希望我像上一级的学长一样，每次都取得年级第一。此时此刻，我的虚荣心达到了最高点，我开始全身心投入学习中。而袁老师也对我非常严格，他先用处罚的手段改掉了我粗心的毛病，接着用劝导的话让我变得谦虚，还为我购买了资料书。除此之外，还有我的英语老师，他让我当英语课代表，给了我很多锻炼的机会，还在平时关心我的学习情况。在这种情况下，连续三年每次大考我都是全年级第一，只有一次小月考是全年级第三，可以说我在学校创造了一个“神话”。

在初中的时候共有两件事对我有很大的影响。一件是当班长，一件是找到了人生中最好的知己——阿俊。由于我成绩优秀，老师为了培养我的其他能力，在初一下学期就让我当班长。起初我不大愿意，认为这是浪费时间。但当我慢慢接受任务、组织活动时，我喜欢上了这项工作，开始认真负责地执行。现在都还有同学叫我老班长呢！

在这个阶段，爸妈每次打电话来都首先要问我最近的成绩，然后夸奖我几句，并叫我听爷爷奶奶的话。打电话时我听到爸爸说得最多的一句话就是："你只管读书，考到哪里我送到哪里！"由于我家离学校很近，爷爷就会经常问老师有关我的情况，有时还会送点蔬菜给我的老师。每次考完试爷爷都会笑眯眯地问我考得怎样，如果我说考得还可以，他就会笑得更灿烂。如果我说不太好，他就会说没关系，下次再努力。

初中，我就这么过来了。我在后来反思，觉得我初中阶段其实很失败，可以用高分低能来评价。自己为了学习很少参加集体活动，很少锻炼身体。最失败的就是与同学交往太少，交际圈太小了。为此，我后悔了很久。特别是与许多初中同学一时失去了联系，失败啊！一句话，我是畸形发展，这也是高一下学期遇到最大挫折的主要原因。

柳暗花明

由于初中的优秀表现，尽管最后中考自认发挥一般，我还是被我们市里最好的高中录取了。最让我高兴的是我的朋友阿俊也考进了那个学校，后来他在文科尖子班，我在理科尖子班。在高一刚进校的时候，学校举行了新生入学考试，我拿了个二等奖，得了两千元。当时我那个心情激动啊，马上给家人打电话，然后请我们寝室的同学大吃了一顿。之后我还像初中时那样学习，高一上学期结束时我的成绩还在全班前三名，殊不知我将要遇到那时最黑暗的深渊。

高一下学期要文理分科，当时我苦恼得头都大了。因为我属于那种全面发展的类型，每科都好，但没有自己最擅长的。我能在我们班上保住前三，很大程度上是因为另外几个优秀的同学文科成绩不行，而我的地理与历史成绩好。刚开始我想选文科，但我不知道学文科将来能干什么，在请教了袁老师后选择了理科。但残酷的现实来了，第一次月考我排到了全班第十七名，而且接下来几次我都在十几名。这对一直处于领先的我是一个沉重的打击，我甚至走路时都有一种低人一等的感觉。我不甘心，拼命地学，早上第一个到教室，晚上很晚才回寝室。我大概坚持了一个月，令人悲伤的是效果并不明显。

那段黑色的日子里，我每天都拖着疲惫的身体，来回奔走于寝室、食堂与教室之间。我感觉天都是灰蒙蒙的，我感觉好累好累。刚开始我谁也没告诉，瞒着家人与朋友，就当什么也没发生。我对自己的能力有信心，相信能靠自己的力量爬起来。但后来才发现自己的挣扎是那么无力，我就像陷入了泥潭一样。于是在迷茫了一个月之后，我开始向周围的人求助。

我首先给父母打了电话，告诉他们我的近况。他们听后很心疼我，安慰我说这没什么，叫我多注意身体，慢慢来别着急，他们相信我。我顿时感到压力少了很多。阿俊在知道了我的情况后，先怪我没有及时跟他说，接着就不停地鼓励我。他让我回想初中时的情形，那时我是多么强大，并分析说我并没有退步，只是因为这个班上的同学都是各个县的前几名，叫我不要着急，慢慢来。我看见了希望的曙光，原来我钻进死胡同了。这时我也发现自己的最大缺陷，那就是人际关系太差，以致在最需要朋友的时候是那么无助。我感到初中时的学习方法不适合高中了，因为高中的学习任务很重，不可能像初中时那样分配时间了。高中学习讲究的是效率，我必须改变以前那些错误的方法。

慢慢地，我开始放慢自己的脚步。下课时也与同学一起出去玩，体育课有时也去踢球。渐渐地，我走出了阴霾，走出了这段最黑暗的时光。我逐渐解放了自己，给了自己更多的时间来思考与放松。更重要的是我逐渐变得开朗，与班上大多数同学都熟悉了，朋友也有十几个。同时我的学习效率也提高了，成绩也回到前几名。虽然不在最前面，但我知道有些事是不能强求的，否则只会适得其反。量力而行，学得轻松一点，保持良好的心态，才是最重要的事情。

最后我不得不提一下高三后半段这最有意义的日子了。可以说，这是我高中最轻松的一段时光了。在高二的时候，我与阿俊以及另外一位好朋友在学校外合租了一间房。高三的时候，妈妈担心我的身体，特地从广州回来给我煮饭，阿俊也顺便搭伙。另一个朋友的妈妈也要来照顾他，他就搬走了。在这段时间里，生活上我完全没有了顾虑，一心放在学习上。唯一“不好”的地方，就是妈妈给我照顾得太好了，三天一顿鱼肉或鸡肉，而且天天有猪肉与水果，实在是太幸福了。

经过与老妈的相处，我找到了从小失去的母爱。特别是每天晚上老妈给我端来热牛奶，有时她甚至强硬要求为我倒洗脚水，我真的觉得好温暖！我感觉浑身充满斗志，那时也是我学习效率最高的时候。最重要的是老妈很理解我，她说就算我高考发挥失常考了二本也没什么，她一样会供我读书的，我听后便觉得一点压力也没有了。

同时，老爸也在为我加油。他每周都会打电话回来，关心的不是成绩，而是我的身体，问我吃得怎么样。我就会“告老妈的状”，说她天天给我吃肉，然后老爸就会“教育”妈妈多给我吃蔬菜。在学校里，每天晚上自习结束的时候，我都会与几个同班的好朋友一起去跑步，然后围着操场散步聊天，一起憧憬着大学生活。最后高考的结果差强人意，虽然没有发挥得很好，但我知足了。

茫茫回首

在高中的三年里，我在其他方面也收获了很多。

由于我们班上的同学都很优秀，再加上高中的班主任不像初中班主任一样对每个人都悉心照顾，所以我与高中班主任的感情没有初中班主任那么深。但必须承认，他课讲得很好，而且爱笑。每次笑的时候都露出门牙，很可爱！所以我很爱上他的课。不得不提一下语文老师，她对我很关心。第一次语文考试我考了全校第一，她就记住了我。后来她经常问我有没有不懂的问题，还找我谈了几次心。她教我改变学习方法，对我的转变起了很大作用。

在高中，尽管我没担任什么班干部，但我与同学建立了良好的关系，因为我做事踏实，不论在学习中还是生活中都很热心，很容易接近，是班上最受欢迎的人之一。毕业时，在同学为我写的留言中，他们说我是最刻苦的一个，并带动了整个班级的学习氛围，还说我笑起来很可爱。我觉得高中阶段的不足是我课外阅读太少了，体育锻炼太少了，身体素质很差，这些只有靠进入大学后改变了。

总体来说，我还是比较成功的。仔细回想一下，成功的因素来自：百分之六十自身的努力，百分之二十老师的教导与指引，百分之十朋友的帮助与搀扶，百分之十家人的关心与支持。一个人的成功光靠自己是远远不够的，所以怀有一颗感恩之心，对曾帮助过我的人真诚地说一声“谢谢”吧！

一路回忆，一路成长

天空群星璀璨，而我们无所不及。

世界的大门

我出身在一个并不富裕的家庭。爸爸妈妈都是初中毕业，因为家里穷，不能让他们继续完成学业。爸妈在读书的时候都属于班上成绩优异的学生，他们经常跟我说，如果不是因为家里没钱支持他们继续读书的话，他们一定能考上大学的。不过真实性我还没有考证过，爸爸是个挺爱开玩笑的人，他说的话极有可能不靠谱。

我出生不到半年，就被交给外公外婆照顾了。外公外婆住在一个小山村，那里的风景非常漂亮，当地的民风也十分淳朴。因为善良且有德行，外公外婆在当地的名望很高。村里的人都喜欢到我家来跟两个老人聊聊天，谈谈村里发生的事情。幼年的回忆很模糊，很多事情我都已经记不得了，但外公却帮我一件件记着。他现在爱跟我聊起小时候的事情，说我还是个婴儿时特别乖巧，不哭闹也不怕生，见谁都笑，特别好养。

外婆信仰天主教，每天晚上睡觉之前都会祷告，定期参加教堂活动，是个慈祥温和的人。外公每天都乐呵呵的，喜欢和我一起玩，像个长不大的老小孩。外公外婆都对我极好。二姨一家和外公外婆住在一个院子里，所以我常常跟在大我八岁的表哥后面玩。他带着我放牛、抓鱼、爬山、打鸟……山村的生活总是其乐无穷，幼年的记忆中充满了漫山的青草、野花、树木。淳朴、简单、自由的生活是我从未褪色的记忆。读书后我仍然会每年暑假回到这里住一两个月。不管我长大后变成了什么样子，有和父母不和的时候，有年少叛逆的时候，有悲伤颓废的时候，但只要我一回到这里，在外公外婆面前，我就永远是那个乖巧简单的孩子。

三四岁时，爸爸妈妈在城里做了小生意，把我接回了他们身边。当时一家三口住在一个租来的小房子里，生活艰苦却快乐。有时候早上闲来无事，我和爸爸就赖在床上，爸爸给我讲很多故事。《阿里巴巴与四十大盗》《灰姑娘》《阿凡提》，一个个妙趣横生的故事，总能勾起我的兴趣。在我心里，爸爸的故事是另一个世界。在爸爸妈妈忙得没有时间陪我的时候，我就自己翻看一本本的图画书，自己去打开那个精彩世界的大门。爸爸将我带到阅读的大门前，好奇与兴趣成为我的钥匙，带我步入真实生活外那个广袤的文字世界。爸爸还教我算术，可能也是出于这个原因，从小我就对数学很感兴趣。

我读幼儿园的时候因为搬家的原因，转过一次学。转学前的幼儿园每天的课程就是唱歌跳舞和做游戏，基本不会教授文化课程。而转学后不久，新幼儿园里就有一次考试。因为爸爸教过我数学，所以我数学考了满分，但语文却不及格。当时班上有一个女孩子考了双百分，至今这个画面仍然深深地印在我的脑海里：老师高兴地牵着那个小女孩的手，在教室外面一个劲地向小女孩的爸爸妈妈夸她，她的爸爸妈妈很开心地摸着她的头。我很羡慕她，真的，希望自己有一天也能成为爸爸妈妈的骄傲。或许就是这个想法不知不觉中改变了我人生的轨迹。

乐不思蜀

爸爸妈妈其实对我的学习并没有多高的要求，并没有要求我名列前茅，他们对我的期望就是长大后能够做个独立快乐的人。但他们再忙也会抽时间出来帮我完成听写，辅导我的功课。小学的课本上经常会有一些挺难的思考题，老师并不要求我们解答，但是出于好奇心，我总愿意去思考那些难题，不会的题就问爸爸妈妈，他们也会想很多办法来启发我。每次我一想出那些题的答案来，就会兴高采烈地跑去告诉爸爸妈妈，等着他们的表扬。我为思考的过程而高兴，为自己千辛万苦得出的答案而高兴，也为爸爸妈妈眼睛里的赞扬而高兴。

小学的课业是非常轻松的，大部分的记忆还是关于游戏与玩耍的。一年级到三年级我在城郊上小学，同学们总能想出很多好玩的点子。在教室的旁边有一片泥土地，大家就在上面挖了很多小坑，买来各种颜色的漂亮弹珠，不管男生女生一下课就在那里打弹珠，一天下来往往浑身都是土，却乐此不疲。还有各种游戏，像抓石子、扔沙包、跳皮筋……我们都玩了个遍。自信能玩的小孩总是在群体中更有威信，他们就是我们眼中的头头。我也常常跟在“孩子王”身后玩，觉得他们更加成熟、更加厉害，懂得好多东西。现在想起来，往往会笑，幼时的心思多么简单，幼时的快乐多么简单。

小学有一件事直到现在仍让我记忆深刻。我跟邻居的女孩十分要好，甚至到了只要不上学，就形影不离的地步。有一次我去找她玩的时候，她正好要出发去亲戚家。出于好玩的心理，我就跟着他们一家人去玩了。邻居叔叔忘了跟我爸爸妈妈报备了，所以爸爸妈妈都不知道我是去了哪里。我玩得高兴，半夜才回来。快到家的时候看见爸爸妈妈都站在门口，妈妈一直在哭。原来爸爸妈妈都以为我被人拐走了，甚至正要打电话报警。妈妈一看见我就上来抱住我哭。那天晚上我被狠狠骂了一顿，从那以后，我不管去哪里，只要是可能晚归，都会和爸爸妈妈报告，在外一过晚上7点就会给他们打电话。

小学一年级到三年级的时候，我特别喜欢我的语文老师汤老师。虽然现在我已经记不清她的样子了，但我仍记得她的温柔以及对学生的好。每次誊抄作文的时候，她都会给我们讲故事，每个人都会听得很认真，即使是最调皮的孩子也和她十分亲近。有一天天气特别炎热，我们都在练字，女生们大都扎着马尾，长长的头发搭在脖子上很不舒服，老师就细心地帮女生们一个个地把头发盘起来。每次老师和我们讲话都是笑盈盈的，她从来不在学生的本子上画叉，只在对的题上打勾。以前我并不理解老师的做法，觉得这样不便于我去找自己的错误。读了高中之后，我有段时间学习数学很艰难，每次看见数学作业上醒目的叉都觉得莫名沮丧。那时候回想起来才明白汤老师的用心，即使在如此细小的细节上。

在四年级时，因为搬家的原因，我又转学了。一开始，我觉得新学校很陌生，好玩的东西也没有以前那么多，熟悉的小伙伴们都不在身边。好在小孩子比较容易玩得开，同学们都对我这个转学生很好奇。我也发现了新的游戏：跳皮筋、打乒乓球。但是我很不喜欢我的班主任老师，她50岁左右，非常严肃，平时基本上看不见她笑。她总是呵斥那些调皮的学生，我也被她骂过。我觉得学生在小的时候，总是会小错不断的。若是遇到点小错，老师就呵斥他，只会让他越来越畏首畏尾，遇到点事就怕犯错，还会有多大的提升与创造空间呢？我想这也是我后来一直有点怕老师的原因。

四年级时的儿童节，每个班都要出一个节目。因为班主任不想花太多精力来排练集体节目，就在班里选同学单独去表演节目。结果，没有人报名，班主任就让我作为班干部上台讲故事。我很不好意思在全校师生面前表演，心里很不情愿，但也不想在全校面前丢脸。因此，我选了一个提倡讲文明的故事，每天自己练习很多遍，对着镜子讲，假装是在台上讲，在全班面前试讲……

直到现在，我还深深地记得那个故事的情节。表演之前，我们站在台边候场。看着前面的同学表演，我觉得越来越紧张，腿阵阵发软。上台之后，看着台下那么多的人，我甚至怀疑自己是否能说出话来。最终，我深吸一口气，开始讲了。越来越流畅，越来越不紧张，我好像是在跟朋友们分享一个故事，忘记了台下有那么多双陌生的眼睛看着我。最后，我得了一等奖。真的非常高兴，这是我第一次觉得自己可以成功挑战不熟悉的领域，努力就能做到。

五、六年级时，我换了班主任。来了两个新的老师，两个让我获益一生的老师。方老师教我数学，高老师教语文，他们俩快结婚了。他们那时应该是大学刚毕业，或许这也是他们能跟学生们相处得很好的原因。

高老师非常漂亮，在同学们面前甚至有点害羞，但她总是很关心大家。以前的班主任严厉而认真，大家都或多或少有点怕她。而高老师和方老师却更像我们的大姐姐大哥哥，陪伴我们成长。我小学的时候作文写得很好，高老师一直鼓励我好好写下去，还帮我把作文用信封封好寄给杂志社。

方老师是我的数学老师兼班主任，因为他，我对数学的兴趣更加浓厚。六年级下半学期的时候，他还免费帮我们上数学思维拓展课，让我受益良多。我五、六年级的时候因为方老师的原因，对数学特别感兴趣，每每思考出一道难题我都会高兴不已，我的数学成绩越来越好，也越来越舍得用玩乐的时间来钻研数学题。有一次我还用一天的时间推出了一个没有学过的数学公式，方老师高兴地告诉我说这是我们还得等半年才会学到的公式。因为对数学的热爱，我的数学经常考满分。方老师专门帮我算连续得一百分的次数，鼓励我说连续得十次有奖。究竟有没有成功突破十次，我已经记不清了，但方老师的鼓励与支持给予了我很多很多的力量，让懵懵懂懂的我能够坚持着走在探索学习的道路上，没有走偏。这样的我是自己最喜欢的样子。

方老师和高老师住在学校分配的宿舍里，我们经常中午去玩。还记得有一次，我们发现方老师的床上用花摆出了一个心形和生日快乐四个字，非常漂亮，惊呼方老师一个大男人怎么还弄这些。其实那是高老师为方老师准备的惊喜，来庆祝他的生日。作为老师，他们没有高收入，但却用这样简单而温馨的方式给对方带来温暖，这也是我第一次觉得爱情是个很美好的东西。

小学毕业考试的时候，我考了全区第一，这也意味着快乐的小学时光画下了句号。

花季，雨季

初中是我最彷徨、改变最大的一个时期，所有青春期该经受的伤痛与迷茫，我似乎都经历了个遍。

本来我可以升入本市最好的中学，但因为初中要上晚自习，住校生太多而我报名太晚，就没能住宿。学校又离家太远，每晚必须要有人来接我，爸爸妈妈都很忙，爷爷的身体又不好，不能保证每天晚上有时间来接送我。最终我放弃了市里最好的中学，去了离家最近的一所乡镇中学，在那里我能住宿。直到现在我也不知道这到底是一个正确的还是错误的决定，但初中三年确实改变了我很多，让我成熟了很多。

初中学校的校风很不好，全班六十多个人，真正在认真学习的不超过十个。当时，班上还有三四个留级生，要么是因为打架等原因被以前的学校开除了，要么是家长觉得他们初中荒废了，让他们重读一遍。还有女生抽烟骂脏话，刚开始我真的很受不了。因为小学升初中我是全区第一，所以班主任就任命我当班长，当时这真是个让我头疼的任务。我们的晚自习基本没有老师，所以纪律基本靠班干部维持。因为这个工作，我基本把那三四个留级的学生得罪了个遍。那段时间非常难熬，我找不到像小学时学习的快乐和动力。虽然大家没有正面冲突，但是和小学融洽快乐的环境比起来，初中班上的环境真的让我觉得难受。爸爸妈妈来学校看我，给我带吃的，关心我第一次住宿习不习惯。我真的有很多委屈想说，但当时还是忍住了没有说，因为我不想让他们觉得我一点都不独立。

在初中的课堂上真的学不到什么东西，很无聊，很多学生都在做自己的事情，我也宁愿用听课的时间，看看辅导资料。班上学风总体很散漫，我也渐渐开始怀疑以前学习的意义。我找不到以前探索难题的快乐，没有了以前被高老师和方老师表扬的自豪感，没有了他们的鼓励与支持。再加上一周才回家一次，我开始想：我为什么要努力学习？我为什么要一直管着纪律？大家就算没有讲话，不还是在做着与学习无关的事情吗？我每周来到这个学校的理由是什么？这些想法，我都没有告诉爸爸妈妈。可能是因为逐渐长大，我也想保留一些自己的秘密。

日子一天天过去，我慢慢忘记了以前快乐学习的感觉，开始觉得现在学的东西没有用，不再专心学业。而且通过和班上同学的相处，我发现我以前讨厌的几个同学其实也很好打交道。虽然她们抽烟喝酒，做着我以前接受的教育所不能接受的事情，但她们的本质其实没有我之前想象的那么坏。她们讨厌学习、讨厌学校、讨厌老师、讨厌做乖孩子，但仅此而已。其实她们也是孩子，只是努力想让自己看起来很成熟而已。我开始和各种各样的同学一起玩。不知道是不是受周围同学的影响，我也觉得学校很官方，那种学习无用的感觉也越来越强烈。

我不再觉得学习是一件很重要的事情。在当时，学习对我而言就是学习课本知识，枯燥而无用。这样我每天也没什么事可干了，我开始翘课，不写作业，上课跟同学玩游戏，或者看自己想看的书。我有很长一段时间都不学习，但我还是没有参与抽烟、喝酒、打架，因为我觉得那些没有意思，也不感兴趣。身边很热闹，但其实我觉得很孤独，我找不到自己的信仰与坚持，找不到自己生活的意义。我总觉得小的时候多快乐呀，想得少，烦恼也少，现在思考得多了，而又在大部分时候都得不出一个结论，快乐也不那么简单了。越长大越孤单，说的就是这样的感受吧。

我当时挺反感自己的英语老师，她暑假的时候挨个给学生家长打电话，让我们交钱去补课。而补课的时候，却拿本参考书念给我们听，甚至有些时候念也懒得念，就放部电影给我们看，让我们看完了就下课。

在环境的浸染下，我变得越来越不像个乖孩子。我没有尽到班长的职责，没有将班级拉到一个好的轨道上来，我很惭愧。但改变这一切很难，我的力量很小，我得到的帮助很少。在缺乏与爸爸妈妈交流、与老师交流的情况下，我慢慢地开始接受另一种价值观，开始变得叛逆。我每周回家不再什么事都和爸爸妈妈说，开始觉得爸爸妈妈的关心很烦人，和老师的沟通也越来越少。因为在初中没有一个让我觉得能良好沟通的老师。我的初中数学老师姓王，其实他也是个很好的老师，对学生挺关心的，很有责任感，但我仍然觉得他无法理解我的想法，不能产生共鸣。其实周围很多朋友心里也是很迷茫的，这可能是那个年龄段的孩子的共性吧。我会和朋友们一起聊心事，说那些想做但现在无法实现的事情。

初中三年，我很喜欢郭敬明，基本每个月都要去买他出版的杂志《最小说》。上面的文字很多都是关于青春的迷茫与伤痛的，比较悲观，跟我当时的心境比较符合。以前我觉得这个世界很虚伪，大人们很虚伪，想做个特立独行、与众不同的人。我看饶雪漫，看韩寒，看很多很多的小说。其实我觉得在那个阶段，我已经陷在一个自己空想的世界里了。我觉得世界很肮脏，想把自己和世界隔离开来。那段时间爸爸妈妈也常常吵架，家里也不再让我觉得像以前那么温馨。父母吵架，其实受伤最大的是孩子，如果我以后有了孩子，我一定会尽量不伤害他。再加上从我读初中开始，爸爸妈妈越来越忙，他们不能像小学时那样每天关心我的学习了，我和爸妈的距离越来越远。我不再愿意将自己在学校的事情讲给他们听，也不愿意他们再管我太多，他们很难了解我心里的想法。

初中，我变得伤春悲秋，容易多愁善感。我有一个好朋友叫“晓”，刚开始的时候，我们并没有多少接触，也没有在一起玩。在我的印象里，她是一个很冷漠的女生。她不和班上最吵闹的学生一起玩，也不像一些同学那样沉默寡言。她只和自己喜欢的人做朋友，不去在意不重要的人和事。和她走近，是始于一次很偶然的经历。那天应该是在夏末，阳光很好，有阵阵的风吹过树叶。我看见她一个人坐在操场边的花台上，闭着眼睛。我忘了自己为什么跑了过去。我问她在做什么，她说她在听风的声音。“真的听得见吗？”我应该是这样说的。然后她拉着我的手一起听。那一刻，心变得很宁静，很宁静，是很久都没有过的感觉。其实那时候的友谊就是这么简单，以前没有交集的两个人，因为这样一种相似的感觉，两颗心就贴得很近。后来我们走得越来越近，尽管在同一个班上，我们仍旧给对方写信，讲很多很多的事情。毕业整理的时候，我发现那些信放在一起已经是很厚一叠了。那些内心很孤单的日子，是晓陪着我走过，给我勇气和力量。

初中我有一次恋爱未遂的经历。我们班有一个挺帅的男生，他是体育委员。我忘记了是哪个女生在全班说，她挺喜欢那个男生的。初一刚进校的时候我还保持着八卦的天性，遇见这种事就爱起哄。有天在操场上碰到那个男生，我跟朋友就起哄让他快点表态。他突然跟我说：班长，其实我挺喜欢你的。我觉得他是为了让我别再起哄开的玩笑，但是脸皮薄，还是很不好意思。后来班上开始有越来越多的人说他喜欢我，我也间接地知道了，他是真的对我有好感。但是我们从来没有谈过这个问题。

一直到初三的时候，因为那年开学早，我第一次在学校过生日。那天我收到了很多朋友们送的礼物，很开心。也收到了那个男生的礼物，是四个小玩偶和一个封面有字的笔记本。下晚自习的时候，我正准备回宿舍，一个女生把我拉住，让我留一会。我隐隐约约猜到了一些。等教室里还剩十几个人的时候，大家关了灯，那个男生端出了一个蛋糕，上面的蜡烛闪着烛光，很温馨，大家都在唱生日快乐歌。我真的很感动，这是我第一次在学校过生日，也是我最难忘的一个生日。玩闹中，蛋糕没吃到多少，却弄得浑身都是，但我们很开心。这是我一辈子也不会忘记的回忆。因为这件事情，我对那个男生更有好感了，但我们仍然没有互相表白。

后来数学老师知道了我跟他的事情，在办公室里跟我谈了很久很久，老师讲了很多，其实大致就是说，我们谈恋爱不会长久，只会在初三的关键时期毁了我的未来。走出办公室的时候，我只觉得整个人都晕乎乎的，脑子里有很多很多声音。其实老师说的很有道理，尽管那些话让我觉得很难受。王老师并不是我的班主任，但是出于关心，跟我谈了这么多，我不会不识好歹。人生总有无数个岔路口，如果当时我没有听王老师的劝告，今天或许也来不了北师大，成功总是要有所舍弃的。

后来班上一个男同学过生日，请了一些同学周末去吃饭。我和那个男生都去了，吃完饭已经很晚了，他送我回家。一路上我们其实都挺沉默的，最终我还是告诉了他王老师那天跟我谈话的事。他说他知道，他看见我被叫进办公室。然后我们都没有说话了，一直到我回家。后来我们俩在班上再也没有单独说过话。每次看见他的时候，我其实还是会觉得难过。高中时，我去了外地读书，再也没有见过他。学业很重，我们也没有联系。后来高中毕业同学聚会的时候，我又见到他，那时他已经和初中班上的“班花”在一起了。应了那句话，错过了就是永远。

日子一天天过去，浑浑噩噩的初一初二悄悄流逝。因为并没有在学习方面下功夫，我的成绩比起刚进校的时候差了很多，但其实对于当时的我来说，也是不痛不痒。每天还是和朋友们一起玩乐一样地生活。对我们来说，学校也不像个学习知识的地方，更像个把我们大家聚在一起玩耍的地方。我渐渐在思考，难道我喜欢这样的生活吗？这是我想要的吗？是的，在内心，我觉得并不快乐。我想要换一个环境，看看另一种生活方式的人们。我想要真正地，过自己喜欢的、有意义的生活。我不想再在这样的一个闭塞的地方，过着日复一日的生活。我想出去看看。我不想一直做个活在父母羽翼下的小孩。我想成长，想要成熟，想要一个坚定的，能让我稳住内心的信念。我不想再迷茫着摸索前进的路了。我想去找到那盏指路的明灯，我想去找到真正的自己。

初三下学期想再转学已经来不及了，我所知道的能让我走向远方的途径就是中考考进外地的高中，考进外地的好学校。它能让我离开从小长大的地方，看看另外的风景。在最后一学期，我真正开始很认真很认真地学习。我找到了一个能支持我不断前进的支撑点。我不再翘课，不再在教室里玩游戏，关掉了QQ空间，丢开了小说，周末不再和同学聚会，开始认认真真地看书，从早上醒来的时刻到晚上睡前都在思考。有一段时间朋友们不太理解我，我没有再跟他们成群结队地去吃饭，也不再参与自习课的游戏，我解释我只是想静下心来好好努力。还好有晓能够包容我、支持我，她说每个人有自己选择的生活。她不想再读书，但我们依然能在彼此成长的路上互相搀扶、互相取暖。感谢我有这样一个朋友。

努力并没有白费，虽然初一初二时我的知识基础并不牢固，但是经过初三的努力，中考的成绩让我能实现自己的目标，让我能有机会离开父母的羽翼，去一个新的平台。

苦中作乐

成都有三所好的公立中学，我的成绩并不能让我进这些学校的本部，但我进了其中一所的分校，并且是在实验班。因为是新开的校区，学校对实验班很重视，从本部调来了很多带出状元的老师，来教我们。总之，当时我所在的实验班的教师阵容很强大。但当时的情况是我们是第一届学生，成绩都属于不能进学校本部，比本部的普通班还要差一点的水平。这些老师们来教我们，跟他们以前教过的学生相对比，确实会产生落差。我们数学老师还打趣道:“该怎么把你们这盘麻胡（四川方言，指麻将）搓成极品哟？”

刚进高中时遇到了挺多麻烦。第一个就是语言沟通问题。在家乡生活的日子，我一直都说本地方言。我会说普通话，但平时交流也用不上。而高中，班上大部分的学生都是成都人，大家沟通一般都说成都话，让我很不习惯，觉得交流困难，说起普通话也很不自在。还好我发现自己学习方言的能力还是很强的，不到一个星期，我就会说成都话了。第二个问题就是因为距离远和功课紧，我差不多一个月才能回家一次。以前拼命想离家远点，选择了到外地读书。现在却很想爸爸妈妈，很想念家里的氛围，想念以前每个周末回家爸妈准备的好吃的，甚至想念他们的唠唠叨叨，我发现自己远远不像自己想象的那么坚强。刚去学校那段时间，我每天晚上都给爸爸妈妈打电话，聊很多很多。感觉空间距离远了，跟爸爸妈妈的心却更近了，也更想回家了。

但既然到外地求学是我自己做的决定，我就会为它负责，不会轻言放弃。刚进班里的时候，我的成绩是倒数，贴着录取线进来的。初中的时候，不认真学习，成绩还是能排在年级前列。高中进来就是倒数，心里还是有落差的。我开始暗暗下决心，要好好学习。

当时人们对成都的这三所中学有这样一种说法：一所是“情场”（重视文科，有浪漫气息），一所是“游乐场”（学生会学又会玩），我就读的这一所是“战场”（作业多，学习压力大）。这也能说明我当时所在的学校学业压力繁重。而因为我们的校区是学校耗巨资新开的，领导们想让第一届学生一毕业就把名声打响，所以我们的三年高中基本就成了三年高三。老师和我们磨合的过程是挺痛苦的。一方面我们的学习习惯比老师以前教的学生差了很多，老师们必须改变很多教学方式和节奏；另一方面因为基础较差，老师上课的内容我们很难举一反三，老师讲一堂课，我们要消化很久。再加上作业又多，我们恨不得一个人分成两半来用。有几个女生甚至把晚上吃饭的半个小时都用来做作业了，每天晚上就吃吃面包喝点牛奶。

这样的学习环境和我初中的时候是完全不同的，反差很大，每天都挺累的。但比起初三时孤军奋战，现在大家一起努力的感觉其实让我觉得好受很多。学校给我们树立很多理想、梦想、标杆，请很多成功的人来给我们办讲座，用目标的力量来推动我们前进。其实有时候我还是会觉得他们说的内容太理想化，而学习的内容和应试教育的模式也让我偶尔感到痛苦。我当时很反感老师教我们写议论文的规则和模式，不理解为什么写一篇文章还要有那么多格式，这和古代八股文又有什么区别？有一次我写作文的时候实在忍不住了，把自己心里对现在教育模式的疑惑直接写了出来。课后老师找我谈话，说现在中国教育体制就是如此，高考至少是目前对大多数人相对公平的一种考核方式，且高考获利的学生其实很多都是高分高能，是拥有高抗压能力、时间管理能力、高效学习能力的人，让我试着去接受它。“走进去了才能走出来。”我接受了，既然无法改变，我也不再抱怨。

其实高中的日子，虽然辛苦却也是很快乐的，因为周围有那么多值得珍惜的老师和朋友。我最好的朋友乔是个非常乐观积极且善良的人，不管遇上什么事都不抱怨，别人找她帮忙她也一定会尽心尽力。我们俩刚进校的时候其实都还是看起来挺正常严肃的人，不知是混久了暴露本性，还是互相影响的原因，我们两个都越来越“疯癫”，常常莫名其妙为了件小事就傻乐半天。我还有个好朋友吉吉，我和乔就叫她“母亲”，因为她是个很细心温暖的人：我们感冒了，她一定会有感冒药；我们想玩了，她也能找出很多好看的视频来；下雨了也不用担心，她肯定带了大伞；每个星期她从家里回学校都会给我们带很多好吃的，也关注很多社会时政，是个体贴又细心的好女孩。同学们都打趣，每次看见她带着我们俩，都像看着一个妈照顾两个娃。

有朋友的陪伴，辛苦的日子也总有很多乐趣。在理科班里，女生很少，我们全班也就十多个女生，相处三年大家的感情都非常好。每次周末从家里回来，大家都会带很多好吃的。基本每个星期天下晚自习后，大家都会聚到一个寝室里一起分享美食。女生的食量真的也可以很“恐怖”，有一次我们十多个女生一次吃完了四只卤鸭子，一个大西瓜，两袋自贡冷吃兔，还有很多的火腿牛肉面包，以及两大袋当作饭后甜点的糖！这件事情很长一段时间内都成为我们互相打趣的一个“梗”。

班上整体的学习风气是相当好的，特别是女生们都很努力，每天十点晚自习下课后大家回寝室还会充分利用时间学习。大家基本不会互相打扰，也常常在一起讨论问题，这种一起努力的感觉真的很好。学习往往有不如意的时候。记得有一次月考结果出来，全体女生都考得不好。当时已经是高三的后期了，大家的压力本来就挺大，不少女生都很难受。但是大家互相安慰，互相打气，聊了很久，也渐渐恢复了过来。

“超越梦想一起飞！”

高中有很多让我非常敬佩的同学，都是我很欣赏的同龄人。

我的室友付仔是一个从进校就非常清楚自己的目标与发展方向的女生，她准备自己申请读美国的大学。付仔做了很多能够提升自己能力的事情：创办校园杂志、做活动、拉赞助、准备GRE考试……虽然不参加高考，但她高一、高二时仍和我们一起学习，对她而言学习这些知识不再是为了考试，她以一种了解更多、提高思维能力的态度来学习。她还做着许多学生工作，但学习成绩往往还保持在年级前三十。欲戴王冠，必承其重，她也很累，但她不曾放弃。功夫不负有心人，最终一所在美国排名前十的大学向她敞开了怀抱，我们都为她开心。

还有一个男生小李也很厉害。他并不喜欢应试教育，不爱循规蹈矩地学习，但他有着自己的思想与信念。他不颓废，积极去做很多自己喜欢的事情。他利用周末的时间做义工，平时自学制酒知识，因为他以后想从事这方面的工作。他还参加全国模拟联合国大会，被评为优秀国家代表，是个很有主见的人。这些同学都没有走高考这条路，但他们以自己的方式，向着想去的地方坚定前行。

我的同桌是个很优秀的女生。自进校以来，基本每次大考小考她都是年级第一名，是年级里的一个“传奇”。全年级甚至全校的同学都知道她，但她本人非常低调谦逊，待人接物非常亲切有礼貌。我有不懂的问题都会去问她，她也会很乐意为我解释。低调做人，高调做事，这样好的女生当然是大家都喜欢的，她在班上的人缘非常好。最终高考后她也去了自己心仪的大学。这就是我的正能量同桌，我的好伙伴。

还有很多很多厉害的同学，运动全能且成绩一级棒的小果、计算机大牛兼高考年级第一的涛哥、外貌与内在兼修的阿云……在这样一个集体中，我觉得很自豪，学习虽然辛苦，但每天都很充实快乐。

老师们都挺厉害的，但不会让人觉得有距离感。我的班主任杨老师是个心态非常年轻的人。以前不当班主任的时候，假期他们就定好旅行的机票，去世界各地玩。她工作的时候则是非常细心严谨的。

英语老师就像我们的朋友一样，我们都直接称呼她的英文名字“Stella”。但这并不代表我们不尊重她，恰恰相反，我们都非常喜爱她、尊敬她。她常常利用休息时间为我们单独辅导补习，给我们免费补课，周末还让我们去她家玩，给我们买礼物作为考试奖励，和我们分享她的生活。班上最调皮的男生也会把她当朋友。

高二的时候我们换了一个物理老师唐老师。还记得第一次上课的时候他并不给我们讲物理，也不讲上课纪律，而是上了一节让我至今记忆深刻的哲学课，他是一个很有思想的老师。此外，数学老师很可爱，化学老师是敬业达人……他们都那么有人格魅力。

高考的时候，我们班的一本率是80%。就我们中考进校的成绩而言，大家的确响应了我们的班级口号：“超越梦想一起飞！”

今天，我进入了北师大，选择了自己喜欢的专业，我觉得很快乐。虽然大学不像我以前想象的那么轻松，但我仍然觉得开心。这里有充满善意的老师、很多内容充实的讲座、丰富多彩的社团生活、优秀的师兄师姐。感谢北京师范大学，无论未来如何，我都会一直努力，做个独立、有思想、肯奉献的人。

幸运！没有出局

人无完人，我们所能做的，无非是把
曲折的人生走成一个圆。

1995年，我出生在广东省一个依山靠海的小村庄里，那是全国贫困县。但是，向别人介绍我的家乡时，我总是骄傲地说："我们那儿有山又有海，物产丰富，景色优美。"这是走出广东省后不由自主生出的自豪感。出生在清明节清晨时分或许太过"诡异"，但我却有莫名的骄傲，这可能也是想给自己增添一点独特性吧。

我的家族比较庞大。奶奶育有四男四女，我爸爸是最小的；大伯二伯三伯分别卖菜、打渔、当建筑工；姑姑们嫁的都是老实人家，也有各自的苦楚。外婆育有三男一女，我妈妈是大姐；大舅承包鱼塘；二舅在广州当教师后购房买车，早年还在某公园承包了小卖部；小舅从小受宠，两位哥哥出钱为他在县城购置了房子，然而他多番创业无果最终还是回老家承包鱼塘了。我爸妈生了四个小孩：姐姐、哥哥、我、弟弟，分别相差三岁、两岁、一岁。

不爱学习，爱上学

我几乎没有五岁之前的记忆，全靠家里人后来回忆。据说我出生前，父母在县城当建筑工，后来带上两个年幼的孩子回到老家建起一幢二层小楼。再后来又有了我和弟弟，当时家里的经济处于中上水平。妈妈平时会买来批发的纸笔，翻出旧课本让哥哥姐姐教我们写写画画。

只上过三年学的妈妈对学校仍是十分眷恋，还谨记着“敬惜字纸”的古训：纸必须两面用，铅笔、圆珠笔写过后的纸还可用来练毛笔字。晚上睡觉前妈妈会开一盏小灯，将弟弟拥在怀里背诵“九九乘法表”。弟弟聪明伶俐，我却十分愚钝——他不假思索背出“九九八十一”时，我早已打起鼾来。现在我仍坚信，弟弟好得令人咋舌的数学成绩就是从小训练出来的，而从小便对数字不感兴趣的我至今仍一窍不通也是情有可原。

或许是因为如此悬殊的差距，又或许是因为农村落后的“重男轻女”思想，妈妈把弟弟带到幼儿园却把我留在家里。也不知哪儿来的勇气，一天中午在外婆家我竟闹起了“绝食”，就连鲜美的蟹黄送到嘴边也不为所动，最后还是小舅牵着我去报了名。就这样，我和弟弟成了同桌；就这样，我第一次为自己争取到念书的机会；就这样，我开始了我的校园生涯。长大以后，家里人仍会旧事重提：“这小妮子怎么就这么倔？为了读书竟不肯吃饭！”每每这时，我总是有些脸红，然而还是暗暗佩服当年那个小小年纪却野心不小的我，那个不顾一切追求公平争取权利的我。或许是，贫乏之地盛产雄心壮志？

两所小学，都是母校

风平浪静一年后，我该上小学了。由于种种原因，我开始跨村求学之旅。每天早晨背上鼓鼓的小书包，骑上火红的小单车，摇身变成表妹身后沉默的“小尾巴”。

邻村上学的路，尽管走了很多遍，我这个“路痴”还是分不清东西南北。虽然常被放在一起比较使得表妹始终和我亲近不起来，憨厚的我也免不了被同龄小女生欺负，但短短一年内我还是俘获了邻村小朋友们的“芳心”和纯真的友情，外加两朵小红花。之后因为政策原因，我来不及挥泪告别大家，就回到本村小学。没想到五年后与邻村的小朋友再次相见，我们居然还能叫出彼此的名字。一年级时稚嫩的面容仍未完全改变，那份友情在对视时绽放的灿烂微笑中依旧完美无瑕。

当然，到了新学校，我还是好学生。在家里我也还是好孩子，除了买校服那回，几乎没干过叛逆的事。作为勤俭的家庭主妇，妈妈坚决反对买新校服，原因是校服又贵又难洗，且每年都要买（小学阶段发育快）。但对我来说，跟其他人穿得不一样是不行的。死缠烂打、眼泪战术均落败后，我使出绝招——先斩后奏，借钱买了再说，结果换来一顿暴打加臭骂。不过，我还是得到心爱的校服了。小学毕业时满满一柜子的白校服，是我多年奋斗得来的“战袍”，也是老妈每年都要翻出来晒一晒的“烂谷子”。

小学的老师对我很好，经常塞给我一大叠崭新的本子，或者抽空辅导我的课业。不仅因为我老实憨厚成绩不错，还有一部分我哥我姐的缘故——他俩是我们学校的学霸。即使他们告别母校到县城读书多年，他们的老师（也是我的）仍把他们挂在嘴边。可惜，我并没有在学校中留下一些类似的“神话”。或许，一位好老师之于学生的确十分难忘；但不可否认的是，一名好学生之于老师也是一枚勋章，一种骄傲。

童年花样繁多的游戏总是让人回味无穷，较之中学时期硕果仅存的踢毽子，就像是满汉全席与一碗白米粥的差距。扔石子、打水漂、挑花绳、纸上五子棋……下课了，一群小伙伴相拥到操场、路边、屋檐下，迫不及待、聚精会神地玩起来，欢笑声时不时飞出校园传进村民的耳朵里。可惜刚玩一会儿上课铃又响了，我们只好恋恋不舍地跑进教室，嘴里还咕哝着挑花绳的个数，准备一会儿下课继续玩。

和大家一起玩得很开心的我，小小年纪却会耍脾气。因为我一直负责在黑板上抄写中午要做的练习，图省事的同学便事先向我借去抄，这让我有了可怕的优越感。每次和他们闹矛盾，我总是要对方先伸出手才肯重归于好，现在看来真是幼稚可笑、心胸狭隘。也许人一长大，就开始懂得羞耻与遮掩吧，但那种不自觉秀优越威胁别人的习惯，还是顽固地扎在了我心里，只是轻易不表现出来罢了。

做不了“凤尾”，“鸡头”也可以

六年级时，家里突生变故。妈妈赌六合彩入迷甚至帮邻居垫付赌债，最终无法追回欠款，邻里反目。有理说不清的我们一家人在村子里再也没法挺直腰杆，于是父母决定搬家。其实这个念头早在我上四年级时就出现在妈妈的脑海中——她一直想给我们更好的教育。只是，我舍不得离开多年来相伴的老师同学们，自己偷偷到学校交了新学期的学费，试图拖住家人前进的脚步。

然而命运就是这样巧妙。就在我小升初考试的前一天清晨，他们悄悄地搬家了，当我回到家的时候，看到的是空荡荡的房间和迷信着求神拜佛的妈妈。当晚，我睡在铺了草席的地板上，难以入眠。第二天的考试我只记得自己写了一篇关于搬家的作文，尽管不切题，我还是固执地表达着——我不知那是愤怒、悲伤，抑或焦虑，只觉得还没踏出家门就开始懂得什么叫背井离乡的孤独。万万没想到未来四年后我还会有同样的遭遇与感受，甚至，那时的我更加难过。

总之，我来到县城准备开始一段全新的生活了。然而很遗憾，离重点学校的分数线还差2.5分，我进不了想去的重点中学。为了一个区区的“凤尾”去交巨额的赞助费是不可能的，于是我选择了一所籍籍无名且学费较低的普通中学。处于青春期的我不免有些矫情，愤愤然写下：“十年寒窗无人问，一举成名天下知。你看着吧！”不料被爸爸看见了，他猜不出“你”是指谁，只跟我说了一个字：“冲！”

所以我就“冲”了。初一的一鸣惊人，初二的勇创辉煌，初三的一马当先。初中三年我都是“第一名”霸主，这段经历中想说的太多：第一次在全班面前失态追着男生打，上课上到一半大吐不止，扭伤了脚还坚持参加校运会，初三时被数学几何题逼到走投无路在老师面前失声痛哭，被学校广播站连续两次采访，在讲台上讲课引来老师同学围观，参加了无数作文竞赛结果总是在市里被刷掉……

但我最想说的应该还是被命运玩弄的中考经历。越临近中考越是焦虑的我，与数学仿佛陌路仇人。因为数学成绩相对差一些，还一度被“千年老二”将模拟考分差缩小到0.4分。可悲的是，中考负责监考的居然是一位相识的数学老师！他光是站在我身边看着我做题我就冷汗直流，再加上毫无头绪我更是手脚发抖。头低下去，再低下去，脑海里全是他皱着眉头的样子。当时我的心里矛盾极了，既希望时间快些过去让我免受煎熬，又害怕题未做完毁了一生（那时在我看来中考便决定了一生）。以往的考试是享受，那次却是折磨。

更悲惨的还在后头。尽管总分挺高的，我却对语文成绩十分不满意，于是鼓起勇气申请复查，没想到最终结果反倒少了10分。局势瞬间发生了巨大转变。原本我有两条路可走：一是接受奖学金留在县里的重点中学；二是放弃奖励，到遥远的市重点就读。本来还在路口徘徊的我被这意外消失的10分深深地伤到了，权衡之后毅然决定走到外面去，走到更为广阔的天地中去。

毫无疑问，人生总是会在不经意间遇到种种意外。虽然我是无神论者，但有时候我真怀疑冥冥中有只无形的大手在肆意操纵我的生活。它在无意中给我造成伤害，我却仍要感谢它，感谢它让我下定决心走那一条我不敢走的路。

终于进了重点，却发现这并不是“重点”

一个农村的孩子不安地来到县城，经过一番努力发现自己还是可以与命运抗争的，起码是能不那么自卑的。然而初到城市，她面临的挑战却要大得多了。

我觉得我是享受孤独的（但我不否认现在我正强迫自己走出去），喜欢一个人默默地学习，冷眼看城市的违和之处，带着某天出人头地的雄心壮志。正因为如此，高一时我的成绩稳定在年级前二十名，最好的一次是第四名——因为来之不易，所以印象深刻。一到周末室友们都欢欢喜喜地回家了，宿舍就成了我一个人的小天地，我可以不慌不忙自由自在地朗读、做题，不为人知地付出、奋斗。不知为何，我十分享受这种孤独但又充实的感觉。

尽管如此，住校生活有时还是让我很想家。每次放长假长途跋涉飞奔回家时我总是喜难自抑，甚至会生出几分“多年未归”“衣锦还乡”的感慨来。几天过后，坐在去市里的大巴上我又总是泪眼涟涟，弄得坐在旁边的大妈也鼻酸叹气。每次回家，妈妈都给我“恶补”：猪脚猪肚、牛肉鱼虾、苹果葡萄……临走前还不忘给我装上一酒瓶她亲手烤的花生。有时候我独自在宿舍嚼着花生，嘴里还有淡淡的酒香，就会觉得自己其实不是一个人在战斗。

当然，高中生活并不完全是一部奋斗史，更不是一部血泪史。重点中学本身也并不是“重点”，“重点”是我在这座学校生活的三年收获了什么、付出了什么。

距离，让我尝到分离的苦涩，但同时也享受到关怀的甜蜜。三年来，在外公大寿之日的清晨我必定会打一通电话祝寿，但时间必定不长，因为话说到一半是一定会哽咽的。平时我与老人不甚亲近，但是距离却有如此神奇的魔力，让我们几分钟的谈话温暖得就像摆在眼前的滚烫工夫茶，一杯入喉，心念不止。

家人的理解让我开始认识到就算考不及格天也不会塌下来，起码我们还有机会。就算高考考砸了也没关系，因为我们还年轻。压力是我们给自己的枷锁，家人一如既往的理解与支持正是打开枷锁的钥匙。考前爸爸会问我准备得怎么样，叫我别紧张。一科考完，结果很糟，爸爸静静地听我抱怨、懊悔，只会说一句："还有别的科目呢，全力考完再说。"成绩出来了，爸爸会细心地记录，与上次成绩对比、分析，和我讨论哪儿进步了、哪儿需要提高……现在他还保留着我高中三年每一次考试的成绩。在高中，我看过太多月考考砸的人哭泣的脸庞，最终他们依然如愿以偿考上了心仪的大学；也艳羡过那些"考神"傲人的成绩，临了他们却只是勉强过了一批线。

说到这，不免要说说高考那些事儿了。越到最后关头我越是心虚，这好像已经成为我考试的命门所在。考试前夕妈妈就赶到市里来，在我干妈打工的厂里住下，每天为我熬提神醒脑的不知名的药汤，借了一辆破旧的自行车骑上两三公里送到学校。由于不是饭点她不能进来，我只能去门口等。性格急躁的我本来就不认为考试需要这些汤汤水水，又害怕因为这个赶不上考试，所以每次她踩着自行车出现的时候我都会变得异常任性和激动，跺着脚、扁着嘴，几乎就要哭出来了。一边喝药一边一个劲儿地怪她："喝了这个也没用，还要在这里等，简直就是浪费时间，你以后别送了！"妈妈则在一旁苦口婆心地劝我多喝一点，保证下次不送之类的。但是下次还是临考前打电话给我，我只得慌慌张张地逆着人流冲到校门口去。

高考时的第一场考试难免有些不安，我以前考试从来不出教室，那次破天荒地上了三次厕所。做题时手止不住地发抖以至于简简单单的数学题还是做错了。英语阅读完全没有平时引以为豪的语感，还犯了英语考试的大忌——交卷前改答案……就是到现在，回忆这些过去的事我仍旧觉得遗憾，我放不下。

命运眷顾，长城竟已在望

尽管有些不尽如人意，成绩还是不错的。更加庆幸的是填报志愿虽然一波三折，但还是让我进入了如今所在的北京师范大学。

高中同学在北京的不少，在北师大的却只有我一个。就读师范类院校的也不少，学前教育专业的却只有我一个。其他同学分布到全国各地，大多在广州的中山大学、华南理工大学，目前看来大家都过得很好。由于北京的环境、资源问题，以及未来极可能成为幼儿园教师的身份，我“被黑”已是家常便饭。虽然有时候也会问自己为什么走上这条一无所知的大学之路，或者说人生之路，但是我更愿意去接受、去感恩、去面对，因为这总比后悔要好得多。

关于志愿问题，我感触颇深：一方面由于个人性情，我不愿混在高中的人流中到我们广东省的名校去，那感觉就像是在我们自己的高中学校里研读一个不好不坏的专业；另一方面，我的哥哥姐姐也在广州读书工作，任性、好强的因子驱使我走得更远。

选择北师大既有主观能动性的作用，又有机缘巧合的推动。北师大在广东只招免费教育师范生，而且是提前批录取。我原来根本没考虑人民教师这一光辉职业，所以当家里人提议报北师大时，我以为提前批填报时间已经过去了也就死心了。又过几天，距离网上确定志愿截止期限还有两个小时的时候，我正在纠结中国政法大学和厦门大学的填报顺序，二舅却发现提前批还可以报，于是我们开始商量专业排序。二舅经验丰富做事细致，仍旧不慌不忙地权衡志愿级差等问题。对还能报提前批这事半信半疑的我眼看时间快到，说可能是系统出错，填了也没用索性不要北师大了。他们竟也听从我的意见，在志愿表上清空提前批一栏。

就在我以为接下来只剩下等待的时候，老天让我看到了填报说明：提前批的截止期限其实是一个小时后。我肠子都悔青了！哥哥听我在耳边像祥林嫂一样絮絮叨叨烦了，给我一个白眼就不理我了。我也不敢和二舅说，害怕听到“这是你自己的选择，后悔也没用”这样令人心痛的话。没想到天无绝人之路，居然还可以修改志愿！我第一时间通知了二舅。他倒很平静，因为他认为，就算填了北师大，我也不一定会被录取。我却很开心，起码我悔恨之后抓住了最后的机会，做出了自己的努力，而不尝试的话连一丁点可能性都没有了，现在也不会坐在师大校园里写我的教育自传了。

命运之神还是眷顾我的。我压线进了北师大。要知道，全省以理科报考这所学校的有12人，其中和我同分的有2人，而今年我们只招10人，所以我没有出局是一件多么值得庆幸的事啊！现在想想还是感慨良多，唏嘘不已。

在我的生命中，有这么一些人

我的家人——

爸爸对我们的关心，绝对不比天底下任何父母少。尽管在我上小学时他就去遥远的惠州打工了，只有春节、清明节、中秋节时才回来住几天，但是每天他会雷打不动地给我们打一通电话，这是他特有的教育我们的方式。从小学到大学，爸爸对我们四个孩子的健康、学习、为人处世了如指掌，也记录、引导着我们的成长。就算爸爸不像妈妈一样照顾我们每天的衣食住行，直到今天，我也从不觉得父爱缺失过。

妈妈结实、高大，长得大气又端庄，见过她的都说她是个有福气的人。妈妈是个能吃苦的庄稼人，默默地为亲人们付出。作为家里的长女，她小时候要干很多大人的活，带着三个淘气的弟弟一起去上学。出嫁后，她变成大家族里辈分最小的媳妇，爸爸外出打工，她独自照料四个孩子非常辛苦。妈妈的教育方式很简单，就是言传身教，保留质朴。

我很高兴我不是独生子女，我们四个还算乖的熊孩子可以愉快地玩耍，“凶狠”地打架，说说笑笑地学习，你争我抢地吃饭，亲亲热热地在被窝里说悄悄话，热热闹闹地看电视抢遥控器用。我们用“剪刀石头布”决定谁干什么活，小时候一起洗澡玩水学游泳打球，过年通宵打扑克看春晚笑成一团，围成一圈绞尽脑汁给老师发短信拜年……姐姐工作了，过年回家还给我们发红包，一家人其乐融融畅谈未来的生活。爸爸常把我们比作四辆马车，而他就是那个赶马车的人。等我们都考上大学，他就功成身退了，因为马车会一辆接着一辆，载着一家人的希望前进。

然而，我们的生活也有艰苦的时候。我读高一时，弟弟考上了汕头有名的中学。欢喜之余，我们面临一个大难题：是否要再次搬到离老家更加遥远的汕头去？到了大城市，找不到一个认识的人，找不到稳定的工作，一家人怎么生存？最终爸爸决定，我们不能走回头路，要到外面去。为了照顾弟弟，我们闲置了老家的二层楼房，在汕头外来工集聚的城中村租了一间不足15平方米的小房间。

第一个暑假，一家人就窝在那个临时的落脚点，坐吃山空。爸爸整天抽烟，妈妈也老是埋怨，怨爸爸当年有积蓄不趁房价低在城里买房，导致如今一家人只能背井离乡，爸爸也翻出妈妈赌博的事开始反击，两人吵得不可开交。我和弟弟乖乖埋头吃饭，其实也并不觉得苦。我们都知道，中年携家带口到外地讨生活的感觉并不好受，爸妈是觉得心中有愧，他们的心理压力太大了。但是，有什么坎是过不去的呢？

后来，我们搬到一所中学去，给学校看门。在那里，弟弟和我早晚分工清扫男女厕所，爸爸早起拿大扫帚扫落叶，妈妈擦洗办公室，傍晚我们把垃圾集中起来，拣出能卖钱的收好。就这样干了一个多月，经一个工地负责人介绍，爸爸又干起了老本行。后来校方不允许我们再住下去，于是我们又搬回当初那个出租屋。妈妈辗转做了好几份工作：从在海事局当清洁工、在大排档洗菜、在酒店洗碗、在制衣厂剪线头，到现在给小公司职员做饭。以前没有打过工的家庭主妇现在对这些工作却是十分熟络。而我和弟弟，洗厕所、翻垃圾，第一次尝到了生活的苦涩。但我们始终相信，一家人在一起，苦也会被熬成甜的；慢慢打磨，生活也会顺滑起来。

我的老师——

小学的老师有几位令我记忆犹新，他们毕竟是我的启蒙者。但不知为何，我对他们并没有特别的情感。

初中老师各有特点，但都对我关怀备至。初二时脾气暴躁的数学老师经常被学生气得撕书摔椅子，他坚决否定“教师服务论”，一直强调自己的工资并不是由学生支付的，所以有人捣乱他就特别生气。我想这就是教师的自尊与坚守吧，因为我上台讲过课，我们俩是以“老师”互称的。语文老师兼班主任是一位幽默、大方的女士，曾给我许多关于如何祛斑的建议，高考前夕她还特地打电话提醒我准备药物。我们甚至以姐妹相称，现在还互相调侃。还有高大的、面冷心热的初三数学老师，他是爸爸初中时期的班长。在看到我被几何题逼到飙泪时，一向冷静的他竟然手足无措，连续两晚亲自到我家来帮我补课。同时，他也是弟弟的数学老师，对我们就像对自己的孩子一样。老师们听说我考上北师大都很高兴，还嚷嚷着要我请客，可惜我离开得太过仓促，没有和我亲爱的老师们好好话别。

高中，我并不是出彩的学生，和老师的互动与沟通也少了很多。对这些老师我更多的是钦佩。他们大多是中年人了，教学的热情却依旧高涨。他们会和学生讨论题目直到夜幕降临，自己去食堂吃冷饭冷菜；他们会在晚上12点左右悄悄走过宿舍门口，看看谁还在挑灯夜战，谁还在玩“三国杀”；他们会在拍毕业照时和学生站在一起“冒充”年轻的小伙伴；他们会时不时地在群里“冒泡”，给我们以大学学习的忠告；甚至，他们还会在班里聚餐时给某一对学生情侣敬酒祝福。他们故意在课上调侃学校发的工资少得可怜，表现出想要跳槽的意愿，而在人前说到自己是这所学校的老师时又不由自主地挺起了胸膛。就是这样一群可爱、可敬的老师，让我体会到作为人民教师的那一份自豪。

我曾经也有瞧不起老师这个职业的时候。那时，我总觉得这个科目没劲那个科目简单，老师又没有威严，镇不住学生，所以不好好听讲。后来我才发现课堂不能全由教师一人唱独角戏。有些事，还真是要经过实践才能了解啊，我想这也是所谓的换位思考的重要性吧。

我的同学——

我的同学有表面严肃正经其实内心大大咧咧的“大牛学霸”，也不乏看似放荡不羁实则内心细腻的“小痞子”；既有化浓妆穿着前卫的“酷女孩”，也有琴棋书画样样精通，成绩好长相清纯的“公主”；还有像我这样的“女汉子”……

期年回头望，我路在前方

大学生活过半再看这青涩的文笔，着实为那字里行间的骄傲所感动。大一的我还带着一股冲劲儿周旋于社团、学习之间，方方面面都不甘人后。大二的我到香港交换学习半年之后不由自惭形秽，开始尝试实习、家教，学习舞蹈、钢琴，终无所成。大三时，我疯狂迷恋排球，竟致双膝皆伤，静待手术中，不敢告爹娘。

不知道为什么我总认为没有自己学不会做不好的事，整天想着伤好之后如何带领球队大展雄风，哪怕现在还是一瘸一拐慢得如同蜗牛爬坡。也许因为，我是个屡败屡战的傻姑娘吧。

第二编

城镇顺逆流

一条海中的淡水鱼

总有从入海口及时涌来的淡水，让我这条
不合时宜的淡水鱼，在海中悠然地待了21年。

初来乍到

妈妈怀我时妊娠反应不太严重，我在妈妈肚子里表现得乖巧——很少踢妈妈，在妈妈肚子里不折腾。但是这些乖巧背后都掩着“小坏”——我故意提前了十几天来到这个世界上，或许我就是特意要用这样“坏坏的”方式得到爸妈的重视。

我想我的记忆发展应该是赶上了第一班车。我能清楚记得妈妈把我和一堆玩具放在沙发床上，她边做饭边间或从厨房中探出头来看我一眼。后来听妈妈说，那时我才没多大。就是这样，虽然大部分时间只有妈妈一个人带我，但我都表现得比较乖巧，不哭不闹，不用妈妈太过操心。当然，我也做过趁妈妈不注意将小药丸塞进鼻孔里而把妈妈急哭的“大坏事”。我婴幼儿时期不得不提的骄傲事迹，就是一岁不到就学会了说话和走路。我一岁时便能把磁带里鞠萍姐姐教的唐诗背得顺溜，也能在家里满屋子地跑。按我这样超前发展下去，难道我不应该成为一个“小神童”吗？唉，毕竟天才不是谁都能当的，我应该是属于小时候发展得太过超前，之后的发展就有些停滞了。

因为一岁就能说话走路，再加上爸爸妈妈的工作并不能在白天照顾我，妈妈便和我商量：“桐桐是愿意去爷爷奶奶家，爸爸妈妈周末去接你呢，还是去托儿所，爸爸妈妈每天下午下班去接你呢？”就是在这样

“完全民主”的商量后，才一岁半的我就“被”送进了托儿所。

一进托儿所我就成了讨老师喜欢的“乖宝宝”，不爱哭闹还可以带着小朋友们一起玩。我的身影也幸运地出现在了各大场合的表演里。当然，乖巧的背后同样有“坏心眼”。某次我和一个男生为一点小事起了冲突，生气的我把他别在肩上的小手巾抢走，然后塞进了老鼠洞里，整个动作一气呵成。正得意时我却看到他哭红着双眼去找老师告状，心里不由得打起了小鼓，紧张起来。让我们两人都没想到的是，老师的答复是:“桐桐那么乖，肯定是你惹她的！”写到这时我还是会忍不住偷笑。

从托儿所出来，接着进入幼儿园。在幼儿园有一件不得不提的“大事”——我被选进了体操班。我所在幼儿园历届的体操班都拿到了全国各大比赛的金牌或奖杯，训练辛苦程度可想而知。每天早晨七点半到体操房，中午其他小朋友还在睡午觉时，我们就得起床去训练。爷爷奶奶曾在体操房大玻璃门外偷看过我们训练，奶奶看着看着就哭了……

在辛苦的训练中，我又开始动起了歪脑筋，坏点子不断涌出。我经常报告想要解手，老师没盯紧时，我就偷懒。自然在不久之后，我的能力就落在了其他小朋友后面，成为“替补队员”。在发现自己只是一个“板凳队员”后，我更是有些破罐破摔，不好好训练，想要离开，可是苦于没有一个恰当的离开理由。最后让我彻底逃离“苦海”的原因我仍记得清楚。那天我又跑到厕所偷懒，在算着时间准备回去时，遇到另一个小朋友来上厕所，我就以等她为借口在练功房外晃悠了半个小时。这下彻底惹恼了老师。

晚上，老师打电话到家里，爸爸接了电话——“明天不用再送桐桐来了。”那天正好家里有客人，妈妈准备了一桌饕餮大餐，席间大家说说笑笑。可在接完这通电话后，爸爸的脸色马上沉了下去。我当时心里有种复杂的感觉——是害怕爸爸生气而恐惧，为以后不用再辛苦训练而窃喜，还是向来被大家夸奖的强烈自尊心受到重重一击而失落？说不清。但现在想想常觉得庆幸，还好我有我的“坏点子”，让自己及时停止了并不喜爱的体操！

凭借着体操功底，喜爱我的主班老师向幼儿园舞蹈队的老师推荐了我，我幸运地进入了舞蹈队。体操让我收获了记忆中的第一次否定。这份情理之中的否定让我知道，我并不只会得到表扬，若我不够努力，做得不够好，我将被淘汰。或许小时候的我没想得那么深，但至少不努力就会失败的幼芽在心间种下了。当然，这份否定并没有让我成为最努力的学生，只是有些不甘人后罢了。

穿越封锁线

再大一些，记忆里开始有了几个小朋友和一群阿姨。这些阿姨是妈妈的同学，她们的孩子和我年龄相仿，出生时间前后相差不过一两年。他们是我童年很重要的一群玩伴，不过这群玩伴也成了我“惨遭轰炸”的导火索。我从小就表现得非常乖巧，获得夸奖对我来说是家常便饭。而为数不多的几次批评或许就是因为印象太过深刻而被一一编码加工进入我的长时记忆，夸奖的场景反而想不起多少。

大人们经常聚在一起打麻将，小孩们就在聚会的阿姨家里玩耍。大人们至今依旧会调侃道：“你们这群小孩都是在麻将桌边研究麻将长大的。”孩子们在一起玩，难免发生争吵。比如，“这个玩具是我的”“那个手帕是他的”……这时，大人们便会放下手头的“一百零八张”，冲到小卧室看看到底是什么情况。

每次我们起了争执，特别是有小朋友哭了的时候，其他小朋友的妈妈都会忙着安慰自己的孩子。可我的妈妈正相反，她基本是一进到卧室就开始责怪我：“你为什么不让着他们呢？为什么不带着他们好好玩呢？”每每这时候我都会感到非常委屈。并不是每次争执中都有我，我却应该退让；并不是每次我都是在场孩子中年纪最大的，我却应该承担起发生不快的责任；并不是每次都在我家玩，我却应该作为“主人”招待好我的“小客人”……其他孩子往往在争执时哭，在妈妈进来得到安慰后便不哭了；而我相反，往往是在争执时表现得伶牙俐齿，在妈妈进来不分青红皂白地指责后，哭得很伤心。更伤心的是，哭泣往往又不能是放声大哭，不能哭出我所有的委屈，我只能极力忍着，不停呜咽抽泣。因为妈妈不许我在“犯错”后还用眼泪索取她的安慰和原谅，这会被认为是要“小性子”的表现。

有两次发生在我家的委屈经历，在我记忆中一直鲜活。一次是我和青梅竹马的男孩争起了一张卡片的归属权，妈妈进来看到那男孩哭了，拿起苍蝇拍就打我。苍蝇拍断了。那张卡片明明是中午兴趣班放学后同学给我的。可能是太过委屈，我第一次有了反抗，将琴上的毛绒玩具、盖琴布全推到地下，吼叫道：“这些都是他的，行了吧！”——完了，自己引爆了第二颗“炸弹”。妈妈更气了，拿起家里的一节竹竿打我。竹竿断了。还有一次，我和一个女孩躲在家里大阳台的角落玩妈妈的化妆品。不仅把两张小脸涂得五颜六色，更把雪白的墙壁抹得姹紫嫣红。妈妈看到后气得没来得及找打我的东西，扒开裤子就听见响亮的一声“啪”。在屁股上留下一记五指印后，妈妈把哭叫的我关进了卧室，让我反省。我至今记得当时那女孩被吓傻了的表情，而我屁股上的五指印在爸爸心疼了一个星期后才不情愿地消失。

当时类似的委屈总是很多很多，心里实在想不通，为何在我最爱的妈妈眼里，错的总是我？为何在那么多妈妈中，就我妈妈这座“火山”那么活跃？尽管内心有阴影，但也正因为有妈妈那些不分青红皂白的指责，我不得不从小就学会了如何更好地带领大家活动，学会谦让，学会承担责任。我也从托儿所到初中都担任着班长，是班里的孩子王。朋友们总喜欢聚在我的周围，乐意让我带领或组织大家一起活动游戏。我领导组织的能力、擅长与人相处的能力渐渐被培养了出来。

有种说法是，“穷养儿子富养女”。可我的父母很少像对待掌中公主一般宠溺我。由于工作的关系，爸爸经常出差，妈妈那时上倒班（即早中夜班轮班），小学第一个学期第一个月后，我就基本不再由家人来接送了。虽然爷爷奶奶不放心，想接送我，但我坚决地拒绝了。因为妈妈告诉我："虽然其他小朋友都有家长接送，但桐桐不需要，因为桐桐最勇敢，最独立！"这句简单的话让不甘人后的我有了克服胆怯的勇气。从一年级起我就适应了夜晚一个人在家，自己蒸冷饭吃，自己做完作业看会儿电视，十点乖乖洗漱上床睡觉。我的自立，从小养成。

小学放学比较早，我偶尔会和一起顺路回家的小伙伴在半路的小石桌上边做抄写作业边聊天。我从小就被妈妈要求准时，从一年级就开始戴手表。因为只有这一次按时回家了，才会有下一次出去玩的机会。放学后即使玩耍，我总会在五点前到家。有一次我聊得高兴忘了时间，准备回家时惊觉已经五点二十分了。我慌忙回到家，一进门，妈妈便问道："去哪了？"我本能地害怕与躲避，答道："今天老师留我们听写了。"话音刚落，妈妈的苍蝇拍就落了下来。很用力，苍蝇拍又断了。妈妈边打边带着哭腔说："竟还学会撒谎了！看你以后还敢不敢！"那天我哭得晚饭没吃。那会儿我还小，觉得不过贪玩了一会儿，随口说了句无伤大雅的谎话，无法理解为何就踩到了妈妈的"地雷"，心里充满委屈。这件事，我一直憋到第二天下午才去向妈妈认错，妈妈也才原谅了我。

除了我那群从小的玩伴，还有一个问题也是我的"泪腺"、妈妈的"引线"。我从小肠胃不好，不爱吃饭。一到吃饭时间，我们一家三口就开始在餐桌上大眼瞪小眼，气氛也会很快从欢乐变得压抑。因为某次在奶奶家吃饭时我不想吃，一直咬着筷子紧盯电视不动饭菜，于是从没动手打过我的爸爸第一次打了我。平时无论妈妈准备了多么丰盛的一桌好菜，我都只吃小半碗，而且是在吃几粒米饭、咬半天筷子的节奏中完成的。有时我边看动画片边吃，过分到饭都凉了还基本未动。如果发生这样的情景，妈妈就会把我的饭碗拿走，生气地说："不想吃就不用吃了，晚上没吃的！”这句话或许大多中国家长都说过，但我想真正做到的却少之又少。不幸的是，我的妈妈是那极少数说一不二的家长。有一次我被饿得第二天到医院打点滴，护士帮我打针时还半开玩笑地指责过爸爸妈妈：“现在生活条件又不差，怎么还把孩子饿成这个样子……”

大概在小学三四年级前，我们家一直保持着这样一个传统——每年过年时，一家人就会聚到外婆家，妈妈她们四个姊妹的孩子轮流向家人展示过去一年中的成果。小学一年级那年的过年，哥哥吹了一段萨克斯，弟弟弹了一曲电子琴，我仍然只是唱歌跳舞。于是，不甘人后的我和妈妈共同决定——我也要学一样乐器！看着弟弟的电子琴可以发出各种各样奇妙的音色，听着他弹可爱活泼的《小鸭子》，我对妈妈说：“我也要学电子琴！”妈妈找了小城镇里最好的老师，花了五千多元买电子琴（那时的五千元对于我们这个普通工薪家庭不是一个小数目）。从此，我痛苦的练琴生涯便开始了。我就这样主动地为自己挖了一个“深渊”，让自己跳进去，为自己又找了一个“泪腺”。

练琴并不像我想象的那么有趣。开始的很长一段时间里只有枯燥乏味的钢琴练习曲（我的老师要求很高，全以钢琴演奏的标准要求我）。我每晚的自由活动时间自然都被练琴完全抢占。一个月左右过去了，我终于忍不住了。在本可以睡懒觉的星期六早晨，我从琴前跑到阳台，对着正站在高凳上晾衣服的妈妈说：“妈妈，我不想学琴了！”妈妈手上的动作停了一下，转过身以一种绝对居高临下的姿态，怒发冲冠地瞪大眼睛指着我说：“你不学，我就把你腿打断了！”妈妈向来说到做到，我当时吓懵了，含着眼泪跑回去继续练琴。

其实我真的不喜欢练琴。当时我还学着喜爱的唱歌和画画，却都因为练琴太费时间，妈妈不想让我太累而停了。为了琴，我没少被妈妈收拾，弄得自己一肚子委屈。爸爸也没少为此费心，不轻易动手的他也为了练琴这事第二次动手。那被我的眼泪浸泡的琴，我当时真的恨透了它。可有时想想，我也不得不感谢它。电子琴是我从小唯一坚持到底（考到最高级别）的一个“兴趣爱好”，它让我在以后的学习中学会了坚持。它还充分锻炼了我的左右脑，让我拥有灵活的理科思维，也成了我日后舒缓情绪的一个方式。另外，也好在妈妈只是在我小学低年级以前才这样“易爆”。记忆里，似乎三四年级以后妈妈就没再对我动过手了。

说到这，我中学以前的“大事件”就基本交代清楚了，我的性格品性、行为习惯也基本奠定了。

庆幸有你同行

上中学后，我依旧很快得到了同学们的信任，当上了班长，在“五四制”（我是倒数第二届“五四制”的学生）的教育制度下悠哉地“玩着学”，在新同学中有了四个固定的好朋友。虽然之后因为种种原因，我们五个形影不离的女孩分开了，但我开始懂得什么是真正的友谊、怎样去经营友情。

可就在我享受友情带来的快乐时，人生中第一个重大打击不请自来了——初二的时候，我的父母要离婚了。我一直在想，如果我的爸爸妈妈像其他夫妻那样，不想继续一起生活下去，就该离则离，而不是一直拉扯着，经常凌晨两三点还在争吵，甚至闹得惊动警察……或许这件事对我的伤害就不会像现在这般大。在他们长达四年的离婚与复婚的拉锯战中，我变得极度缺乏安全感。一段时间里，他们的关系似乎有所缓和，没有更多争吵，我开始满心欢喜等待他们修复关系，让我可以重新拥有一个幸福的家庭，可往往强烈的希望之后得到的都是更大的失望。

在那段我们三个人都很恍惚的时间里，初三上学期我的成绩从班里的前四名突然掉到了第十一名，妈妈出了车祸，在我高一时爸爸也出过一次车祸，还差点因此截肢。而我的小狗，那只妈妈承诺我考出好成绩就能养的小狗，那只在我考了最好的一次分数后才得到的小狗，那只我期盼了十五年，第一次凭自己努力得来的小狗，也在我高一时误吃老鼠药离开了我。这一切的一切都把我笼罩在巨大的不安下。我的家庭、我的爸爸妈妈、我的小狗……我所爱的一切似乎都会在我没有任何防备的情况下突然地离开我，让我不知所措。

我的性格稍稍有了改变。虽然在同学和老师眼中，我依旧是那个爱笑爱跳、活泼开朗的女孩，只是多了一份略微超过同龄人的成熟，但内在的我已经变得安静、沉默，严重缺乏安全感。这些变化让我对爱情和婚姻都充满怀疑，太多的不确定性让我非常不安。在最初，我单纯地以为恋爱和婚姻就是两个人互相喜欢，两个人一起好好读书、好好努力，就能一辈子幸福地在一起。经历这些以后，我心里懵懂地认为，即使两个人相爱，也不可能永远幸福快乐地走到白头，每份感情都可能随时结束。变化带来的不安让我带着警惕甚至恐惧看待感情。

就在精神世界快要崩塌时，我在初三刚开学时意外开始了我的初恋。他是一个近乎完美的初恋对象。校篮球队队长、校足球队队员，学习成绩在班上排前十名，被戏称为“班草”“级草”。在我最黑暗的日子里，是他和另一个女孩贴心陪我走过。我对他们的感激与依赖也变得自然而然，待在他们身边成了一种习惯和必需，我实在不愿回到充满争吵的家。只要我需要，他都会从家中出来陪伴我，陪我在外面没有目的地慢慢走。我们经常简单地手牵着手，听着五月天的《知足》走过小城镇的大街小巷。

因为受到爸爸妈妈的影响，在初三上学期期末时，我的成绩掉到了第十一名，他的成绩也有点小幅下滑，班主任以为问题都出在“早恋”上，不轻不重地点了我：“桐桐，你作为一个班长，我想你应该也清楚自己在做些什么。”班主任也严肃地和他的爸爸妈妈谈过一次。但这些并没有影响我们，我们一起努力，成绩都恢复到了原有的水平。慢慢地，老师和家长们也就对此睁一只眼闭一只眼了。在其他同学上课起哄我们两人时，英语老师会一本正经地说道：“人家玩得好怎么了，不服你们也找个玩得好的，还能保持好成绩。”体育老师在篮球场旁边见到我就会打趣道：“你怎么还不回家，等谁呢？”负责安排学校足球和篮球比赛的老师也让我作为“家属”陪同他去比赛……

小说和电影中初恋的美好我们几乎都体验过。可惜的是，在经过一段时间的甜蜜后，矛盾还是不可避免地出现在这段恋情中，我们没有幸运地走过初三的秋季。或许是因为我极度缺乏安全感和我们当时的幼稚无知，我们经常为一些没意义、没必要的小事争吵、冷战。这份初恋教会了我如何去付出，如何去爱人，爱情不是自私地一味索取，只希望被人爱，自己的不安全感应该靠自己去找回，而不是依赖他人给予。

这些变化虽然对我造成了不可言说的伤害，却也让我和爸爸的关系亲密了许多。的确，爸爸很少照顾我的生活，他教育我时往往出发点是好的、善意的，可是方式方法让人无法接受，是无效的。对我犯的小错，他总是喋喋不休挂在嘴边，而且不能像冷静时的妈妈那样换位思考，理解我。即使从小到大爸爸只对我动过两次手，可我基本不和他亲近，反而黏着打过我无数次的妈妈。直到变故发生，我不得不经常和爸爸独处。在此期间，我无数次向妈妈抱怨过爸爸的错误教育，妈妈并没有和我一起抱怨爸爸的不是，而是一直反复耐心地告诉我，爸爸是爱我的，甚至比妈妈更爱我，只是方式方法不对，我要理解他。

处在极端环境下的我和爸爸——一个处于青春期，一个处于低谷期，的确在妈妈的循循善诱下开始互相理解，建立起了情感纽带。

再经历练

初三，我的成绩突然掉到了班里第十一名，爸爸妈妈虽然没有说什么，但我心里还是为此充满了担忧和愧疚。妈妈答应我，如果下学期期末我能考个好成绩，就允许我拥有一只梦寐以求的小狗。当然，不甘人后的我在被班主任当着全班同学批评后，就已经暗暗下定决心下次一定要考好！因为这个奖励，以及我自尊心的反击，我以年级第三十名的名次，也是初中以来最好的名次，正好押尾进入了初四单独开设的培优班。

这个培优班在此前和此后都没有过，可以说我初四以前的学习都是“前不见古人后不见来者”地边玩边学，成绩保持在班里前四名已自觉满足。但在高手如云的新班级里，我感到了前所未有的学习压力，也第一次为学习的事哭泣。培优班采取的是淘汰制，每一次月考出了年级前三十名就要回到原来的班级。这样的淘汰制让最后一名进入培优班的我心里愁云满布。可是自尊心告诉我，我一定不能被淘汰回原来的班级！于是在妈妈的安慰和无数的眼泪中，我每天做习题到晚上十二点，早上六点起来背单词和知识点。

坚持了一个月，我从第三十名进步到第二十二名，并在不懈的努力下将名次稳定在了年级二十名左右。有了意料之中又出乎意料的进步后，我的动力更足了。我不仅慢慢适应了新的学习氛围，更适应了新的班级，与两个女孩建立起了新的友谊。经过初四培优班的历练，我中考正常发挥，以高出县里录取线3分的成绩，打着“擦边球”被市第一中学录取。

高中我其实本可以直接住在二舅家，二舅家离学校不远，在我中考填报志愿时二舅就说过，如果我考上市一中就可以住在他们家。但爸爸认为应该锻炼我的自理能力，所以我选择在高一开始时就住校。刚开始进入高中时我确实非常不适应，就像刚进到培优班时一样有些不知所措。一切都得自己做，再没有可以撒娇偷懒的机会。我的周围都是陌生人，不像大多数同学身边有很多熟悉的初中同学。我的高中学习进度远快过初中，太多新的知识让我应接不暇……我又陷入了小小的低谷期。

住校的生活的确很锻炼人，同时也让我与同宿舍的另外三个女生成了好友。但是在嬉笑打闹聊天中学习效率很低，为了提高学习效率，在高一下学期我住进了二舅家，二舅也成了对我高中学习生活影响最大的人。毫不夸张地说，如果没有二舅的引导与帮助，我无法成为北京师范大学的一名学子。方法的学习，效率的提高，概念的掌握……在太多的方面他点醒了迷茫的我。除了学习方面，二舅对我的影响也体现在为人处世方面。在两年半中他不断告诉我，做人要大气、要真诚，他的言行举止更是成为我心中的标尺。

高中三年，学校里的收获多得让我无从说起。我有些蒙灰的心被擦亮了许多（当然也只是擦亮吧，因为伤害存在过，即使选择性遗忘了，但痂仍在那，痂下面埋葬在潜意识里的不安仍蠢蠢欲动），更收获了那些最珍贵的友谊——同桌、前后桌、燕儿、勋、受受，等等。最重要的，是因种种机缘巧合建立起的“紧紧相依的十一颗心”。我们每天在辛苦的学习中寻求欢乐，一起过圣诞、一起吃火锅、一起看演唱会、一起通宵唱歌、一起过生日。当然，还有一起补课，谁买到什么有用资料，大家复印一起用。谁知道哪个补课厉害的老师，有需要的就一起去。谁学到了什么解题秘诀，大家一起分享。虽然高三的压力无限大，但我们每天都能在彼此的逗乐中笑得直不起腰。

高考，迈着它时快时慢的脚步一点点靠近，所带来的压力也渐渐增大。我压力最大的时期是在四月。离高考仅剩一个多月了，我整个人却混混沌沌，在一次次省统测、市统测中找不到方向和目标。想学习却没动力，不学习自己也不踏实。某次统考我的排名又往后掉了，在二舅的半安慰半斥责中，我大哭一场，也终于找到了自己的问题所在。可爱的另“十颗心”又不断“煽动”：即使要找回好状态也不在乎一晚上的狂欢与放松，让我最后决定和大家一起去看演唱会。在痛快哭了一场、闹了一场、疯了一场后，我重新调整状态，全力以赴备战高考。真正面对高考时，我非常平静。虽然那年的数学题很难，很多女生在考场就哭了，但我仍自信地笑着走出考场，并做好迎接理综的准备。最后我以略超水平的发挥，高出录取线仅4分，“擦边”考上了北京师范大学。

只为求自得

在北京师范大学，我幸运地结识了几位对我影响深远的老师，幸运地进入自己喜爱的学前教育专业，幸运地拥有了两三知己……二十多年来的生活中出现过很多分岔口，每个分岔口虽对我来说祸福不定，但一切都是冥冥之中的缘分。

时间是个奇怪的东西。在当下总希望能快些熬过去，可若它真的走快了，回头看时又会觉出太多的舍不得。细细梳理这不长不短的二十余年，不得不感慨那条命定的路。如果妈妈让我早一年上学，将不会有培优班激发出我不断向前的心；如果没有培优班的历练，我很难考进市一中；如果考不上市一中，能成为北师大学子的可能性小之又小。

悠然地走过这二十余年，我感谢的是那些及时涌到我身边的幸运“淡水”。作为一条在海中的淡水鱼，我可以有很多不同的活法——可以为了适应环境而拼命改变自己，可以无所作为地随波逐流，还可以一鼓作气从大海游回河中。

而我，凭着那一点叛逆和不甘人后，不愿让环境改变自己，不愿碌碌无为迷惘一生，也不愿永争第一逆流而上。在努力游到入海口后，我便在有淡水的大海中闲适生活。

一切都是最好的安排

既然选择了远方，便只顾风雨兼程。

——高三国旗下演讲必备语录

晓晴寒未起

我出身于黑龙江的一个普通家庭。爸爸是工程师，大专学历。爷爷也是工程师，奶奶是化学厂工人。妈妈是会计，自考大专。妈妈学习很好，也很聪明，但为了填补家用，当时就报考了可以早一年毕业的中专。姥爷是林场的会计，姥姥是林场工人。我还有姑姑和小姨。

因为从我出生到小学三四年级，爸爸一直跑外地现场，所以一直是妈妈带我。妈妈同事的孩子们都很优秀，可能是出于不想让妈妈丢脸的心态，我的成绩也一直保持在年级前列。

在我三年级的时候，我们班换了一位班主任。新老师姓薛。

她有时像个没长大的孩子。有一次，别的老师在我们正上课的时候来叫她开会，她举着粉笔愣了一会儿，马上又一脸惊慌地“啊啊啊”叫了几声，跑回自己的桌子，抓起一本笔记本就向门外跑去。留下我们看着黑板上写了一半的板书哈哈大笑。

笑归笑，但她对我们的学习要求很严格。有的时候她会气得揪着同学的衣领，把同学拎到门旁边。如果有同学因为违反纪律给班级扣分，或是导致班级没得到流动红旗，她会让那个同学向全班道歉。

记得有一次，她因为我们成绩不好教育了我们一堂课。讲到最后，因为情绪太激动，她哭了，我们也跟着哭。她在黑板上写："对不起孩子们，我今天冲你们发了火，你们先去吃饭吧。"看到这句话，我们班的同学哭得更凶了。我到现在也说不清楚我们当时到底在哭什么，还哭得那么伤心。可能是觉得对不起老师的付出吧。

她还经常在自习课上给我们读《读者》《意林》《格言》之类的杂志。有一次她读一则老牛替小牛讨水的故事时，读着读着就哽咽了。我们也跟着一起默默流泪。学校开运动会，她让她丈夫翘班帮我们布置场地。擂鼓的时候她敲得比谁都大声，我们班几乎每次都是团体总分第一名。她就是这么一点点地把关怀、善良、团队意识种进我们的脑海。

五年级的时候，薛老师还鼓动我们班同学写流动日志。六个人一本，每个人一天，轮流写自己的所见所感或者是困惑迷茫。其他人可以在旁边留言评论。我每次都写得特别认真，有的时候还会特意去杂志上找一些比较新潮高深的词写到里面。看别人给我留下的评论也是很让我开心的事情，这让我感觉到我在被人关注着。

那些班级日志现在还被薛老师留着，每次我们回去看望她的时候，她就会拿出来给我们看一看，还不住地说："看看你们，那时候就能写出来这么好的文章了。"我不知道她清不清楚，那些在她看来"特别好"的文章，都是我为了表达出自己的观点，上网找了好多资料才一点点写出来的。

小学五六年级时，爸爸回家照顾我，而妈妈到外省工作。

妈妈很温柔，从不打我，但是也常常不愿对我放手。可能由于妈妈是长女的原因，她习惯于自己完美地解决所有事情，习惯于自己掌控家里的一切，而不是让我去实践。但是她有时候又会后悔自己管得太多，而爸爸对我则更多是放任的态度。他会陪着我玩，不太喜欢约束我学习。有的时候他还会对我不完成作业睁一只眼闭一只眼。

小学的时候，我因为成绩还不错，所以没上过什么补习班，倒是随着同龄人的大潮，去了多个特长班，学习小提琴、国画、书法、舞蹈，等等。但因为有一些不是自己想学的，所以我抱着消极的态度。练琴练到一个多小时就要赖不练了。书法课，我也要求不上了，因为书法老师有一次指着他自己的例字（他以为是我写的）说："这个字还需要再练啊。"因此我觉得书法老师没有能力。最后妈妈不得不让我放弃参加这些特长班。

在我小学毕业的时候，妈妈决定去海南工作。她问我想不想去，我同意了。

他乡未可知

但了解到海南的教育质量并不高，妈妈还是先把我托付给在广东工作的小姨。因为小姨工作很忙，经常住在单位，所以实际上很长一段时间里，我是和姥姥一起生活的。

我在家的时候，姥姥总是念念叨叨地说我是妈妈的累赘，妈妈就不应该替我爸爸家养孩子之类的话。我听着，也不想和她顶嘴。顶嘴的结果只能是让妈妈伤心为难，要是把姥姥的心脏病"吵"出来，妈妈就更发愁了，所以我一直忍着。

我所在的地方是广东的一个县级市，我在当地的一所中学读初一。小地方的人有点排外，刚上学的时候，老师上课讲的话我听不懂（有的老师只会讲粤语），其他班的男生也不怀好意地用当地方言叫我"外地妹"。但还好有几个好朋友，一直在学习和生活上帮助我。

上小学的时候，我是那种大大咧咧的女孩子，能和男生一起打雪仗、爬冰雕。但是在广东，我变得文静了，也有点内向。我想，这有学校的缘故，也有家庭环境变化的关系。

忘了具体在哪里，有一次妈妈和我走在路上，她说："可可，妈妈跟你说个事儿。"我说："你和爸爸离婚了吧。"妈妈觉得很诧异："你怎么知道的？"我说："能让你这么郑重地跟我说的，也就这件事儿了。我还想你们什么时候会分开。我支持你，妈。你觉得好就好。"妈妈拥抱了我。当时，我不是要故作洒脱，而是真的觉得他们两个人在一起不合适，既然两个人都不舒服，还不如分开。我爸太缺乏安全感，又总是盲从奶奶和姑姑的话。这种情况下，两个人怎么可能会幸福。

我初一在学校里的平行班，我们年级一共有二十个班。我从来都是我们班的第一名，甩第二名几十分，但是在年级里就只能排到十多名。可能是因为环境太宽松吧，我心里总觉得自己学得还不错，也一直没有动力考到年级前列，就一直在十三四名晃悠。

小学的时候家里管得很严，从来不让我去同学家玩，几乎每天除了见老师，就是在家里。上初中后终于有了自由的机会。我开始频繁地去好朋友家玩，我俩都有自行车，我们就骑着自行车满大街跑。我还第一次去了网吧，第一次去租书屋借言情小说来看。

斜照相迎

不久，小姨到广西工作，妈妈还是决定让我跟她去海南读书，并把我送到海南教育条件相对较好的海口。因为是黑龙江户口，没办法进公立学校，所以一开始我们选定了两所私立学校。妈妈有个同事的孩子在其中一所中学读书，所以我们先去那里面试。

可能是广东和海南的教育进度不一样，我考试的分数并不高，所以这所中学婉拒了我转学的申请。我们又去了另一所中学，这是一所全寄宿制学校。因为有了上次的经验，我考得还不错。最后，我顺利进入了这所学校。

新学期里，我在第一次年级考试中考了年级第六。我感到很意外，也很兴奋。

那个时候我还在和一个男生恋爱。有一次，班主任可能是发现了我和他谈恋爱的迹象，就找我谈话说："你努努力，考个年级第一都不是问题，别因为这个分心。"我从来没想过要考年级第一，所以对老师的话只是应付了过去。但是我和这个男生因为对未来的规划不同，最后还是分开了。

可是平行班的学习氛围到底不是太好。跟妈妈无意间说过几次班级的情况之后，她就想让我转到重点班去。然而有很多同班的同学，舍不得我去重点班，我也有点留恋班里的小伙伴。一次偶然的班会，妈妈遇到了重点班的班主任谭老师，她对于我妈妈提出的转班请求给予了鼓励。后来，由我妈妈提出，我被转到了重点班。刚来到重点班，人生地不熟，我就每天往原来的班级跑。被谭老师发现之后，她把我批评了一顿。我被调到了重点班的寝室之后，跟大家熟了起来，也找到了自己的好朋友。因为有了更多实力强劲的对手，我学习更认真了，很快就考了年级第一。我觉得老师很有预见性。

那时候我感觉作业非常简单，很快就能做完当天作业，然后我就跟同学传纸条，或者是自己写写画画。也经常会有同学问我问题，我其实很享受这样的过程，这让我感觉被人需要着。我讲题很细，甚至有同学建议我去当幼儿园老师。

可能是因为容易获得成就感，学校有任何活动或是竞赛我都乐于参加。我获得了英语奥赛全国一等奖和数学奥赛全国一等奖。可惜条幅是在我回黑龙江之后才挂起来的，所以我没亲眼见到，好遗憾。

我在下午放学之后，会留在教室里自习。那个时候我经常是自己一个人在教室里刷题。夕阳的余晖透过大窗子，窗外是浓郁的桂花香。我为了更好的自己奋斗着，享受着每次大榜中自己的名字在最上面的那种特别充实的感觉。

为了顺利进入户口所在市最好的中学，我得回黑龙江中考。这时离中考还有七十天左右。J中学很不想让我回去（我的中考成绩很可能为他们招来更好的生源）。

谭老师（她也是黑龙江人）对我说："黑龙江那地方……我也是从那里出来的，既然来到这里，就别再回去了。而且你也知道，咱们教学水平跟那边还有一定差距，你回去的话，离中考就剩这么短的时间，要赶上那边，肯定会很辛苦。往远了说，海南这边的高考更轻松，你回去，高中三年肯定都得紧绷着弦儿。"

听了老师的话，我反而更想回去了。我说："老师，我知道您说的都是为了我好，为了我能轻松一点。但是我现在才十五岁，我还有的是精力，我想回去拼一下。"

就这样，我登上了回乡的飞机。

回首萧瑟处

那时候是四月份，黑龙江的雪还没化，堆在路边，表面黑黢黢的，特别难看。树木也还保持着整个冬天光秃秃的样子，一棵棵可怜兮兮地站在路旁。我坐在从机场回家的出租车里，看到的就是这样的萧瑟景象。要知道，这时候海南早已绿意葱茏，鸟语花香了。想到六个小时前我还在充满生机的海南岛，再看看眼前死气沉沉的鲜有行人的街道，我的心情非常糟糕。

在进入奶奶家之后，我的心情糟糕到了极点。北方的建筑都是厚墙小窗，整个屋子里显得特别闷。映着并不那么明亮的灯光，我简直要哭出来。在飞机上一遍一遍安慰自己的话语现在是那么讽刺。我真的对这个本该是故乡的地方感到万分的不习惯。最不习惯的是我的身边不再是妈妈，而是爸爸。我的脑海里不住地浮现姥姥曾经念叨过的话："要带孩子走的时候，他们家人一句话也不说，来了以后也不打个电话问问怎么样，这可是他们家的亲孙女啊。"这样想着，再看到我的奶奶和爸爸表面上对我很亲热的样子，就更觉得浑身不舒服。

回来后我爸爸先将我安排到了曾经就读的学校。同学们说话的时候，我总是觉得他们特别"土"。我知道这样很不应该，在没去南方之前，我也曾经和他们一样。但这就是我当时的真实感受。

这么待了一周，我又转学去了学习环境更好的中学。一开始，我被安排到了五班，上了一周的课，其间有几次小考，我的成绩都还不错，所以很快又被分到了重点班。

能进重点班，我感觉更有自信了。但现实是，我的物理和化学成绩简直不堪入目，原来在海南都能拿九十七八分，在这边只能拿七八十分。政治成绩更惨，因为在海南是开卷考试，我从来没背过什么，现在我得把三年课本的知识点全背一遍。语文的学习则因为教材版本不一样，好多古诗词我都没见过。离中考只有不到六十天了，我的成绩却是一塌糊涂，这让当时的我压力很大。因为初三才回来，所以我还得补考学业水平测试。本来就珍贵的学习时间被挤压得越来越少，几乎每天晚上我都得十二点才能睡觉。

二模来了，我考了年级一百六十多名。那次，一个成绩很好的女同学因为考得分数很低哭了，大家都在安慰她说："比你差的人还有那么多，你已经考得很好了。"她还是哭。她当然哭，因为没有达到自己的标准，那不是超过多少个人所能挽回的失落感，我懂她。可是在这里，谁又会相信我懂她呢。我也只不过是那个第一百六十多名的学生罢了。

市里的一中是省级重点高中，也是考入理想大学的一块敲门砖。每年我们学校能考上一中的统招考生大概也就是前八十名。之所以说统招，是因为一中还有配额提供给那些本地户口，且在当地拥有整个初中学籍的考生。当然我不属于这一类学生，所以第一百六十多名意味着我无法考入一中。那段时间我上火很严重，早上起来嗓子都哑得说不出来话，嘴上长了好多泡。姥姥从海南回来看我，跟我说："就算上别的学校也没关系，不要那么拼了。"我突然就哭了，心里想："怎么就沦落到这种程度了，我才不是这种水平，不要这样安慰我。"那时才明确地意识到，我的目标从来都只是做最好的那个，我不甘心就这么放弃。

于是，我每天更努力地学习，一套一套卷子地刷，不断地温习在海南学习时的感觉，那种手到擒来的状态。每天和妈妈打电话的时候，我总是挑学习和生活中好的那方面跟妈妈讲。她也不断安慰我，给我打气。我自己的心态也变得积极了许多。

终于，我在三模考到了年级第三十名，那种激动不是我能用言语描述的。我终于证明了我自己。那时候我的自信心也迅速地膨胀。

最后中考结果出来了，我比录取分数线高了4分，通过统招进了梦想中的学校。

知道这个消息的时候，我看到爸爸眼睛里的泪水。他说："太好了，姑娘，我都不知道说什么好！"我当然知道他是真心地为我高兴。

夕雾长空

所有统招生都得参加一个分班考试，由于物理成绩拖了后腿，我落选了，进入了平行班。

新班级的班主任是一位年轻的老师，姓王。但是不知道为什么，王老师总是对我冷冰冰的，这让我觉得很受挫。他对我的亲密程度比对其他人都低，我也不知道是哪里出现了问题。以前也是，班级里其他同学在和老师“称兄道弟”的时候，我也只会规规矩矩地叫一声老师好。我总是对老师有一种敬畏之情，觉得和老师互相调侃是一件不尊重老师的事情。

很多人都对我说过这样的话：“跟你熟了之后才发现你这么爱玩，第一眼见你的时候以为你是那种书呆子呢。”可能我真的长得是书呆子的类型！

自从小学毕业去了南方之后，我和曾经的同学联系得越来越少，最后竟连有些人的名字和脸都对不上了。一般在走廊遇到，最多只是打个招呼。就在这种“如果别人认不出我会让我的主动显得很尴尬”的心理作用下，我很少在校园里碰到能打招呼的同学。新环境里的同学都需要重新开始建立关系，而总是作为插班生出现的我也很难加入别人已经建立好的小群体中，或者是寻找一个密友。

一次周末，我们小学同学有一个聚会。大家聚在老师的旁边，谈天说地。也有的同学说起了自己的初中老师，有些“老师”的行为真的无法让其被称作“老师”。那时候，我就突然有了一种当老师的想法，认为不能把中国的孩子们交给这种人。大概那是我来北师大最初的冲动吧。

在高一马上就要结束的时候，我们面临着文理分科的问题。讨论来讨论去，我也没拿定主意。后来，我们的物理老师说：“你现在怎么纠结都没用，等最后填意向表的时候，你会在那一瞬间做出决定的。”

在高一下学期的时候，我们年级开设了一个文科倾向班，为有学文科倾向的同学提供一个学习机会，我参加了。这个班每周周末上地理、历史、政治三科。

地理课上，老师布置任务，安排每个人查几个问题，第二次上课就由同学为全班讲解，老师再进行补充。我一般都是中规中矩地查资料，再讲。但是有的男同学会手绘模型，还有的会做成动画，真的非常有意思，大家也很感兴趣。

历史课则介绍了多种史观，这也是我从来没听说过的。每堂课以一个人物为主线，讲述了他所处时代的历史背景，以及他所参与的重大事件，有的时候同学还会补充一些小故事。不得不说，老师讲课给人一种非常自由的感觉，就如同你跟随着老师体验历史事件。而我高一原本的历史老师是一名新老师，她讲课是对着天花板讲的，而且仅仅是把课本内容复述一遍。

政治课讲的是著名经济学家的理论。比如亚当·斯密、大卫·李嘉图等人的理论，在第二学期还讲了马克思主义的经济观。说实话，有一部分我听不懂，但是有几位男生，他们几乎要在课上争辩起来了。当他们在唇枪舌剑的时候，我们就以一种羡慕的目光看着他们，被他们的情绪所感染。我好想加入进去，觉得要是自己懂得再多一点就好了。

碧天清晓

高二分班时，我选择了文科，进了文科重点班。班主任凭借儒雅的风度和温和的态度，在年级里人气很高。开学第一次班会，他说了这么一段话："我们首先要弄清楚自己的定位。我们是以后要改变这个社会的人。所以，我们要肩负起更多的对这个社会的责任。"

因为大多数同学都是从原来两个重点班来的，所以他们自然地下课聚在一起聊天打闹。气氛太过热烈，我觉得硬加进去也没意思，就和几个平行班来的同学一样，坐在座位上看书，不然就出去走动走动。可能是老师发现了这个情况，他根据第一次考试排名，大致平均地把全班分成了六个小组。

分小组之后，我们很快就融入了班级。数学老师经常会拿理科的题目让我们做，那真是不小的挑战。而且更要命的一点就是，她上课进度非常快，一道题如果没人提问，就过。要知道，这些题都是我们前一天晚上几乎用了整个晚自习的时间，一道一道抠出来的。可能晚自习花费二三十分钟做出的一道题，换来的就是课上的一句“过！”但是老师讲得真的很好，完全把我们拔高了一个层次。在她的带领下，我们班每次考试的数学成绩都远远超过平行班。而且我们的数学功底在自主招生的考试中也得到了充分的显现。

语文老师温润得像一名江南女子，生活态度也是那么的淡然、随性而洒脱。她不仅有丰富的文学知识，还有深刻的思想内涵。生活中的问题，大家也愿意找她倾诉。能遇到这样的老师，真的是我的福气。她每周会抽出一节语文课作为品读课。每周由一个小组成员推荐文章，自己打印出来，在课上分发给大家，大家读过之后交流感想。那种大家在一起讨论文章的感觉真的很棒！你会发现很多不一样的视角，有种浑身上下都通畅了的感觉。而且被大家认可自己推荐的文章也非常令人兴奋。语文课在她的引导下，变成了绝对不想错过的精品课。

我们的英语老师讲课速度很快，相当有激情。我作为她的课代表，也很荣幸。她可以说是和我们最没有代沟的一位老师了。我们经常在一起讨论英文书籍、歌曲和电影。有一段时间，每堂课前，她都会给我们放一首英文歌。下午第一节课，大家马上就会从午睡的昏沉中清醒过来。

地理老师是一位绅士。每天西装笔挺，总是微笑着给我们讲课。在他的课上能学到很多东西，但是他不太注重解题方法的讲解。这导致我们空有一肚子话，却不知道怎么在答题纸上写下来。后来年级改革，启用新老师，他被调到平行班做老师。他的离开，有种悲凉的意味。新的地理老师是一名年轻的女老师，她刚好弥补了我们答题思路上的短板，在她的课上，我们可以很快抓住要点，但是再也不能体会那种上知天文下知地理的通畅感了。

政治老师是一位老教师。她能从往年的经验里为我们提供很多建议。可能由于资历较老，她不太能接受新鲜事物。现在高考改革力度很大，题型与解答方式也发生了很大变化，但她总是以她曾经的那一套方法来教我们。

就在分班之后不到一个月，有消息传来，说我们的班主任要升职做校长助理，不能再带我们班了。同学们都很不舒服，一是为失去这样的班主任感到可惜，二是有种被人抛弃的感觉。老师说过要带我们到高三毕业，结果一升职就把我们给放弃了。虽然我们也知道对老师来说机会很难得，但还是有点伤心。

新班主任刚来的时候，班级的气氛都很糟糕，有的女生还哭了。后来我们都叫他“老孟”，他知识渊博，上课时旁征博引，但无奈声音太有磁性，低沉到让我们想睡觉。同时，我觉得他有点太严肃了，我们都很怕他。老师只能让学生感到敬畏吗？

我作为英语课代表，特别希望能提高大家的英语成绩。所以我向班主任提出，每周六的晚上，在班级放一部英文电影，既可以提高同学们的听说能力，也能给大家一段放松的时间。老孟同意了。于是，每周六晚上成了我们班温馨的电影时间。我事先找好电影，然后给同学们放映。我们随着电影里的故事情节或捧腹大笑，或潸然泪下，那是我们美好的回忆。

高二下半学期，我们作为重点班，运用了小组学习的学习方法。每个小组都组成一个U形，面向讲台。这种方法有利于小组交流，但是也在不经意间为我们上课闲聊提供了方便，在加强了组内沟通的同时，却也阻碍了组间交流。后来，老师听从了有些同学的提议，改换了座位格局。

高三上学期我们班经历了一个瓶颈期。班级整体的分数都上不去，我们想提高成绩，刷更多的题，成绩反而没有任何起色。老孟上课总是冲我们发火，说我们都不背知识点，可有些知识点只讲过一遍，我们真的记不住。甚至有老师说，他们的名声就要被毁在我们手里了。

这句话对我们的冲击很大。我们开始自我怀疑，是不是我们真的不如往届的学长学姐好。我们开始分析原因，自己的、老师的。也在不断地调整学习方法，与成绩相近的同学组成学习小组，互相督促，一起刷题。每科的课代表都会自主或是找优秀的同学们总结学习经验，然后给同学们支招。后来，我们渐渐走出了那种低迷状态，又开始了积极向上、充满自信的学习生活。大家一起向着一个目标努力前进的感觉真的特别热血。

我还曾经在一次考试中取得了年级第一名的成绩。那时候，我感觉自己已经能够以平和的心态面对名次了。其实有的时候，错的多，改的就多，你会变得更好。

相对于在家里，我更愿意待在学校。家里没有一丝生气，总让我感觉很压抑，好像一个无形的锁链锁住了我，让我觉得不快乐。一个人在学校自习也比在家里舒服、自由。

高三就是每天做题、改错、问题、再做题的无限循环。到高三下学期的时候，我们已经被磨得麻木了。大家都想高考快点到来，那会是一种解脱。

妈妈特意请了一个月的假，从海南回来陪我考试。

终于，要解脱了。6月7日，进考场、出考场。别的我已经没什么印象了。

后记

到这里，教育自传也写得差不多了。

写的过程中，有笑有泪。我回顾了从小到大的教育经历，回忆起很多好玩的事，也想起了一些不太愉快的时刻。再次感谢那些帮助过我的人，我也理解了那些曾让我感觉到恶意的时刻。

我也提到了我来师大的初心。

在打字的过程中，我不断地反思自己。我的性格有很多缺陷，比如嫉妒心太强，占有欲也太强，平时总爱耍些小聪明，等等。有的时候写着写着就感到羞愧，自己怎么是这样的人呢，然后就会有点自卑。

但是后来想想，一个人经历的一切，在一定程度上影响了这个人的成长。而现在，我越来越相信，一切都是最好的安排。

天地之间远行客

不忘自己曾经的样子，守住自己本来的样子，
活成自己期望的样子，人一辈子这么短，这么长。

泥团出世

人的形状是被捏出来的。

炉子的温度刚刚好：那一年七夕的时候，不知道是谁揉了一团泥巴当坯，那便是我的雏形。我的父母都不是什么知识分子，但是为人父母的天赋，和先天或后天的情感使得他们将我照顾得恰到好处。

我这团泥巴经了很多人的手：小时候，奶奶带了我几个月，她在田里看苗的时候，我被装在筐子里自己吮手指玩。后来，妈妈把我接到身边，据她说，那是很麻烦的一段时间。我打小身体不好，五岁的时候更是大病一场，高烧了一个礼拜都没有醒过来。医生说，我的造化就到这里了。妈妈不信，把我接回家，几天没有合眼地照顾我，将我拉回了人世。

泥坯初塑

我刚上小学时，妈妈和爸爸一起去了广东，而我被留在了楼下的爷爷家里。楼下爷爷是一个很好的人，平静温和，宽容大度。他教我练毛笔、下围棋、记账单，两个哥哥会带我去看绿油油的植物，还会带我在小区里冒险。爷爷和奶奶很恩爱，他们的头发虽然花白了，但还是会一起做饭，一起散步，爷爷还会用漂亮的楷书写情诗给奶奶。爷爷告诉

我：“女孩子，可以爱玩，但是一定要有界限；可以什么都折腾，但是一定要有专精；可以没有目标，但是一定要有修养。”

爷爷带了我好几年，从小学一年级到四年级。我想念爷爷家热水瓶软木塞的味道；想念用烟盒背面打草稿的时候；想念明明就二十阶楼梯，哥哥还是会把我送回自己家睡觉的场景；想念夜里突然雷雨交加，奶奶会敲响我家的门给我讲故事的时刻……所以我小时候就一直在想，邻居家真好，特别是当我对自己的家没有概念的时候。

因为爸爸妈妈不在身边，所以我对其他小孩子有一种后天的抗拒。他们怎么能整天哭哭啼啼的，扑进妈妈怀里后竟然还能被安慰以糖果。哥哥们也看不惯，他们和我说，要是我也因为摔一跤就哭的话，他们以后再也不会陪我一起练行书了，让我一个人无聊去。

所以，不能随便哭。

也因为这个原因，我不大愿意和同龄人一起玩。当然更重要的原因是，我舍近求远地在离家两三公里的地方念书，同学家和我家的距离非常远——对于一个小学生来说。

这是一场命运般的巧合。我在家门口读学前班的时候，第一次见到那么多同龄人，像所有天真烂漫的小孩一样，我们讨厌任何一节课，只盼着放学堆沙堡。短短一个月，我弄丢了课本、书包、外套，哪怕之后爷爷一笔一画帮我把语文课本抄写了一遍，我还是弄丢了。妈妈很生气，她告诉我，不应该放弃五六个小时的课程去专心想着怎么玩沙子，分清孰轻孰重比什么都重要，因为你喜欢的很大可能不是你最应该做的事情。作为惩罚，我被送到了离家有一段距离的另外一所小学，跳过了学前班，插进了一年级。

那段时间，早上哥哥会先陪我去取牛奶，然后送我到车站，一直看着我背着书包上车才离开。那真的是很久以前的事情了，那个时候，公交车还有一个位置是售票员的，而我还没有刷卡机高，每次上车买票都是售票员阿姨抱着我完成的。如果车上已经没有座位了，售票员阿姨就会把我抱坐在她腿上。你想得到的，那是个好位置，能看风景。这大概是上学路上最好的回忆之一了。

多种原因混合在一起，让我的孩提时光与其他人的不大一样。没人陪我玩泥巴，也没人教我过家家是一种怎样的游戏，哥哥最经常做的是带我看他满分的试卷。有时他也带我在小区里闲逛，不过“冒险”超越了安全线的话，哥哥就会把我留在家里。所以更多的时候，是爷爷在家里教我下围棋，说“天圆地方”，或者手把手教我练字，或者陪他听戏。我仍然记得每次坐在爷爷旁边时能闻到他身上独有的气味，那种老人家才有的气味特别让人安心。我也记得有一天爷爷去午休了，我怕吵醒他，于是悄悄跑回自己家，一下午写了整整一本练习纸的“左”。至今，这个字都是我写得最好看的字。

我的小时候并没有多么与众不同，但这是属于我的故事，一个关于我童年缩影的故事。在我高中住宿之前，我从来没有去过同学家，从来不知道结伴回家是什么感觉，周末去的地方只有特长班和图书馆，做完作业不是和爷爷下棋练字就是独自看书。说来惭愧，我觉得我生活到现在为止最有积极意义的人生时段就是我的小学时期——即使看不懂，我也会每天抱着各类名著一点一点琢磨，自然而然成为班级里认字最多的孩子。现在，爷爷誊写的金圣叹注释版《红楼梦》还在我家的书柜里。

破而后立

不太尊师重道地讲，我小学的班主任有些势利。作为全班最小的学生，我一开学就被安排在了倒数第二桌，无论我怎么申请，她都婉拒我的要求。爷爷听了之后摇了摇头，摸着我的头笑了一下，然后拿了一枚黑子问我：“它有用吗？”我说：“有时候有。”爷爷告诉我：“落下这枚子的时候它就有意义了，无论它落在哪里。”我好像明白，又好像没明白。

打了电话给妈妈，妈妈告诉我爷爷说得对。第二周，我的位置被调到了第一桌，我知道原因——奶奶找班主任“公关”过了。我那时候觉得很不好意思，因为我认为爷爷说得对，我坐哪里都没问题。但现在我能朦胧地明白，一种正确的价值观应该被坚持，是底线，是信念。但是有时，环境会让坚持着这种价值观的人动摇。

另外还有一件事情我记得很清楚，就是班主任让我们去她家补课——作文课。这于我来说毫无裨益，但是不去的话座位就会被调整。所以近些年看到这种坏风气被逐渐祛除，我是很高兴的。当然，我的大部分老师还是符合我内心对教师的定义的——温柔，好像什么问题都能解决。我小学的数学老师和音乐老师是同一个人，姓刘，她有时候还会带我们去打乒乓球。记得有一次去占乒乓球桌的时候我摔了一跤，学校的路是石子路，我的牛仔裤都被戳出了洞，碎石头嵌进膝盖里。我当时坐在地上，看见其他同学飞奔过去，茫然地不知道应该做出怎样的反应。刘老师过来，把我抱去医务室包扎，又给爷爷打了电话。

我当时觉得，老师真的是天使一样的人。现在想起来，人大概是不能那样跑的，那么快终究是要摔跟头的。而且所有人都这样做的时候，你就算摔得浑身是血也不会有人管你。人应该慢一点，知道目的地就好了。有冲劲是好的，但是不够细心就会摔得遍体鳞伤。我自认我的那一丁点注意力是完成不了这样的分配的，所以还是要走慢点，走稳些。

我小姨说过我早熟，她原话是这样的：“这孩子想太多了！哪像我家小孩，每天除了吃了睡，就是睡了吃，一点事也不过脑子！”我觉得她这话有两个问题：其一，我妹妹挺聪明的，她做事情会很好地一件件贯彻下去；其二，想太多并不是什么好事，其实不用想这么多的人大概日子会过得更舒服。

我们小学有两间在地下一楼的实验室。我一直不大敢去那里，原因说出来其实很可笑。我那时候看了一本侦探小说，是青春类的侦探故事，还有另外一套我不太记得书名了，大概与它类似。书中开篇的一个故事，就是发生在地下一楼的一个小房间里。我觉得学校的实验室和它太像了，所以不敢去。一个小学生怎么会看那么多血腥的侦探小说，还迷迷糊糊把小说和现实扯到一块去了？我也觉得有些不合理，但的确是这样。我看书的偏好很奇怪，先是名著类爱情故事，我那时候字都认不全却还是看得津津有味，然后就是侦探推理这一类，接着是诗词歌赋，现在又回到了最开始的地方。总的来说，一是我看的书和年龄不匹配，二是我本来就喜欢幻想，还偏偏想得那么多。

事实上我也不喜欢想那么多。但是有一幕我至今清楚地记得：我缩在角落里，把自己所有的衣服都收好了，等着天亮，怕妈妈悄悄地走了。这好像是我小学三年级暑假发生的事情。父母吵架了，吵得非常厉害，我在隔壁房间听到后，生怕妈妈不要我了，就一边擦着眼泪一边把所有的衣服都收在自己的包里。然后靠在大门后边坐了好久，通宵坐着，我怕妈妈走了就把我忘了。结果妈妈没有走，我却病倒了。爸爸当时看我的眼神我记了很久。

也就是在那一年，我没有再住在邻居爷爷家，而是由我小姨带着我。小姨和姨父都对我很好，但是再好他们也不是我的爸爸妈妈。我想大概就是这样的环境，让我不自觉地想很多，比如，我会想这样做会不会惹他们不高兴。但爷爷和小姨其实都不是我最需要考虑的，我之所以变成一个做什么都要在脑子里过三分的人，最大的推力其实是我的亲奶奶。

我的亲奶奶是童养媳，她的生日和我的亲爷爷是同一天。我能理解她很苦，也能理解她重男轻女，所以我觉得我不被她喜欢是情理之中的事情。但是她却因此责备我妈妈，认为我所有的过错都是妈妈管教不力。

我并不明着反驳她。但是我总会想，爸爸根本就没有带过我，为什么她不骂爸爸呢——因为那是她儿子呀。妈妈习惯带我早睡，爸爸习惯熬夜，奶奶就说妈妈娇气。可是那个时候我才四岁，我又凭什么要熬夜？妈妈一向注意饮食，不让爸爸多喝酒，急的时候就会提高声音和他争论，奶奶却说妈妈是没事找事。我不愿意与奶奶亲近，她便和爸爸倒苦水，说孙女都嫌弃她是个庄稼人。但其实并不是，我和邻居爷爷的感情就好多了。我一直认为，无论是怎样的社会关系，人与人之间的尊重都是一种交际的准则。就像我更亲近我妈妈而不是我爸爸一样，这是很正常的事情。

后来，她的另一个儿子给她生了长孙，也就是我的堂弟。堂弟很可爱，我也喜欢逗弄他。有一次她抱着堂弟，说她老胳膊老腿不舒坦之类的话，我便伸手想去抱过堂弟。她拍了一下我的手，说我偷懒没教养，让我给她捶背。我捶背的时候，她和什么都听不懂的堂弟说，别学姐姐的样子。大概捶了半个小时，我累了，频率慢了下来。刚想开口说先歇会儿，她就对我爸说："哎呀，孙女都不愿意给奶奶捶背了。好了好了别捶了，累着你们读书人了。"爸爸不分青红皂白地骂我，说我不孝敬奶奶。我解释我捶了二十多分钟了，累了。爸爸正犹豫着让我歇会儿，奶奶抓住我的手，看着像松松地推开，但是我即使用了劲也挣脱不了。爸爸好面子，最后觉得我大概说了谎，看见奶奶想让我歇的模样突然动了火气，便让我继续捶下去。

我当时一边捶背一边想，难道这就是女孩子应该做的事情？为什么按摩椅就在旁边她不用，一定要把别人累得不行她才能满意吗？即使到现在，我和奶奶的关系还是差，该做的我都会做，但是实在匀不出热情给她了。

特别是在她一手促成爸爸和妈妈的离婚之后，我愈发不待见她。在我小学毕业那一年，爸爸和妈妈之间勉强维持的婚姻就彻底结束了。我现在还记得那天早上，我们三人最后一次坐在同一辆车子里去银行转账的情景。那天我们去得太早了，到的时候银行还没有开门，三人就坐在车子里，我听着他们对我的教育。这时候有一人走过来，要进自助服务间，本应该用银行卡刷一下感应机，但那人不知道是太心急还是不清楚如何使用，用银行卡对着玻璃门的门缝直愣愣地刷了一会儿。我缩在妈妈怀里笑开了，我很少那样笑，笑到咳嗽不止的地步。我感谢那个素不相识的人，他是那段时间唯一让我想起来就有笑容的人。

我的确是一个会想方设法让自己高兴起来的人。倘若有一天我运气很好，我会很高兴，并且希望这运气能一直延续下去。要是我运气不好，我就悄悄对自己说，一个人的运气是恒常的，我今天运气不好，下次遇见了更大的事情再幸运不是更好吗？

修坯润色

事实上，于我个人而言，父母的离异并不是坏事，至少他们中终于有一人来抚养我了——妈妈回到了我上学的这座小城市。

选初中的时候，我听话地去参加了每一所中学的考试。我成绩还行，所以每一所学校都对我打开了大门。挑选的时候，妈妈说，她对这里没有什么了解，大概两所公立学校的软件比较好，新开的私立学校的硬件条件好，我可以自己做选择。那段时间妈妈的脸色不好，除了几所中学打电话到我家问我是否愿意去的时候她很高兴，其他时候难免有些抑郁。所以我最后选择了一所私立学校，因为它许诺了高额的奖学金，我想让妈妈高兴一点。

现在想起来真是幸运，因为这所学校关乎我最美好的、最鲜活的记忆。

我初一的时候，学校的教学区还没有修建好，又因为校址和一所高中很近，所以我们在高中的那两栋教学楼里上课。兜兜转转这么一块地，我的中学生涯全部留在了那里。

高中在山上，很漂亮，秋天的时候路上会铺满黄灿灿的叶子，女孩子穿长裙走过去的时候，叶子沙沙作响。听老人讲，我们学校之所以建在这山上，是因为这里原来是乱坟岗，风水先生说只有小孩子的阳气才能压得住。我不知道这是不是真的，但是那后山的确有很多墓碑。一种奇怪的动力驱使我克服恐惧感去后山探险，换作现在的我，大概是不敢了。也是为了这一探险之旅，我初一一整年好像都没有吃过几次午饭，时间全部交给那块杂草丛生的地方了。我和同学几人深一脚浅一脚地走着，见了墓碑就鞠个躬表示歉意，感觉冥冥之中被原谅了，又好像没有，大抵是心理暗示吧。

后来，我们赶上了那年的大雪。对我们这群南方的孩子来说，那是难得一见的景色。我们全班都放弃了午休，最看不惯女生打雪仗的男生也加入游戏中，女生和男生各一组。那里有一个小坡，女生守在上面，男生要想办法攻上去。

小树枝、长条、小石子都派上了用途。这里放一个侦察兵，那里也要安排哨兵。现在想起来，那大概是只有那个年龄才能体会的快乐与幸福。也就是打雪仗那一次，正当我们玩得兴起，满山都是我们的笑声时，校长冷不丁走过，我们被抓个正着。顽劣的氛围、班级严重的成绩分化，与学校推崇的目标背道而驰。那天早读课，班主任来了，他姓李，是个很好的人，会因为我们不听话而生气，但还是会心疼我们整天要做作业，便想着花样让我们放松。他后面又进来一人，是校长。我当时有了不好的预感，而这预感在半个小时后就被验证了——我们班被解散了。据说，我们是被其他班的班主任抓阄选走的。

那天早上，大家都坐在座位上，其他班的班主任带了学生来接我们去新班级。也是那天早上，我拥抱了很多人，包括最喜欢冷不丁讽刺我的那个男生，我看到他的眼睛也红了。大部分人并不愿意走，直直地坐在那里，书包被拿走了，桌子也被搬开了，但还是不想走。女生最后全走了，包括我。我们班有四十五人，单单女生就有十二三人是被别人架走的，那一层楼里全是哭声。男生也被拉走了大部分，最后留了七人，因为不想走差点和来接他们的学生打起来。我第一次觉得想打架的他们是那么棒。

最后我们班并没有完全解散，虽然只剩七人，但是其他人总是一下课就跑回原班级玩，大概也是这个原因，我对初二的班级尤其没有归属感。

还有一个原因，那就是我至今为止都不明白为什么我初二的班主任那么不喜欢我。被安排进新班级的第一天，我和原来同班的两位同学都被训了话，无可厚非。但是其他两人下午六点就离开了，只有我被硬生生训了四个小时，直到晚上八点。我又饿又冷，最后跑了两栋楼找到以前的班主任借了手机给妈妈打电话。这种状况维持了一年，包括明明年级评选的优秀作文有我一份，她还是要当着全班人的面骂我没有思想水平——这个我能接受，因为我的思想觉悟确实不怎么高，但是让我彻底对她产生反感的源头是一张证书。

那天她让我去办公室，我猜想她大概又要教导我了。但是没有，她递来了一张获奖证书，说着再接再厉之类的话。我看了一眼，那是一张作文比赛的获奖证书。这本来是一件令我高兴的事情，但是我发现上面写的作文名称是一篇随感的题目，不是我的作品，我在那一刻之前都不知道这件事情。我问她为什么没有告诉我，她声称这种事情她也能做主。我当时没有反驳，但是直到现在，我仍然认为她的行径有辱师德，因为她没有做到最基本的尊重学生。

也是从那一件事情开始，我好像有了一个朦胧的想法，希望成为一名教育工作者。不为别的，至少让以后的学生不会有这样的遭遇。说起来还要感谢我初二的班主任，让我的履历上又有了新的一笔。

大概就是她成了诱因，我开始用另外一种眼光打量所有的老师。初三的时候我是历史课代表，历史老师是一个很年轻的小伙，全班都开他玩笑。虽然我和他关系很好，但是他的一些行为我至今也是无法认同的。比如他会午睡，如果我没有及时叫醒他，我们班下午的第一节课就泡汤了。这样的老师的确随和，却多少有懈怠之意。

初三如果还有什么值得一提的话，那就是奇怪的同学关系。我之前以为拉帮结派只是小说里刻意渲染的情节，却发现我初三的班级，尤其是女生，其人际关系已经到了泾渭分明的地步了。我曾被一名女生“教训”过，这也是我至今不明白的事情之一。有一次，跑操结束后，上一节课还在和我聊天的女生当着我的面把我的课桌拖走。我什么话也没说，将就着坐了一天，第二天一早我担任值日生把课桌拖回原位。本来以为事情就此揭过，但毕业写同学录的时候，她当着我的面把同学录索引上的内容全部抄写了一遍，我当时感觉被扇了一记耳光。她活得真累，对我花了那么多精力。我也活得真累，竟然被这样一个人搅动心绪。当然，我也感谢她，我好像又被催熟了一点，至少不会傻乎乎地以为所有事情都能被揭过。

烧窖成型

意料之中地，我被市里的重点高中录取了，分在了一班，同校认识的同学却被分在了同为重点班的二班。甫一进入班级，我尽力寻找，也没有看见任何熟悉的脸孔，只能叹一口气坐在了最后一排。没有想到的是，班主任在简短的自我介绍之后，就开学挑选班委和各科课代表。第一个选的是历史课代表，我想举手，却发现眼前刷刷地举起了一排手臂。当时我想，这么多人都想担任的职务，我不应该夺人所爱，因而就默默地缩回了一开始就抬起来的手。最后选的是语文课代表，作为一门主科，零星的响应令班主任陷入尴尬的境地。大概沉默了五六秒，我举起了手——可能是因为文学是我比较偏爱的领域，更大的可能是因为我不愿意继续被这样令人不适的气氛包围。我总觉得自己这种性格，是有大问题的，却迟迟没有办法改正，我至今仍会受到这种性格带来的侵扰。

高一的班主任是化学老师，再加上一直以来的大环境，我的学习重心自然而然地向理科偏移：我会在半夜十二点和同学争执一道物理题，也会在自习课的时候把十之八九的时间分给理、化、生。但这一切所建立起的信心，在一次全市联考时几乎消失殆尽。那一次，我在最擅长的化学科目上出现了令人无法相信的失误。也是那一次，使得我对理科的学习出现质疑，热情迅速消减了下来。我一直以来都有这个问题，我是需要有结果证明自己的人。倘若结果与付出不成正比，我将对自己产生怀疑。于是，接下来一段时间的半夜十二点，我再也不会讨论物理或化学题目，而是一个人看着阳台外的风景，写一些奇奇怪怪的东西，或者看一些其实我并不能看懂的书，又或者在睡觉。

现在想起来，我非常感谢那一次失利。如果没有那一次的偶然，我可能会成为一名理科生，就会与北师大失之交臂，可能一辈子也不会看那么多文学作品。因为这次经历，我开始真正思考，到底哪个方向更加适合我，严谨的理科，还是感性的文科。这种思考让我对学习有了更深的感悟，也完成了我真正意义上对自己的第一次分析。所以之后，哪怕我获得了生物和化学的竞赛奖项，也没有动摇我要成为一名文科生的念头。就像顾城的那句话："在别人的回忆中生活，并不是我的目的。"生活是自己过出来的，路也是自己走下去的。当仅有一次的人生还要被太多事情左右的时候，它已经成了你的负担，而不是你生命中的奖品。

也就是抱着这样的心态，我突然感悟了很多。报名辩论赛、演讲赛，组织歌唱比赛，所有满足我兴趣的事物都成了我奋斗的目标。也是在这个时候，我第一次参与了集体活动。尤其是在准备辩论赛的时候，四个人围坐在操场上闹得"鸡飞狗跳"的样子，是我之前从未见过的。比赛过程中，我依据一辩的立论与对方辩友唇枪舌剑，说漏了的话有人帮忙圆上的时候，我感觉自己不是一个人在孤独战斗。那种感觉令人很幸福。不怕摔了，也不用怕找不到路，摔了别人会伸出手把你扶起来，找不到路的时候会有人牵着你往前走。对我而言，人是群居动物的必然性似乎不是来自生产力发展的需要，而是来自一种心灵的满足感。这种满足感或许不是生存的必要条件，但它确确实实是成功的先决条件。

这种会令人着迷的满足感推着我积极进取：我接手了校辩论社，又因为语文课代表的身份成为校刊的主编。其间我当然有疲惫不堪到想放弃的时候：所有人都在午休我却要校正稿件，所有人都已经睡下我还在整理资料和安排例会流程。但是这些一时半会儿的痛苦让我的高中生涯更加甜蜜。我喜欢看学弟学妹辩论时的样子，一些小小的失误让人忍俊不禁。每一次有人告诉我校刊很棒时我都会很高兴。同时，它们作为我履历表里少数的存在，让我稍稍宽慰，至少我的高中生涯没有虚无地度过。

我们政治老师的存在让我们班的氛围几乎到了每天欢声笑语的地步。高考前最后一节正式的政治课，她问我们有没有去过学校的实践基地。实践基地占地面积很大，分给每名学生一小块，让学生自己种菜观察。但这是我们高三时才推行的一个活动，所以大家对它很是陌生。见我们摇头，她笑起来，带我们悄悄绕过班主任的办公室，蜂拥向那儿冲去，一边观察，一边找找哪一块地里有萝卜已经可以享用了。大家很久没有这么轻松了，结伴着看葡萄藤，看辣椒，还有一些明明每天都在吃但还是不能明确它们名字的菜，最后偷偷拔了三个大萝卜。

我们对第一个和第二个下手时都顺利地完成了“作案”，在对第三个动手的时候却被看护基地的人员发现了，他大喝一声，吓得那名男生拿着萝卜就跑，从山顶跑到山脚，等了五六分钟才悄悄溜回教室，一进门就收获了我们的笑声。其实，我们已经和管理人员报备了摘萝卜，当时那一声大喝只是想提醒他来登记而已。不过现在想起来，我们是很对不起那名同学的。只要提前知会一声，他也不会被要得气喘吁吁地下山上山。

其实沟通好了，很多不必要的浪费和过错都可以避免。就像拔萝卜，就像父母那么多次的吵架，就像一个家庭的分崩离析。但转念一想，那些早已埋下的导火索，迟早有一天会爆炸。

我这样一个做事三分钟热度的人，喜欢了一个人将近五年。初三我们在同一个班，高中在同一所学校。说实话，如果不是他的缘故，我大概是不会选择这一所高中的。我不知道为什么对于这一方面总是有莫名的自卑感，我从来不敢面对面直视他，哪怕我们在手机里有几千页的聊天记录。我犹记得高三第二个学期开学那几天，我心情阴郁痛苦，晚上就吹着寒风给他打电话，听到他的声音就会哭出来。可即便是这样认真的喜欢，我也理智地明白我们不可能做情侣。高考前一天我见到他，他站在那里，帮我搬桌子收拾书，小声说了一句祝福。我必须承认，那一秒我的心咯噔了一下。

最后的高考并没有我想象的那么波澜起伏。带着母亲的期望和暗恋对象的祝福，一切似乎都顺风顺水。最大的波折，或许就是我考数学的时候丢失了一把自己很喜欢的伞。当时我的确很伤心，但是一想，又用“破财消灾”来安慰自己。但我是一个有点固执的人。我会因为宿舍的床是蓝色的，便将电脑桌、台灯、垃圾桶、收纳盒、被单全部换成蓝色的。我如果早上听不到鸟叫也会心慌。这种执念往往让我有一种安全感，大概是因为我的成长环境让我无法获得安宁的缘故。

高考结束了，一切揭过，一切又开启。

后记

我写过很多东西，但自传一类的文章还是第一次接触。说实话，这让我感到恐慌，我害怕把自己剥开后被别人评头论足。但是当我写到一半的时候，我突然发现这件事的与众不同了，我像一个局外人一样看着自己，又像一个局中人一样再次体验自己的喜怒哀乐。这种让我成长的方式，温和却又有非凡的力量。

与这美丽世界相处的 18 年

我一直觉得自己有点“非主流”……

普通家庭的小孩

爸爸出生在一个小镇，家中一共四兄妹，他是家中最大的也是唯一的儿子。爷爷在我很小的时候就去世了，关于他的记忆，我几乎没有。奶奶年轻的时候在镇上租了一个店铺卖服装，想为家里增添一点微薄的收入。后来生意不好，连租金也难以支付，她便成了无业游民。爷爷奶奶都没读过什么书，家中长辈除了爸爸也都没上过什么学。

爸爸说不上勤奋，但是很聪明，靠自己的努力考上了大专，走出那个小镇。到现在，爸爸也没担任过很高的职务，只是在局里做一个普通的职员。妈妈常说他消极懒惰，不进取。但是，我见过爸爸一丝不苟地分析资料，在深夜里画图纸，眼睛累得通红还对着电脑做表格。除了在局里工作，爸爸还会揽一些工程，赚的都是辛苦钱。所以在我眼里，只是他追求的东西不一样。

妈妈出生的地方比爸爸生活的那个小镇还穷，是一个人烟稀少的村子。外公一直担任国家干部，他喜欢政治，是那种“固执”“不开窍”的人，看不惯花哨的东西，看不惯贪污腐败。他不仅看不惯，还敢于说出来，甚至严厉指责。正担任移民局局长的时候他主动提出了退休，或许是感到自己这样的个性实在不适合当时的官场。我的两个舅舅都是国家干部。

妈妈虽然是普通的老师，但是她性格非常要强，心里不会承认自己比谁差。经媒人介绍，妈妈和爸爸认识一年后就结婚了。婚后粗茶淡饭，简简单单地过着日子。妈妈在家里，大事不怎么做主，小事都得听她的。我从来没见过他俩吵架特别火爆的情景，但是互相斗嘴似乎成了他们生活中的一种乐趣。一般都是妈妈在说个不停，爸爸让着她，左耳朵进右耳朵出。一顿饭吃完或是到了睡觉的时间，争吵也就随之结束，接下来什么也不会发生。

那是一个冬天，妈妈在经历了度秒如年的几个小时后，将我带到这个世界。爸爸说，我出生时没有哭，被打了好几巴掌才哇哇大叫。在后来爸爸教育我的各种“理论”中就有一条：“你是顺产出来的，不是剖腹产，在一开始就经历了憋屈，所以性格应该是能忍的。”不知道这是不是毫无根据的歪理论。他们给我取的名字，只是字典里现成的词语，假随意，真讲究。而名字的含义仿佛就注定了我和教育事业的不解之缘。

不普通的童年

上小学第一天，面试的老师似乎是只问了我的姓名和年龄，然后就在一张单子上填了三个“A”。我不知道那是什么意思，出去拿给在外面焦急等待的妈妈看。妈妈一看，眉开眼笑地说：“真棒！三个A呢！”她表扬了我一番。回去的路上，妈妈语重心长地给我讲A、B、C的区别，还告诉我以后要好好学习，争取所有成绩都得A。我听妈妈这么说，可自豪了，似乎走路时背都挺得更直了，恨不得看见谁都想告诉他：“我得了三个A哟！”

小学班主任是一位和妈妈年龄相近的女老师，她们很自然地成了常常联系的朋友。这让我非常怕她，因为我每天的“行动”都会被报告到妈妈那里去。那时，在我的眼里，妈妈是个很严肃的人。大家一般都认为，当女儿还很小的时候一定是和妈妈无话不谈，一定是每晚在妈妈的安抚下睡觉，一定是常常在妈妈怀里撒娇。说起来有些难以相信，在记忆里我不仅尊敬妈妈，还很怕她。我从来不和妈妈撒娇，像面对老师一样，乖乖听她的话，能躲还要躲一躲。

我就这样在老师和妈妈的双重监督下读着小学。班主任上语文课，我有些害怕她那双眼睛，上课时总盯着我，我丝毫不敢懈怠，她讲的每一句话我都不敢落下。每次她提问，我不想举手，可她盯着我，我只好举手，虽然她也不会常常叫我回答。如果一个问题特别难，没有人举手，那我也一定会在沉默一阵子后被她的目光"逼着"举手回答。我比较喜欢数学课，数学课上我可以不举手回答问题，可以稍稍放松一下紧张的神经。

记得有一次，学校开会，每个班选一名代表参加，毋庸置疑我被选上了。我也没当回事，就想着开个会，总比上课轻松。在会场里我什么也没听，就和旁边的同学说话。同作为班里的代表，我俩都很自豪，乐呵呵地谈论着。回到班里，我以为这件事情就过去了，谁知道班主任走进来就说我今天代表我们班去开会了，要我给大家讲讲开会的内容。台下一片掌声。我脑袋一懵，吓得顿时脸红到耳根，半晌说不出一个字。抬头撞见班主任的目光，怕得真是要尿裤子。下面开始小声讨论，随后炸开了锅。"下去！"一声呵斥，我木木地走了下去，也没有哭，就是难受得忘了自己。"打开课本！开始上课！"听得出来，班主任气得不行。下课后，我被叫到办公室。班主任问我："你听了吗？"我点点头，又摇摇头。"我把这么好的机会给了你，想锻炼你，你却不争气，以后再这样别怪我不管你了……"噼噼啪啪说了一大堆，我哭了。最后，我准备走，她又叫住我："你的衣服是不是太紧了？一弯身就露出后背了，以后别穿这种衣服了，要像个学生，知道了吗？"我点点头，走出了办公室。

四年级，班里转来了几个学生，我的友情故事开始了。我们在公交车上遇见，发现彼此住得很近，便常常约着一起回家。一共三个人，小紫、小夕和我。那时的我不知道我与她们是多么不同，我们几乎形影不离，我们三个挤过一辆摩托车，放学后一起蹲在广场的花坛边做作业，一起走一个小时的路回家。

她俩打扮得都比较出众，走在学校都会被高年级同学多看几眼甚至被要电话号码。我从来没想过要去了解她们的家庭，只知道她们家里都管得比较松，成绩不好也没有关系。那时我觉得和她们在一起玩很快乐，不用谈学习、谈成绩，我们还约定长大了一起买房子住在一起。大家都知道我们三个是朋友，我很自豪，因为她们，我认识了很多在学校里“混得好”的人，我也不用怕谁，默默地把自己也归入了那一类。

六年级，有一次午饭后，我们在走廊上玩，突然一个平时也不怎么熟的女生走过来，趾高气扬地跟我们说：“放学别走，找你们有点事儿。”这架势是要打架啊。虽然常常参与看热闹，但我从来没有做过当事人，反正是被吓住了。后来打听到，因为我们在背后说她长得不漂亮还很自傲，被谁听见告诉她了。一整个下午我都紧张不安。终于到了放学，小紫的妈妈不知道怎么今天突然来接她回家，剩下我和小夕两人。我和她在厕所不敢出去，她让我不要急，她要给她的舅舅发短信，让舅舅来救她。外面一个男生在催我们快出去，天啊，还叫了男生，我猜今天人一定很多。没办法，我们只得出去了。外面的男生看上去也没那么凶，笑嘻嘻地说：“我们的人在学校外面的那条小巷子里等你们呢，快去啊。”小夕就紧紧拉住我的手，告诉我别怕，她舅舅快来了。我突然也不怕了，和她手拉手去了那里。

果然是一群人，但是闲杂人员居多。主角走上来质问：“你们说了我坏话？”我不知道哪里来的勇气，竟然在这种情况下讲起道理，并希望她理解：“谁背后没人说，不要太在意别人的看法。或许我们在无意间说了你不好的话，但是并不代表我们讨厌你。你管不了别人的思想和嘴巴，如果你非要把每个对你作出不好评价的人找出来，那多累呢。”“哈哈哈。”她只是笑了，我也觉得自己莫名其妙。“少废话，你们说了我坏话，明天当着全班道歉，或者今天让我打你们，自己选。”我们都不说话，沉默了几分钟。突然几声汽车喇叭响起，驶进来一辆车，一群比我们高得多的男生走下来，个个叼着烟。“是哪个今天要打人？给老子站出来！”一声吼，一群人四处逃散，剩下我和小夕。我吓呆了，小夕说：“我舅舅来了！”我松了一口气，但心里还是瘆得慌。

但就在这段时间，我的成绩突然不如以前了。分数连续下降了几次后，我就被拉去谈话。班主任板着脸问我：“成绩为什么又下降了？”我摇摇头。我还只是一个小学生，上课积极回答问题，认真完成作业，得了B都不敢拿出来给妈妈看的小学生。我怎么知道为什么呢？“一定有原因，只有你自己知道。你要好好反省一下。”班主任说了一大堆，表达着对我的失望和期望。要走时，她又叫住我：“交友要谨慎，我不多说，希望你懂。”她总喜欢在谈话结束时，加上意味深长的一句话。

回到家，自然而然妈妈又和我谈话了。没那么温和，给我劈头盖脸地一顿骂。后来我才渐渐知道，老师、父母对我的担忧是来源于朋友们的家庭环境。但天真的我认为，她们的家庭和我们互相成为好朋友没有什么关系，心里暗暗不服，但行为上也“收敛”了很多。老师在教室的时候，我尽量不和她们坐在一起玩，和她们出去玩就骗爸爸妈妈说是和班里成绩最好的同学出去玩。而对于家庭环境，她们也毫不避讳。小夕给我们讲她的爸爸如何挨刀住院，讲她的叔叔怎样报仇；小紫还带我们两个去她妈妈情人公司的厕所里乱涂乱画……她们无话不说，我只是听着。小时候的友谊就是这么简单，三人分一块饼干，买一样的衣服，看同一部动漫然后谈论得津津有味。

我现在时常想，在我最是非不分、最容易受到外界影响的年龄，朋友们带给了我什么，我性格里的小性子是否就和她们有关系。我固执地认为，她们教给了我一些东西，举一个小小的例子吧，她们在看见自己不满意的60分卷子后总是洒脱地把卷子扔掉。我也学习她们那样的洒脱，然后发现真的就没那么难受了，挥挥手，满不在乎。当然，不同的是，我会暗自努力。是的，我没那么在意是否成功，但我还是在意失败后的态度。现在，我们还会偶尔联系，假期一起吃个饭。她们中的一个通过艺术考试进了一所专科学校，另一个现在没有上学了。多的我也没有细问，总觉得那不是她们关注的话题。

至于我的小学班主任，我到现在想起来都很敬畏她，但是我明白了她对我的严厉也是一种帮助、一种负责和一种爱。在那种压力下，我不得不去认真思考，一丝不苟地完成作业、遵守纪律。虽然我的这些做法仅仅是出于害怕，但即便如此，现在的我也感激那时的她，没有她在学校里和我妈妈“里应外合”，仅仅凭我妈妈在家里的严格管教，我会不会说谎，会不会变成“坏孩子”，也说不定。回想那个阶段，爸爸除了赚钱养家，似乎没有扮演其他角色。

我就是自己的神

很快六年就过去了，我上了初中。一个年级一共二百多人，四个班，分班随机，不看成绩。以前的朋友们和我都不在一个学校，但是我认识了新老师、新朋友。很幸运的是，在开学第一天就交到了好朋友，整个初中，她都是我最好的朋友。

最开始的班主任是一位教语文的男老师，五十来岁，我感觉通常这个年龄的男性语文老师应该都很博学多才。但这位语文老师很特别，上课几乎不讲正课，他说:“你们这么大了，还要我这个老头子教吗？自学！”……我们班自然而然成了年级最差的班。一年后，语文老师的种种“恶行”被家长知道后报告给校长，无奈的校长只好让他“留级”了。其实我还挺喜欢他的，大概就是因为他当班主任我们轻松，他的课上我们可以一边听他侃一边自己做事，不用听写也不用背书。我成绩也没受到什么影响，就像他说的“自学”呗。他教我们的最后那个学期，期末考试我奇迹般地考了班里第一名，年级第二名，这是从年级五十名升上来的。

突然考了个这么好的成绩，还是有些小故事的。初一是我最叛逆的一年，每周回家必定和妈妈大吵一架，吵得声嘶力竭，甚至动手，毫不夸张。常常因为一点小事开始，后来逐渐被妈妈拔高到另一个层面，她甚至断言我今后没出息了。我自己哭，也能把妈妈吵哭，我们互相伤害。我觉得妈妈不爱我了，家里不温暖，我不喜欢周末，因为不想回家。我知道爸爸妈妈对我当前的成绩不满意，他们认为我没有认真学习。我那时候还那么小，未来有太多未知的成长，他们十分着急。

爸爸开始常常和我谈话，每次我和妈妈吵完架，他都拉我出去，语重心长地和我聊很久很久。记得有一次，爸爸跟我讲："你也要学着多让着你妈，只要没犯原则上的大错，我都要让着她呢。"我沉默，过了一会儿，他又说："你妈妈生你的时候特别难，我在外面听着的，心里那个急啊。当时我就想着，以后一定凡事都让着她。"这话给我的印象特别深刻。可是自控能力似乎常常不能跟进，我还是不受控地发脾气，任性又叛逆，家庭矛盾因我一次又一次都没有提高的成绩而越演越烈。当时的自己确实也有些不恭不敬的态度，但在那些一百多名之后的好朋友眼里，我成绩那么好，我就只觉得父母对我要求过高。

后来，我遇见一件美好的事。比我高一年级的男同学在大家的推推搡搡下来到我面前，他长得眉清目秀，十分可爱，托人在体育课上给我买水，托人给我带早饭。那是个见了面就会脸红的年龄，所以我们连面都不敢见。可是心里充满了那种说不出的感觉。我从来没说过，也不知道他从哪里知晓，有一次他突然问我："你成绩是不是下降了？爸爸妈妈在家里打你、骂你？是不是因为我打扰到你了？"我否认，其实上了初中我的成绩就一直那样。他让我好好复习，一定要在期末有大大的进步，不然他会很愧疚。我借口说自己在学校没有台灯，晚上不能复习。没想到第二天，他就托他的同学给我送来一盏台灯。

我感动地发誓一定要尽我最大的努力。

那个学期末，我考了班里第一名。他的同学告诉我，我在新学期的开学典礼上，登上主席台领奖学金时，他在下面哭了。我当时就明白了，其实我真的不错，那些平日里比我成绩好的同学真的不一定比我厉害。我对自己的定位有了些改变。但在不知情的同学和老师眼里，这都是我运气好而已，甚至有同学偷偷议论我作弊。而一直担心我的爸爸妈妈松了口气，眉开眼笑。我感到自己已经时来运转，小学的光辉岁月又快要回来了。但我和那位男生，两个人只要见面就脸红语塞，不知道怎样交流沟通，怎样相处，当然不会有以后。这样一段看似轻飘飘的没有分量的情感经历让我至今想起来也深感怀念。有一句话是，我怀念的不是你的样子，而是我们在一起时，我的样子。那般青涩腼腆，那般小心翼翼，人生又能有几次。

新学期开始了，新的语文老师来了，女老师，不到30岁，看上去很精神，面相凶狠。她上的第一节课我记得清清楚楚。教室里叽叽喳喳地讨论着，都对这个没见过的新老师特别好奇。突然，尖锐刺耳的一声把全班都震住了："课代表在哪里，怎么不把暑假作业抱到办公室！"她站在门口，穿着旗袍，身材娇小，戴着眼镜，头发扎成一束，露出光光的额头。顿时鸦雀无声，课代表正站起来准备收作业。"坐下！我让你们现在收吗？"噔噔噔，高跟鞋的声音掷地有声，气场如此强大。她在上面讲着她的规则，渐渐地，我们适应了一些，就开始附和着，放松了。我看着外面的阳光照在她脸上，眼镜和额头三点反光，像极了奥特曼。我拉了拉同桌，说："你觉得她像不像奥特曼？"没想到她哈哈哈地笑起来了，我也笑起来了。虽然全班都在沸腾着，热烈地回应着讲台上的老师，但我俩还是被盯住了。"那两个女同学，笑什么笑？再笑一下，让你们出去！"下课了，我的好朋友被她喊进办公室。出来时，她哭着对我说："我真的没见过这么恶毒的女人，她让我喊你进去。"

我忐忑不安地走向办公室。她瞅了我一眼，面无表情，问："你叫什么名字？"我回答。她在表上找我的名字，那是一张成绩表，她手指在中间部分来回划了几次，我实在不想说我在第一个。"老师，我在这儿。"我指给她看。"哟！你啊？你怎么回事？你期末班里第一名？我也正准备找你，你看看你暑假作业怎么做的？按要求做了吗，拿回去重新写。”她从旁边分出来的一摞本子里找到我的作业，扔给了我。批评我上课不守纪律后，让我走了。我假装一副被批评惨了的样子，不然实在对不起我那被说哭了的同桌。

后来，妈妈渐渐地也有了很大的变化，她和老师的关系没那么紧密了。学业方面她也特别信任我，就算老师主动去打我小报告，她也相信我会处理好自己的事情。自从那次期末考试逆袭后，我的成绩就一直名列前茅，可是我实在不能做一个安静的学霸。我总是一下课就冲出去和同学玩，下晚自习后空手回家，每个周日下午早点去学校赶作业。那时候我真是过于活泼开朗，不管是和男生还是女生，成绩好的还是成绩不好的，我都和他们打成一片，大家也都很喜欢我。老师常常和我交流，不过一般都是“周五下午留下来背书，不背完不准走！”“上课不要说话，没叫你讨论就别和同学讨论。”“再稍微努力一点你就可以考第一呀！我们都看好你啊，你这样我们好着急！”那些和我成绩差不多的同学，老师只会对她们说：“别太累着了，还有高中呢。”

快中考了，我也大幅度端正了自己的态度。妈妈很早就开始忙碌，亲自去重庆的各个学校咨询招生信息。有一所中学我们都特别中意，但那所学校似乎并不看好我。妈妈让我不要急，认真准备中考，高分就是通行证。接着迎来了一次模拟考试，我很认真地准备了，没想到居然考了年级第一。“太棒了！你知道吗，那所中学招生办的老师看你这么想去他们学校，说要是这次考试能考年级第一就提前录取呢！”妈妈这才告诉我。在关键时刻，我考了三年来唯一一次年级第一名，这是我的运气。

走在逆风的方向

顺利进入我理想的高中，开始我的高中生活。全年级近三千人，四十多个班，规模远远大于初中学校。早就听说这所学校会按一定规则分班，我知道我们班都是尖子生。刚开学的时候，大家似乎都在互相防备。我小心翼翼地对每个人都很好，可我仍没有交到以前那样如胶似漆的好朋友。每个人都在低头学习，上课下课都足不出教室门。我在这样紧张的气氛中整天都没有什么表情，格外沉闷。班主任是英语老师，除了给我们上课，我和他没有其他任何交流。他太忙，没有时间去关注一个并不突出的普通学生。

班里的同学个个都很厉害，我也只能暗自努力。我上课不敢不听讲，回到宿舍打着灯学习，饭都不敢吃得太慢。每天匆匆忙忙，闲的时候就很害怕，也不知道怕什么，那种感觉我现在都没有忘记。我找不到自己的位置，总觉得心里好空。感觉背的单词、记的公式、做的数学物理题似乎都不是我的，我什么也抓不住。我每天都一遍又一遍地回忆自己学到的东西，上厕所时、吃饭时、睡觉前。我生怕忘了，甚至梦里都浮现着那三尺讲台和密密麻麻看不清的笔记本。没有朋友，我一个人吃饭，一个人去超市，我不知道这是怎样的力量，让我像变了一个人似的。

一个学期过去了，期末考试前我惶恐不安。成绩真的那么重要？我真的不明白，只是急切想找到自己的位置吧。像一场梦似的，老师告诉我考了年级二十名，同时告诉我，我被分出去了，去了最好的班。我心里很复杂，却找不到高兴的成分。这意味着我又要再去适应一个完全陌生的环境。一整个暑假我都不敢放开了玩，感到前所未有的压力。爸爸妈妈说我终于长大了，比初中沉稳多了。

开学了，我来到新的班级。看见大家都互相打招呼，我才知道，这个班的大多数人都互相认识，只有少数人像我一样这学期才插进来。这就是“清北班”，年级前几十名差不多被他们包了，我不幸或是有幸考进前五十名才进来。看大家都很开心地讨论着暑假生活，国内旅游的，出国旅游的，丰富多彩。我插不上话，也没有人找我说话。我拿一本书出来假装看着，心里特别难受。看他们可欢乐了，我呢，刚刚经历了一个天天被作业压得喘不过气的暑假，来到新的班里，却听着他们讲美好的假期。一整个晚上都没有人理我这个新同学，我才发现自己是多么懦弱和内向，居然不敢主动打个招呼。第一天晚上回宿舍，我偷偷哭了好久，我想家，我觉得很孤独。

我最先和寝室的同学熟悉，也单方面地了解了很多人。大家的共同特点就是成绩好，轻轻松松拿好成绩。不一样的是，他们有的家里特别有钱，出手阔绰；有的长得特别漂亮，人见人爱；有的多才多艺……这里的气氛和以前的班级完全不一样，没有人下课还埋头苦干，都是谈笑风生。课上气氛活跃，大家你一言我一语，有说有笑。我却觉得这气氛不属于我。我来自区县，没有好的家境，长相不突出，没有特长，我必须得有点什么才能在这班里"活"下去啊，我认为只有搞好成绩了。我甚至比高一那年更努力，每天食堂、宿舍和教室三点一线，稍稍有所怠慢心里就愧疚自责。除了学习，我无法安心、专注地做其他事情。

脑袋里那根弦时时刻刻紧绷着，紧得我轻轻摇头就感觉脑袋里传出嗡嗡声。在我的记忆里，那时的眼睛总是酸涩的，是因为哭过，也因为长时间用眼疲劳。这样努力的情况下，我的成绩在班里排中等，偶尔考好了可以到十几名，我对这样的成绩也挺满意的。后来我发现其实同学们也很友好，他们有优越感，但是这不会伤害到我，和她们在一起可以学到很多东西。我的状态渐渐变好了。

可是好状态在之后突然就消失了。先是成绩下降了，不是我没有努力，是大家更努力了。我感到有些气馁。后来发生的一件事很大程度地影响了我。有很长一段时间，我处于低迷状态，心总是涩涩的，很想哭。在平日上课，我都努力让自己沉浸在学习里不去想其他，但有时候还真的做不到。周末没有高强度的学习压力，就更懒散了，我自己懦弱，让悲伤任意泼洒在我的血液。成绩又下降了，压力更大了，无助痛苦，想打电话给父母，渴望得到安慰，可是不知如何表达，我似乎一直都在孤军奋战。

我深感“清北班”的老师不待见我，在她们眼里我这样“一无是处”的人没资格不安安分分。那时我们中午两点半上课，我们规定两点十五分进教室，我恰好踩在点上，哪知道班主任早已坐在讲台上。我进了教室坐下，嘀咕了一句：“今天真热。”“你说什么？！”我被这突如其来的责骂吓了一跳，只见班主任恶狠狠的目光紧紧盯着我，“你自己不搞学习，别耽误别人！大家的目标是清华北大，你说话影响全班同学学习，你好意思吗？”我被她说到哭，那感觉实在太委屈。

还有一次班主任在教室里宣传高校夏令营。她鼓励每个人积极参与，说这是个好机会，或许表现得好能得到自主招生的面试印象分。我们学校的名额全给了“清北班”，这次选人不看平时成绩，因为他们相信“清北班”的孩子都优秀。不知道是不是我理解错了，我以为自己作为“清北班”的同学，虽然成绩平平但也可以有机会。下课后，我就去找了班主任。我永远忘不了她看都不看一眼地问我来干什么的样子。我说明来意后，她转过头瞟了我一眼，一声冷笑后说：“我说，你就别想这些了，你先把成绩搞好再说。”可是，后来我知道她递给一个成绩不如我的同学一张报名表，只是告诉他说别抱太大希望，毕竟名额有限。

现在想起来，我都要谢谢班主任，但这不是心存感恩。谢谢她，让我学会理解这个社会不可回避的不公平，或许我会因为身高、相貌、家庭背景这些看似不合理的理由受到不公平的对待，但这些理由确实是不可回避的，就是会导致不同的人受到不同的对待。我不会因为遭受不同待遇而抱怨、懊恼、迁怒，我知道这一定有原因，我要做的是找到原因，然后努力去改变。

高二过得很快，但我甚至不愿再仔细回忆。高二的期末考砸了，意料之中。我又被分了出来，又一次来到一个完全陌生的班级。学校分班分得细致，这个班是1.5层次班，夹在第1和第2层次班之间。里面的人都是像我这样从“清北班”淘汰的和从普通班优选的。我庆幸逃离了那个高压的环境，时间是一剂良药，经过一个暑假的调整，我也想通了很多。这两年我过得太累，来不及想很多事情。我成了学习和生活的俘虏，变得麻木。我盲目地、不断地渴望找到自己的位置，总用别人的样子来苛责自己，我忘记了每个人都不一样，每个人都有自己独特的价值。我一再把自己贬低，从不快乐。既然不快乐，做的一切有什么意义呢？我决定改变。

高三，是我高中三年里最轻松的一年。我每天早睡早起，从从容容，上课听讲，心无旁骛，我不再去担心万一漏掉什么知识点而让神经高度紧张，遇到不会做的题目我也不怕，问老师、问同学。哪怕作业再多，我都坚持睡午觉，下晚自习后去操场跑步。上课气氛也分外轻松，听讲、讨论、说笑。想不到第一次月考，我考了班里第一名，年级二十几名。说是运气吧，我也无从解释。生活的真谛是过得从容，从容了自然会获得良好的心境，或许一切好成绩都是发生在有良好心境的时候吧。一个整天连镜子都没时间照，急急忙忙到忘了自己的人，只会“死”在沉重的压力下。

未来，你来吧

高考之后，我就来到了北师大。这里不是高考后的终点，而是梦想的起点。经历了寻找、痛苦和反思之后，我时刻提醒自己做一个自带安全感的人。我觉得难以改变这个世界，我便改变自己的内心。最终，我们都需要的是一点自信，相信一切都会过去。生活，最怕的是不停地焦虑，永不满足，永不自省，那令人绝望。

那么未来，你尽管来吧，不管是好是坏，不管是不是如我所期待的那样，我会完全接纳，并带着感恩之心。

最想要的幸福

我要让自己生活得很好。

大城市里的小齿轮

我出生于四月，正值春暖花开、杏花微雨的季节。那是大地万物勃勃生长的季节，在无数的新生命中，我平凡地降临，并成长为现在这样平凡的存在。我一直都知道我从不会是最好的，但也从不是最坏的。用四个字概括我所有的特征，便是“还过得去”。而我也不像您想象的那样不甘平凡，相反地，我热爱这平凡。我的生命不求轰轰烈烈，不求大富大贵，我只想怀着一个平凡而执着的理想，踏踏实实地前进，只求父母安康，生活稳定，和相爱的人终老。如果生活可以永远“岁月静好”，这份“还过得去”便是我最想要的幸福。

我的家在上海，父母都是工薪阶层。我们在这样一个繁忙的大都市中像一枚小小的齿轮，围观他人金字塔顶层的生活会让我们怀疑自己不属于这个城市，但我们的生活还是不紧不慢地运转着。像无数平凡的家庭那样，我们不奢侈也不拮据，父母把我们的家打理得井井有条，我一直都觉得生活是踏实而幸福的。从小父母就把我照顾得很周到，除了学习几乎什么事都不让我做，直到要去外地读大学前才锻炼我做一些家务。不过上大学以来我一直适应得很好，并不比有住宿经历的同学们手忙脚乱。我的父母在他们的工作岗位上也很平凡，几十年来一直踏踏实实地工作，没有犯过什么错误也没有晋升。

他们有时会埋怨自己做人不够圆滑，做不了管理层，让我不要学他们。但家庭教育对孩子的影响是耳濡目染的，像他们不希望看到的那样，我也不擅长甚至不喜欢圆滑处事，对锋芒毕露的人会心存厌烦与恐惧。只是有时候又会自责，自责自己的懒惰与自卑。然而我就如此平凡地走到了大学，我并不后悔自己没有在青春年少时多表现自己。这么多年来，也总能遇到几个人会欣赏我的安静和淡然，总能遇到知己、好友与我一起笑得肆无忌惮。并不是忙碌而张扬的青春才算无悔，静静地享受平凡也可以被值得的人发现，我活跃在几个人的小世界里也并不觉得平淡。

“被问题”的学生

从中学到大学，我念的都是重点学校，只是我从来都不是公认的好学生。似乎是运气，我总在关键的考试中考得很好，出乎同学和老师的意料。不过我心里还是觉得，是题目都出偏了，没有紧扣考纲，大考总是能给努力但不聪明的学生证明自己的机会。

我的理科一向不好，英语成绩也一般，对我的成长影响比较大的是曲折的语文学习经历。记得小学的时候，我的作文很突出，老师每周都会给全班读我的周记，我的作文好几次上了小学生的作文书，还得过“中文自修杯”作文大赛的二等奖。初中是少年成长与叛逆的时期，我开始接触一些文学作品，常在作文里写自己的想法，或用上我喜欢的文风。但我的初中语文老师非常不喜欢我，每次看了我的作文她都会因为我写的不是传统记叙文而给我“不知所云”“结构混乱”等评价。不仅如此，她对我的不喜欢甚至还上升到了对我人格的偏见，一个青春期的孩子正常的烦恼与不羁被她看作是“心术不正”。

当时的我不明白为什么作文就一定要按照传统的八股文格式写，每个人写的文章都是一个“天气晴朗”的开头，叙述一件已经被写烂的“好人好事”，再以一个“啊！”为开头的感叹句作为结尾，这就是老师想要看到的初中生的思想吗？在风雨中扶起自行车或买东西时营业员多找钱的故事，我自己写下来都会觉得过于平淡庸俗。然而，不欣赏我的不只是我的语文老师，我在初中的各种考场作文中经常得低分，作文比赛从未得过奖。当时的我对自己也产生了怀疑，曾经被公认的写作天赋或许真的只是昙花一现，或许我真的是个文风奇怪而不能被老师接受的孩子。

同样对我造成负面影响的还有我的初中班主任，不论是在学业上还是性格上、理想上。那个英语老师永远满腹抱怨，站在三尺讲台上却气急败坏地对学生说“教师不过是我谋生的职业，我为什么要为了你们累成这样”之类的话。她对看不入眼的学生带有巨大的偏见，而我就是她看不入眼的学生之一。因为她最喜欢的一个同学诬陷我作弊，她二话不说给了我一个处分；我在班里成绩优良，她却让我最后一批入共青团；我忘记带家长签名的通知单，她便罚我抄十遍英语课文直到晚上 11 点多；返校迟到一分钟，她就罚我在门外站到结束……而她对那位同学的谄媚笑脸我一辈子都忘不了，一有机会就抱怨学生、抱怨学生家长、抱怨自己的职业，以一个丑陋的、充满怨气的形象不断地给正在成长关键期的学生传递负能量。

按理说，好老师应该取法乎上，见贤思齐，不断提高道德修养，提升人格品质，并把正确的道德观传授给学生。好老师应该有“捧着一颗心来，不带半根草去”的职业道德，要有“春蚕到死丝方尽，蜡炬成灰泪始干”的奉献精神，兢兢业业地工作。面对这样的老师，我并没有对我的理想和价值观产生怀疑。我相信这世上一定有很多好老师，而我也能成为其中一个。我希望有一天能以比她高的地位站到她面前，去教她为人师表的道理，尽管那时候她一定已经退休了。

幸运的是我还是考上了理想中的高中。高一的时候我有些不适应，或许是把高中想得太过自由。我看很多书，写文章、写诗，结果是除了语文，其他科目的成绩都很糟糕。高一的语文老师是以一种“不理解但很欣赏”的态度对待我的作文的。有时候，我的行文确实太过自由散漫，但她会说我的文字很美。有时候，年少轻狂的我甚至用故作晦涩难懂的文字来炫耀自己所认为的那种文采，但我的语文老师一直是支持我的。有时候，我写了一篇又规矩又好看的文章，她会很欣喜地读给全班听。我也确实在高一的时候拿了不少作文竞赛的奖项，有几篇甚至登上《新民晚报》，这都令她对我赞赏有加。只是她对我又有一些刻意的疏远，并不像我想象中那样愿意与我交流。或许是那时的我太过轻佻和自傲，她其实并不十分喜欢我吧。

由于高一的时候我成绩很差，后来文理分班的时候我被分到了文科的平行班。从小一直在重点班的我一开始很难接受，觉得进平行班是件丢脸的事，心里有点看不起同班的同学，觉得“宁做凤尾也不愿做鸡头”。只是分班的结果我无法改变，只能改变我自己。我开始了解高中学业的紧张与竞争的残酷，我开始收敛文风，也开始放下写随笔之类的业余爱好。高中的学习就是炒冷饭，升入高二我很快把高一时落下的课程补上来了，到了高二下学期我的成绩在年级中也排到了中等偏上。值得一提的是，我的语文成绩变得更好更稳定了，原因是我遇到了读书生涯中最喜欢的语文老师。她也是所有老师中最喜欢我的，她对我的影响很难用三言两语说完。

命运安排的成功

以前我从来不听语文课，完全靠自己的感觉参加语文考试。而她用她的方式先“强迫”我听了两节语文课，让我发现听语文课并不是一件浪费时间的事。在成绩攀升后我才明白，这是稳定语文基础部分的秘诀。阅读题并不是随心所欲就能答好的，每一种问法都有一种固定的答题格式。按照采分点答题，再加上自己的理解才能在阅读题中得到超越常人的高分。她“强迫”我们听语文课的方式，是在下课前对讲课内容进行提问式的默写。内容简单，只要听了课就能默写出来，达到90分以上就可以不做课后作业。我们一向觉得完成抄写类的语文作业极其浪费时间，于是都铆足了劲听课和默写。确实，一个好的老师就应该理性地考虑什么作业是浪费学生的时间、完全无效的，应该为学生布置最高效的学习活动，只可惜在我的学习生涯中这样的老师很少。

在她的教导下，我的作文变得规范起来。议论文在没有充分把握的情况下要按照结构写，针砭时弊的文章比少女心事更适合考场作文，而作文竞赛则可以较为自由地发挥。只是不明白是生活忙碌了，还是思想麻痹了，日子过得越来越现实，而我的心中便也了无诗意。在那之后我反而擅长考场作文了，却极少在作文竞赛中得奖。我想每件事都是福祸相依的吧，我的语文成绩经常是年级第一，为我的总分添了不少光彩。只是渐渐地鲜有人会说我是个有才气、会写文章的人，我也害怕别人那么说。我想这也是因为我的功底太薄，从前那些都不过是卖弄辞藻的轻薄文字，时间一久便经不起考验。

高考后上海考试院给我寄来一封征询函，说我的高考作文写得很好，问我是否同意将作文收入《高考作文评析》。家里人都为我感到高兴和骄傲，但我自己却只有讶异和犹豫。我的高考作文就像是在说白话，说我对这个社会某些地方的不满和我对理想的规划。我考试的时候并不喜欢自己写下的内容，不满于自己毫无美感的行文，但它竟然还是得到了认可。我心里还是喜欢文学的，我想从大学起，该开始沉淀。希望有一天，我能写出真正美丽的文字，写出真正好听的诗。

高三时我参加了不少自主招生考试，从复旦大学“博雅杯”论文，到北师大与华师大的自荐信和面试等等，每一次的准备我都会和高三时的语文老师进行交流。与高一的语文老师不同，她很喜欢和我交流，我们一起聊哲学、聊社会，聊张爱玲和老上海、聊教育和理想。她说教育是教学相长的，从前没有一个学生能如此适应她的教学。而我也从未遇到如此适合自己的老师。或许老师本没有好与不好，只有适合与不适合。华师大的自主招生我落选了，这令我很受挫，那是我高中三年的理想大学。而无心插柳的北师大自主招生却很顺利地通过了。我的理想是当一名高中语文老师，一直以来从未考虑过别的职业。因而尽管所有的家人和朋友都不支持我到外地读书，我还是在提前批里填了北师大。我想至少该保险地上一所优秀的师范大学，不能因为一点挫折就放弃了那么坚定的理想。

后来我的高考分数像是命运对我的一种怜悯。我离华师大的分数线只差了一分，而就算没有自主招生的加分也超过了北师大的分数线。就好像命运在告诉我："你必须去北师大，那是注定为你做的安排。"

镣铐中的诗人

曾经想象的大学生活，是闲适、安逸、富有浪漫主义色彩的。每天捧着一本诗集，找一棵参天大树，大树下有长椅，我坐在长椅上念诗，四下无人。我能听见阳光拂过树叶的声音，我能欣赏最动人的鸟鸣，我在诗中缓缓入睡，直到西边最后一抹斜阳落下。

而现实是我有上不完的课，做作业、背单词、自理生活、参与学生会工作，这些事足以压得我喘不过气。而我还有那么多牵挂留在我的故乡，我想每天抽出时间给他们打电话，我想抽出时间把我珍惜的感情好好经营。我终究没有时间做一个安逸的诗人，生在世俗便免不了为世俗名利而努力，我若超然洒脱或许就成了大部分人眼中的"一无是处"。

其实要说所做的事都是自己喜欢的不免有些自欺欺人。我为我的理想努力是理所当然的，但并不代表教育专业就是我的兴趣所在。我一直都明白，只有文学和戏剧才是我真正喜欢的。不是每个喜欢表演的人都有勇气去考戏剧学校和表演专业，能在大学里参与话剧社，站上学校的舞台表演，认识一群有才华的、同样爱好戏剧的朋友，得到一些人的肯定，已经是我莫大的幸福了。我也喜欢做编剧，写故事比写诗更加有趣，而我明白每个人都有灵感枯竭的那天。编剧和演员一样，不是一份稳定的工作，不过我希望我可以保持这点儿兴趣。将来不论我做什么工作，能卖出几个剧本，也是一件名利双收的好事。

辅修双学位让我忙得喘不过气，每天的课从早上八点排到晚上九点半，同时也要抽出时间参加自己喜欢的社团活动。我希望可以好好地完成我的学业，重新挑战华师大，争取考上中文系的研究生。我多想回到故乡啊，在故乡等我的有盼着我的家人，有我的母校——我想回母校当语文老师。四年的坚持，不论是学业、理想还是爱情，都在考验我的耐心和毅力、坚韧和执着。我想我会成功吧，因为我爱我理想中的每一寸平凡的幸福。

老师说，每个人都是一部传奇，但我想我不是。我只求自己所有的坚持都是值得的，自己所有的追求都能实现。我希望我将来膝下有桃李，有几个拿得出手的剧本，生活不求富裕但足够让家人活得滋润。我求这世上最平凡而安逸的幸福，一份长久的爱情，一份喜欢的工作，一个美满的家庭，慢慢悠悠地生活，知足常乐，不超群，也不传奇。

后记

如今的我回看这篇大一时写的教育自传，觉得可气又可笑。本想全都删了重写，反复思量还是决定保留当时的字字句句，以纪念一个成长中的自己。我惊讶于这些年来我的人生观改变了太多，我想这就是大学对一个人真正的塑造吧。我已不是那个甘于平凡的女生，我也不再觉得自己“还过得去”。我很喜欢自己，并希望自己可以朝着更精彩的人生去努力。我也不再那样依赖家庭的保护，我甚至是为了一份家庭责任感才回到故乡，否则我想走南闯北，去探索更大的世界，去认识更多的人。

感谢大二那年遇到的有趣的人、重要的人，让我从颓唐和狭隘中走出，让我发现有多少“目标”以外的事情值得去做，让我展现自己的才华和个性，让我在阅读和创作中找到乐趣，让我爱上电影，让我有了现在的许多成绩，让我成为如今的我。唯一没有变的是，我真的成了一名语文老师，在大四时就定下了工作，回到高中母校教语文，也算是没有辜负当时的自己。但即使是这样，我对自己的标准和要求也与当时不同。我是个特别的语文老师，在工作之外我可以做许多自己喜欢的事，可以让自己生活得很可爱。

我不知道自己是否会成为传奇，但我知道我已经学会拒绝所有的“还过得去”，我要追求更好的自我和更精彩的人生。如果让我再次概括自己，我会说，我是一个很有趣的人。

第三编

风雨征途

生活使我成为我

每个人最初始的模样都相似于生养他的父母，
是诸种潜移默化的力量，使我成为我。

启蒙：知识与爱

出生后大约两三个月，我就被送到了乡下的爷爷奶奶家，我的启蒙教育是由爷爷奶奶完成的。人常有一种偏见，认为老一辈带大的小孩会有一些明显的性格缺陷。我承认我的性格并不完美，但我仍然认为，爷爷奶奶带给我的正面影响是更为重要的。

爷爷是当地小学的数学教师，写得一手好字。但腿脚不好，常年拄着一根拐杖。然而正是这根拐杖，打开了我识字的大门。一闲下来，爷爷就拿着拐杖在地上画出字形，教我认字。为了改掉我从小任性的毛病，爷爷总是抱着我唱着“小脾气、要改掉”的童谣。他们疼我却不溺爱我，爷爷病危时我上初三，他强撑着体力给我打电话。本来已经口齿不清的爷爷，居然将“力争上游”几句话说得异常清楚。我常想，如果他知道我考上了北师大，该是多么高兴。

大概两三岁时,我被爸爸妈妈接回家里。除了最初和父母的生疏，以及孤僻性格导致的从小缺少朋友，应该说我十二岁之前的童年生活都一帆风顺。在我的学前阶段，我的爸爸妈妈在某些方面给我带来了终生难忘的影响。如果再年轻一些，他们绝对算得上是文艺青年，我后来还在家里翻出过爸爸当年抄写的北岛和顾城的诗篇。从我被接回家以后，妈妈就开始教我背诗，并用零食来奖励我。无论那些诗词背后是壮丽河山还是西窗灯火，那些句子一直都在我的脑海中。某些时候，是动力；某些时候，是慰藉。在初三备战中考，默写到“黄沙百战穿金甲，不破楼兰终不还”时，我依然会想起当时咿呀学语的景象。

不仅仅是古诗，在我正式上小学之前，爸爸就开始带我练习书法。因为年纪小，个子矮，为了使肘部悬空，我不得不站在桌子前练习书法，那是很辛苦的一件事情。当时我穿的裙子上全是黑乎乎的墨迹，那时候我真的不喜欢练书法。后来上了学，才觉得这其实也是一件值得骄傲的事。很多事情初学时也许都是带着抵触情绪，但一定会在经过时间的考验后体会出它的珍贵和重要。

虽然小时候学习书法并没有让我写出“翩若惊鸿，婉若游龙”的字，但着实培养了我某种程度上的审美。起码知道什么是好的，什么是不好的，什么是值得我学习和敬仰的，什么是我不该模仿的。因为小时候性格比较孤僻、喜静，所以上学后我也就理所当然地成为老师们眼中的乖乖女。小时候的我比较踏实，可以轻易考到很好的成绩，在那个时候甚至连第二名都不放在眼里。后来想一想，我的自负和骄傲感也许在那个时候就已经长成枝繁叶茂的“参天大树”了。所幸遇到的老师一直都很好，他们对我的喜爱和鼓励，也带动了我逐渐向活泼开朗的一面发展。

真正可以称之为挫折或者说转折的事件应该发生在六年级。那年，学校给我们重新分了班，但我总觉得新的班主任并不喜欢我，所以心理上也对学习有所排斥。开学第二天，我就被撤掉了担任了整整五年的学习委员一职，之后又被批评作业是全班最差的。我当时真的很排斥这个班主任，我们很容易就发生争执。我回家也总是不写作业，甚至摔东西发泄情绪，上课不认真听讲，成绩也有所下滑，我的情绪因此变得格外消沉。不过我也是一个性格比较犟的人。在学校当老师的阿姨听说了我的情况，来家里和我谈心，建议我可以考虑转学，但我偏不，一定要扛下去。

任性正当少年时

六年级之后，我到省会城市西安读初中。爸爸从我很小的时候就在西安工作，我去上学时，家里在西安买了房子。但由于我家距离学校较远，我还是不得不住校。我当时考上的是我们省一所名校的分校，条件非常好——四人宿舍，有空调，有阳台，有独立卫浴和24小时热水。所以那个时候虽然年纪小，但住校对我来说真算不上是吃苦的事情，反而因为少了家长的管束，更加自由起来。

不过再怎么说，我也是从周边市镇考过来的，心里还是有点忐忑。第一次月考的时候，真的是抱了考倒数的预期，谁知居然爆出一个全班第一的好成绩，而且还是语文年级第一和英语年级第二。这对我真的是一个莫大的激励，使我的骄傲感上升到了一个前所未有的高度。那个时候才十多岁，年少多轻狂，还不懂什么叫作收敛，更加肆无忌惮了起来：上课走神，下课抄作业，自习睡觉。

也许还是成绩好的缘故，各科老师尤其是班主任都对我非常好。现在想一想我那时的状态，应该还是让他们有所失望的。也许是因为六年级与班主任相处格外不愉快的经历，我对老师，即使谈不上敌视，也并不亲近，而且这种情绪如今仍然存在。那时候老师轻微的责怪都能引起我强烈的反感和反击，但多数时候我还是乖巧听话的。有一个学期我考到了年级第二，赢得了一笔比较丰厚的奖学金，又被授予“西安市三好学生”的称号。但这却在我们同学中引起了不满，不少人认为我没资格，而且几乎所有人都认为这是我们班主任格外偏心我的缘故。当时不是没有生气过，但那个时候已经开始知道不必为别人的眼光而活。也许，我所有的豁达态度都是从那时候开始形成的。

初三到来之前，我并没有想到我会那么努力。我们学校的直属高中是全省知名的，但是老师说平均每个班能直升的不过区区五六人。而那时经过初二，我的成绩已略有下滑。于是，为了我可以勉强称之为“梦想”的东西，我每天夜里学习到一点钟，喝大量的咖啡，吃掉很多泡面和快餐。我觉得我是努力的，至少无愧于心。当时，教室后面黑板上的倒计时和标语更新是由我负责的，班里大概没有人比我更清楚从倒计时一百多天开始改到十几天的心情，充满焦虑、恐慌。

大概是在五月份中旬的时候，妈妈突然打电话说爷爷病得很重，让我回家。赶回老家以后，却得知爷爷在前一天的深夜已经去世了。听着哀乐的声音，压抑了一路的情绪几乎都在那一瞬间爆发。从下午到晚上，我几乎一直在哭。爷爷身体本就不好，尤其这几年格外虚弱。大家都知道这是迟早的事，都是有心理准备的，但仍然悲痛不已。出于学习紧张的缘故，第二天我就被送回了学校，甚至连爷爷的下葬礼都没有参加。之后的一次考试，我的成绩意外地从年级二十多名滑到了一百名开外。爸爸知道以后显得格外生气和激动，但他还帮我找借口，说也许是爷爷去世的事有所影响。但事实上，我哪里需要什么理由和借口，都是我自己的问题，怎么能让爷爷替我背负责任。如果我可以足够优秀、足够好，就应该能应付一切意外，就有能力让自己处变不惊，就不会有问题。

中考还算是顺利的。考试那两天我吃得好、睡得香，得空还看看电视，终于顺利考上学校的直属高中。假期我和几个表哥表姐一起去云南玩，从丽江到大理，到香格里拉，到昆明，再回到西安。没有报团，也没有大人跟随，我们自己倒也玩得开开心心。途中我因为淋雨而发烧，最后钱不够只能坐三十几个小时的火车硬座回家。我们遇到各种各样的问题，自己解决它。这是我所有旅行中印象最深刻的一次，也许是第一次自己出游的缘故，也许是玩了半个多月格外尽兴的缘故，也许是被美景震撼到的缘故。

看到有新闻说父母买了一辆房车带着孩子环游世界，我打心底里羡慕这样的孩子。眼界宽，心界自然也就广。见的世面多了，自然能察得世间百态；领略的文化多了，自然容得下异议和异俗。如果说教育的本意是为了生活，旅行又何尝不是一种教育。不在于它能教会我们多少地理和历史的知识，而在于它教会我们如何生活。何谓生活？一粥一饭、一蔬一菜是生活，海纳百川、壁立千仞也是生活。从天地灵秀中取得精华，人该何其通透？

成长就是被磨炼

旅游回来，却得知妈妈住院的消息。明明是从胸口开的刀，爸爸在送我回奶奶家时，却让我告诉奶奶只是一个鼻炎手术。我在家里翻出病历单，上面清清楚楚地写着乳腺癌。那天晚上我哭了整整一晚，满脑子都是些怨天尤人的东西：为何上天不能善待好人，为何平凡人也要遭受这种只会出现在电视剧里的磨难。

不过幸亏妈妈的病发现得早，可以及时治疗康复。我的情绪逐渐平复下来，妈妈也开始化疗。有一次我在她洗过澡后走进浴室，看见满地都是头发，触目惊心。之后见她在病房因为药物副作用，蹲在地上不吃只吐，我十分心疼她。她是我最挚爱的母亲，曾经怀着怎样青春文艺的少女情怀，曾经对未来有着怎样美好的憧憬，现在却不得不剃掉全部的头发在医院接受治疗，我怎么忍心看着她受苦。而我也只能乖乖待在家里，偶尔陪她在病房看书聊天。不过值得宽慰的是，我们都知道只要做完这些化疗、放疗，一切就都会好起来。

九月来临，我终于走进我梦寐以求的高中，怀着一种深深掩埋的热爱。我们都为它而骄傲，哪怕它固执又刻板地要求全校女生剪短发；哪怕它严厉又苛刻地坚持按成绩作为模块和校区的划分；哪怕它多么坚持传统，要求大家几年如一日穿着黑色的校服。每一所学校都有它的气质，每一个从那里走出去的学生都带着这样的气质，有一种共通的血脉。不管后来世俗怎样污染或者引诱，不管这个孩子后来成为怎样的人，这种气质和血脉一直都在。就算没有人能够看出来，就算他自己也不知道，但这所学校是知道的。

因为它善待每一个曾待在这里的孩子，它能够辨识每一个从这里走出去的人，以一种类似于母亲的情怀。而曾在这里成长的每一个孩子，终将在这样的文化中收受熏陶感染。这样的潜移默化，无关乎这个孩子的成绩好坏或者活跃与否。就好比血脉的传承，一个家族的血脉传承中，必然会出现精英式人物，也不可避免地会出现庸人或者失败者。学校也是，在培育出“winner”的同时也会产生“loser”。而无论经济条件和社会地位相差多么悬殊，他们都流着同样的“血液”，就必然传承着共通甚至是共同的部分。

虽然我如此热爱我的学校，但我在这里并没有一个足够好的开始。我有幸进入重点班。可是第一次月考我居然考了全班第四十九名，险些就是倒数。那次考完试我并没有把成绩告诉家长，只是说非常不好，但我有把握会好起来。这么讲也不知道是想宽慰谁，爸爸、妈妈还是我自己？大概算是一种心理暗示吧，可惜没有起到正面的作用。

那个时候我几乎每天都心不在焉，尤其上课走神很严重，甚至整整一节课完全不知道老师在说些什么。说实话，那个时候不自卑是不可能的，我的大部分高中同学们，比我更熟悉或者说更亲近这所学校的脾性，显性、隐性的优越感更是不必说。我本身学习已经很不用功了，还出现这样的比较心理，成绩会好才怪。后来我的成绩一次差过一次。最惨的时候，考到班里倒数第二名，年级的近一千名。尤其是我糟糕的物理，除了第一次月考，之后几乎没有再及格过，还屡屡考出30多分的成绩。我恰好在最活跃的一个班里，由于本身就不和同班的姑娘在一个宿舍，平时又不说话，成绩也没有任何值得瞩目之处，到高一结束的时候，我和班里相当一部分同学还没有讲过话。

虽然爸爸妈妈给了我足够自由宽松的环境，但是爸爸还是十分重视成绩。也许是妈妈生病的缘故，爸爸一直奔波，很辛苦。我的成绩异常糟糕，这直接成为导火索，让我和爸爸之间的矛盾达到白热化阶段。每周回家我们一定会吵起来，有时候只是一点点的小事都可以引发我们之间剧烈的争吵。那真的是一段很黯淡的日子，难以在学校里得到肯定，在家里又没办法得到安慰。除了初中时的两个伙伴，我几乎没有其他的朋友。有时候甚至不愿意回家，觉得待在学校里虽然没什么开心放松的事情，但好歹也不会不开心。

现在的我再翻看高一时的日记，都会惊讶于自己怎么会有那么黯淡的心情。我承认我的确不是那么适合学习理科，但追根究底还是心态的问题。而最可悲的是我只能和闺蜜倾诉，但所有的郁结还是无法排解，那一年几乎没有人夸过我或者是鼓励我。在准备分科的时候，我本就坚定了不用我理科白痴的脑子往理科的南墙上撞，但爸爸居然坚定地反对我学文科，他甚至说以我的成绩，学文科估计也上不了一本。我只好更努力地去学物理，却依旧取得了一个不堪入目的成绩，那个时候，不只是自我怀疑，简直都要自我放弃了。

高一是我最黑暗的时光，当时失望的我，对明天甚至不敢再抱有希望。那时我没有什么朋友，几乎到了可以一整天不说一句话的地步。有一次，我和爸爸吵起来，他甚至怀疑我有自闭倾向。我自己都无法想象当时的我怎么会变成那个样子。现在看那时候为数不多的几张照片，都是带着阴郁的气息，丝毫不见一个十几岁小姑娘该有的青春和阳光。

云翳破，明月来

一切的转机应该是高一期末的家长会。会后，爸爸竟然说，分科的事由我自己选择。惊讶和惊喜一齐涌来，我却开始怀疑自己最初的决定：读了文科一切真的就会好起来么？我突然就从原本的坚定无比变得犹疑不决。我最好的朋友在陪我分析了一晚上的利弊后，我仍难以抉择。她最后放下笔，说了一句："Follow your heart，跟着你的心走。"最后我上交了文科选择表，一心一意读文科。

因为高一的成绩实在太差，我只能留在重点班，没办法进文科的

“清北班”。而我的新班级实际水平怎么样，大家都心知肚明。选文科的人毕竟少，我们班有将近一半的同学来自普通班，和隔壁“清北班”的成绩差得不是一点点。但虽然说班里的学习氛围与其他重点班还有较大差距，不过我终于松了一口气。毕竟相较于在原来的班级，压力小得多了。加上我们高一的班主任被调来带我们这个文科班，也没有什么不适应。妈妈也在高一的暑假痊愈出院，爸爸在那一年去了云南工作，我突然就生出了一种自由、轻松的情绪，几乎完全摆脱了高一时自卑黯淡的心态。

在我看来，最重要的是我的心态变强大了。新学期，我并没有怎样熬夜奋战，居然在第一次月考时考到了班级的第八名，年级的第三十二名。要知道成绩出来时，我是真真切切地松了一口气。原来一切真的会好起来的，原来我还没有那么糟糕。把消息汇报给爸爸妈妈，他们自然是很高兴，起码我向他们证明了我的选择是没有错的。对此最震惊的应该是我的班主任，高一时我那么沉默，成绩不好，从不参加任何课外活动，这也算是“一鸣惊人”了。

之后的考试，我应该算得上是一直在进步。终于在高二第一学期的期末考试中，取得了全班第一、年级前五的成绩。当时和班主任聊天，我第一次对他那么坦诚，告诉他我并不如他想象中那样听话和刻苦，告诉他我从初中开始就从不参加任何课外补课，告诉他我周末从来不学习，告诉他我每天晚上花了多少时间看课外书。他的表情明显地惊诧，然后说了一句直达我内心的话：“我担心你的过于自信和有主见会给你带来更多的波折。”我必须承认，这的确警醒了我，但我依然对我自己保留全部的信任。不同的是，我开始更懂得斟酌和考虑，希望在达到目的的过程中，可以用最好的办法。

高中虽然辛苦，但我的确做了许多不知道今后还会不会做的事情。高一的时候我热衷于读名著，读《飘》的时候，每天都开着小夜灯到晚上两点多。高二开始读很多诗词，抄写背诵了我接触范围内几乎所有的内容，甚至包括考试卷上的诗词和名篇。高三时努力地读完《人间词话》，读大量的散文，而且很好地保持了写日记的习惯，整个高中写了密密麻麻厚厚的一整本。现在想想不禁发笑，我差一点就走上了文艺青年的“不归路”。但我真的庆幸自己做过这样的事，那些我汲取过、记录过的一切，终于消化成一种内在的力量，给我慰藉和鼓励，给我思考和希望。也许今后我都不会再翘自习课或者熬夜做这样的事情，可但凡做过，就知道不会是徒劳无功。

高二下学期我的成绩略有下滑，高三时班主任换成了学校里资格很老的教师，我开始逐渐找回初三时的感觉：每天早上冲一杯咖啡，六点半起床，七点开始学习，买大量的参考资料，做大量的习题，每天几乎都要熬到夜里一两点。到毕业时，单是打印的地理课件就摞了将近五十公分。周内我格外辛苦，每天都将自己搞得筋疲力尽。但周末就会恢复到非常放松的状态，睡懒觉、看电影，完全不考虑学习的事情。

比较严重的问题是我高二就开始失眠，高三时变本加厉，几乎每天晚上都在床上辗转反侧到三四点钟才能睡着，这也是我不得不每天灌下大量咖啡的原因。后来我开始服用一些安神的中药，但并没有什么好的疗效，可以说我的高中就是在各种困倦和疲惫中度过的。这种失眠，甚至持续到我高考。那两天晚上，妈妈陪我睡。我夜夜辗转，折腾到四点甚至六点。后来妈妈说起，那两天她真的特别担心我，因为亲眼见证了我那两天的睡眠，她格外害怕我的高考就毁在失眠上。还好由于是习惯性失眠，我并没有很不适应，还算是正常发挥，如愿以偿来了北京。

而今迈步从头越

其实我并不是一个对未来目标多么明确的人。高三前只是确定要去北京或者上海，大概只是为了所谓见见世面的缘故，后来却误打误撞通过了北京师范大学的自主招生考试。来北京面试的那两天，突然就觉得这里就是我的梦想，我想我付出一整年的努力也只是为了2013年9月之后的日子可以在这里度过。高考录取结果出来时，网上有一句流传很广的话："高考录取的魅力不在于如你所愿，而在于阴差阳错。"在高三的时候，我制订过很多的计划，有的超额完成，有的则是虎头蛇尾。很久很久以前，哪怕是在填写报考志愿的时候，北京师范大学都是在我的想象之外的。我是个随遇而安的人，但我懂得"既来之，则安之"的道理。当我把"北京师范大学"填写在志愿表上时，她就是我的梦想。我相信命运的安排，也相信自己最后的选择。

高三的时候，我特别喜欢一句话：人生是一个圆，要拐过九曲十八弯，需要背离理想，需要改变希望，需要懂得取舍，然后再到达殊途同归的终点。我不知道从现在的我开始，到达四年之后的那个我，过程中需要背离什么，改变什么，或者是取舍什么。但我相信，"生活就是一切梦想，终会以某种意想不到的方式实现"。我相信未来的我，相信我已经、正在，或者是将会做出的一切决定。

不得不提的是高考后的暑假。暑假开始之前，我制订了很多的计划，读书、看电影、旅行、聚会。而在真正实行的时候，竟都一一落空。唯一完成的，竟然是我临时兴起的一个决定：考驾照。我在老家学车，那真的是完全不同的环境。可以说，我从小到大，甚至现在，我所接触到的人都是传统意义上的好学生。但是在学车的时候，则接触到了完全不同的人，比如从南方来在小城结婚生子的聒噪的理发师、在很普通的中学代课的中学老师、完全不识字但育有三个孩子的中年女人、复读一年后英语仍然只考了50分的学生、为了帮驾校看守训练场而不得不住在山里的教练。我终于接触到了一个完全不同的世界，见到了完全不同的人，我惊讶于他们的价值观和生活方式。而对我来说，最重要的是要学会如何与他们相处，我不曾有过这样的学习机会。说起来这更像是在象牙塔之外，对社会的第一次触摸。

每一次的反思都是令人惊喜的，回顾从出生一直到十八岁考上大学的成长经历，我才意识到自己已度过了这样简单复杂、平淡难忘的岁月，已经一点一点地成长了这么多。“少年听雨歌楼上，红烛昏罗帐。”毕竟无论是十八岁前，还是现在，我都年纪尚小，还不曾见过世间百态、人生风雨，思考的过程中也避免不了幼稚的、肤浅的理解。这是现在的我，也许在多年以后我重新反思，会有更上一层楼的收获。然而，不管曾经有过多少愉快的、不愉快的经历，它们都过去了，它们的存在塑造了我的性情和人格，所以我不后悔每一次的经历，但也希望每一个明天我都能成为新的自己。

独木桥上远行人

那些年，未来遥远得没有形状。

家庭背景

我的家族接受学校教育的历史不长。

曾祖一辈皆是文盲，以经营小吃摊为生，养活一家数十口，但深知识文断字的重要，所以到了祖父一辈都接受过系统教育。我的祖父在税务局供职，祖母在百货公司售货，育有两儿两女。我的外祖母和外祖父接受过几年级学校教育，外祖母先后在地毯厂、运输公司工作，外祖父是司机，在当时是比较高端的职业。

我父亲是家中最小的儿子，接受完初中教育后进入职业高中，学习汽修，进入当时的一家国营运输公司。我母亲是三子一女中的独女。父母曾经学习成绩都不错，但后来为了减轻家庭负担，尽早工作，我的母亲自职业高中毕业后便进入我父亲所在的运输公司，与他在此相识相恋。我父亲婚后又进入夜大学习会计，学历为大专。

教育之始

我父母性格正好互补。父亲慢性子，比较沉稳；母亲性急，但事无巨细，认真对待。所以我接受的，一直是两种风格不同的家教。

我母亲主要采用劝说式教育，凡事都会讲一点我未必能懂的道理。有很多道理当时只是记住，但今天想来，这些关于道德和做人的道理在很大程度上影响着现在的我。此外，母亲总想为我安排好一切，这在小时候确实帮助了我的成长，但也限制了我判断和选择能力的发展。

而我父亲则相反，在我儿时的印象中，他对我的管教有和善的一面，但也不缺体罚。所以，我小时候很亲近我的母亲而畏惧我的父亲。长大以后，父亲对我渐渐放手，很多时候只有我要求时他才帮忙，而且他愈加尊重我的意见，给我更大的空间。我们的关系有了很大改变。我认为这是我和父母的共同成长。

我的性格有很多方面是天生的。父母说，我从小就好静、胆小。两三岁时，给我一个玩具，不用理我，我自己就能不哭不闹玩上半天，绝不乱跑。小时候怕黑、怕高，被举到高处或者是晚上自己一个人时，我都会使劲哭闹挣扎。我在面对别人时有一种天生的畏惧感，无论是面对同龄人还是长辈。也并不像别的小孩一样在楼下玩，我极少主动下楼，和小区的孩子几乎都不认识。

在我小时候，父母教我背《唐诗三百首》和学算数。虽然不理解唐诗的意思，但我记得很快。而我对数字就没那么敏感，上小学以前，十以内的加法还没学会。不过，在学这些东西时，父母的态度很开明，并没有要求我必须学会。

性格初塑

幼时的事情，很多都淡忘了，印象很深的只有几个镜头。

我在四岁时进入一家公立幼儿园。第一天早上，父亲骑摩托，带着我和母亲去那里。我安静地坐在车上，听母亲说幼儿园是个白天都待在那里，晚上再接我回家的地方。到幼儿园后，进了教室，整个屋子里都是哭声，爸妈把我交给老师后就出去了。第一次离开父母，我很拘谨，不知所措。看到所有的小朋友都在哭，我就跟着哭，其实我也不知道为什么要哭。第一天在幼儿园好像就是跟别人一起哭着度过的，虽然我并没有感到悲伤。但整个幼儿园时期，我并不爱哭，也不觉得有什么值得去哭的事情，印象中每次打疫苗，我是全班唯一不哭的。

我的性格老实、稳、静，加上父母一直强调要听老师的话，我就真的唯老师是从，绝不做任何所谓调皮的事情。于是一有人捣乱，我就成了老师拿来教育别人的典范。今天想来，老师对我的表扬，主要目的只是想方便管理，让孩子们听话。但这种表扬使年幼的我产生了一种错觉：我就是应当受表扬，不该受批评。

印象深刻的一次是在午饭的时候，我不小心把老师刚盛好的汤弄洒了。老师当时在给全班盛饭，忙得焦头烂额，就顺嘴说了我两句。但我心中可是翻江倒海：我一直都是受表扬的，为什么会被老师批评？老师怎么还会批评我？最后好像委屈地哭了。

这种表扬还给我一种认识：永远要听老师的话，不能越雷池一步。这在我性格当中留下印记，使我在幼时非常胆小，不敢做任何尝试，不敢违背任何长辈的意见。虽然后来因为所受教育的影响，我不像当初一样事事躲避，但到今天，偶尔不自信的毛病还是遗留下来，当然这也跟性格和其他经历有关。

幼儿园时，妈妈大概是看到一些年幼的孩子在特长方面极为突出，于是为我选择了书法和国画去学习。我是当时班上最小的孩子，每周末在课堂上坐半天听讲，反复的练习对年幼的我挑战极大。妈妈看到我进步缓慢，要求我每天晚上练习，她在一旁监督。这种监督极为严格，妈妈一看我完成得不好，就会责罚我。她用毛笔的尾端戳我的眉心，久而久之我的眉心被戳破，结了正圆形的痂。这种体罚，使我的书法和国画水平不进反退，好像父母还因为这件事情多次吵架。我不敢违逆，只会哭着继续练习，于是每天的书法练习都在泪水中度过。后来这种练习对我太过痛苦，也就半途而废了。

有人说，儿时打下的基础只要加以练习很容易就能拾起来。可如今我对书法和绘画依然没有感觉，字写得很烂，画画更是一窍不通。高中毕业后，我和母亲偶然谈起这段经历，母亲也很后悔。说如果能再让她教育一个孩子，她绝对不会像当时那样，当时她太年轻，只是看到别人的孩子能做得很好，就觉得自己的孩子也能做好，于是急功近利，希望我能速成，赶上她眼中的标准。

基础之筑

我刚满六岁的那年，正好赶上国家调整入学年龄。于是父亲决定让我不上幼儿园大班，直接进入小学。

班主任是一位与我母亲同龄的女老师，作为启蒙老师，她对我的影响有正面，也有负面。这位老师的教学方法很适合教一、二年级：教汉语拼音时，要求我们反复朗读并熟记一些顺口溜（有些至今记忆犹新）；学写字时，让我们进行重复练习；学课文时，也是要求有感情地反复诵读。方法虽然简单粗糙，却培养了我对母语最初的语感，为我打下牢固的基础。

现在看来，她的教育仅仅是照本宣科，这很有问题。在当时，她对我们要求很严格，这个严格是指她不允许我们犯任何错误，否则就是一顿猛批。这更是让我事事谨小慎微，唯恐犯错。但有时，我还是难免出现问题。比如做值日时没有把地擦干净，值周时给自己班扣了分，第一次演讲时因为紧张没发挥好，等等。因为这些，我受到严厉批评。我本来就胆小，从此更爱逃避问题，甚至为了躲避批评而找借口推诿。

这时，我的母亲在学习和生活上，给了我无可替代的引导和支持。我刚入小学时，一开始没有适应学习节奏，经常因为学不会而急哭，但妈妈从不批评。学拼音时，她带我上学放学，从马路大树认识到飞机轮船，让我看到什么想到什么就拼什么。做题时还有一种连词成句的题型，就是把几个散乱的词排成一整句话，我屡做屡错。妈妈让我拼成不同的句子反复感觉，直到找到正确的答案。我的学习逐渐进入正轨，学习成绩也逐步走到领先位置。

一、二年级时，我和两个同学总在一起玩。当时关系很好，但仅仅是玩伴。三年级的某一天放学，出学校正好碰上他俩，他们在前面边走边玩，而他们的妈妈都在后面推着车边走边聊。我们回家正好顺路，一路上玩着往回走非常开心。于是每天下午放学后一起走着回家，成了我们每一天共同的期待。后来，又有几个同学加入了我们，一群人一起上课外班，每周末一起出去玩。可惜后来大家升学，越来越远，联系就渐渐少了。

此外，父母在这一段时期相当重视与老师的联系。班主任的女儿和我们同龄，也和我们一起上课外补习班，于是妈妈就和班主任有很多交流。但这所学校总体实力不强，对学生也不太负责。尤其是多次更换数学老师，使得我们的数学成绩一直不尽人意。我的妈妈和小伙伴的妈妈们曾经因此联合起全班的家长去找校长提要求，然而学校并没有解决问题，这也是我转学的一个原因。

转折开始

在我的家乡，小学升初中的政策是学生只能升入同区的初中，而我所在辖区的教育质量相较于其他两个辖区的还很薄弱。出于以后的升学考虑，刚升入五年级时，父母决定为我转学。

我记得转学考试用的是该区一次期中考试的试卷，其难度已远超我在原来学校做过的任何一份试题。不过最后我还是顺利入学，进入到一位很和善、很有气质的语文老师的班里。当时我还不知道，这次转学为我开启了一扇大门，是人生的一个重要转折。

两所学校相隔只有几公里，但教学的内容方法以及管理的严格程度相去甚远。新学校里的强者很多，老师对待工作也更为认真。在六年级时，每天放学和每周六都要加课。在这里，老师更重视学生能力的培养，而不仅仅是反复地抄写背诵。比如语文课，老师更注重我们对文章的分析理解，抄写内容则针对词语、成语的注解以及文章的分析。后来老师开始要求我们自己根据上课内容整合文章分析，并组织语言回答。每讲完一个单元，老师都会进行总结和整理。数学课除了课上练习，课下还要求我们另外准备辅导书。这样的学习内容在数量和难度上，都不是原来所能比拟的。

除此以外，老师还建议我们上辅导班，额外学习奥数和阅读写作。其实从四年级开始，父母已经为我报了奥数和写作班。不知道是不是因为小时候上书法课留下的影响，我对于这种辅导班很抵触。虽然后来也接受了，但刚开始时，奥数课的内容我是真的听不懂。在学校我的数学成绩很好，但在奥数班我就觉得很受挫，因为别人很快学会的知识我接受得很慢。幸运的是，奥数班的老师都很负责任，很乐意给我重复讲没有听懂的部分。我认为通过学习奥数，不仅开拓了我的思维，还让我知道自己依然有局限。

刚刚转学时，我很不适应。我不擅长跟人交往，能做的就是好好学习，每天的作业都按最高标准完成，尽可能正确、美观。第一次交数学作业，我就因为认真而受到老师的表扬，还被“破格提拔”为数学课代表，主要任务是收发作业，早自习领读数学概念。我也因此被同学和老师记住，这让我受宠若惊，也更为勤奋。后来发现，如果想要真正融入这个环境，我需要和更多的同学有共同语言。这里虽然有很多学习优秀的人，但因为靠近老城区，方言浓重，粗话横行，打架还时有发生。这种环境还是对我有一些负面影响，比如我在这里学会了脏话，看到了学校另一个侧面。

六年级时，老师“钦点”我当了班长。这对于一个转校生来说实在是个意外，我更是深感责任沉重。有人说班干部制度就是培养“特务”和“叛徒”，挑拨学生之间的关系，我对此不置可否。因为很认真也很较真的个性，我要求同学在任课老师不在时保持安静，有人说话便记名并报告老师，于是“得罪”了好多人。那时我在班里的人缘降到冰点，回家找母亲诉说，母亲只是说不行就别管了，这让我很矛盾。不过这里的老师的确很和善，也很理解我。到了六年级下学期，班级主要是由老师在管理，学生准备升学。

转学意味着学校离家很远。我还不到独自骑车上学的年龄，就每天坐公交车上学、放学。刚开始自己坐车还是会紧张。后来时间长了，我也就积累了很多经验，自己会观察总结人多人少的时间、站的位置、占座方法。一个车厢就是一个微缩的社会，我也因此接触和认识了很多人。

之所以说转学对我很重要，是因为它给我带来很多性格上的转变。记得刚入学时，老师鼓励我参加学校的各项活动和比赛。有一次，我要在升旗仪式上面对全校师生进行朗诵。我原来有过一次失败的国旗下讲话，不光在全校师生面前丢了人，还被原来的班主任批评了很久，留下的阴影使我一直不敢再参与这样的活动。不过老师半鼓励半强制地把我推向这项活动，并且给了我很多指导。最后，虽然很紧张，但我依然很出色地完成了这次朗诵，而我因此建立起的信心更是让我在将来受益匪浅。

也是这位老师带给我人生第一次深入内心的交流。人的记忆很奇怪，有些无关紧要的事记得很清楚，但一些极重要的事情却有很多细节记不清了。比如这次谈话的起因我已经记不清了，甚至谈了什么也只依稀记得一些片段，但那时留下的感觉却记得很清楚。说是谈话，其实一直是老师在说。之前除了母亲，没有其他人跟我进行过谈话，所以我只单纯地以为又是批评。但和批评又不同，这次我并没有感到受伤，只是一直在哭，发自内心、难以遏制地哭，说不清为什么。我当时一直看着老师的眼睛，丝毫没有移开视线。老师好像跟我谈到不能逃避，要自信，要大胆，等等，具体的内容已经随眼泪流走了。不过当时我获得的温暖却一直留在心里。

现在回顾整个小学的经历，我更深切地体会到，初等教育需要的是有经验、高水平、爱孩子的教师。而现在的状况是，真正符合这些要求的老师一般不会愿意一直教小学生，初等教育水平因此良莠不齐。教育需要耐心，尤其是面对儿童。不当的行为，哪怕只在细微之处，影响一样深重。此外，教学相长不只体现在老师和学生之间，在家庭里也一样存在。我母亲一直说，如果再让她教育一个孩子，一定会比教育我更成功。我不知道她的教育方法在新环境中是不是会面对新的问题，但是，如果在一开始家长对家庭教育的方法和理念就能有一些了解，是不是就能避免很多不必要的失败？如何让更多的家庭在教育上能有更高的起点，这对教育发展来说依然任重道远。

老王恩重

我的初中班级是特招班，囊括了全辖区各个学校的精英，很多同学的基础能力和个人素质都令我难以望其项背。我们班的师资队伍也是全校最好的。在这里，我迎来了一个更大的转折，并且遇到了迄今为止对我影响最大的老师——班主任王老师。

王老师教授数学，教我们时刚过三十，中等个子，微胖，但我们都亲切地称他“老王”。他很健谈，很幽默，教学极富激情，最为重要的是把学生生活中的一切都放在心上，真正全身心投入教育。语文老师佟老师，更是经验丰富，她把语文的知识整理成一个系统，无论面对考试还是用诸生活，她教授的方法都令我获益匪浅。此外，还有多位老师，他们都尽职尽责，关心每一个学生，同时有很高的教学水平。因此我们班成绩一直非常优异。

老王在开学第一周没有提过一句跟数学相关的内容，讲了很多关于初中、生活、学习和他曾经的学生的事情，总之很符合我们的胃口，能把我们逗乐。他具体讲的什么我已经记不清了，但我对他的兴趣和对数学课的兴趣就此产生。

老王幽默而富有激情。他讲课声音抑扬顿挫，讲到激情处手舞足蹈，高音在操场上都可以听到。我们全都被深深吸引到其中。他的课几乎没人走神，因为所有人都对他的课堂抱有浓厚兴趣。同时，老王会渗透很多学习理念和方法。比如复习时，先翻到目录，看相应章节的名字，把能想到的概念背一遍，再翻开背漏下的，然后重做旧题错题。此外，他还要求我们整理每章基础知识和典型例题，优秀的作业在期末作为复习资料印发给大家。期末时采用三周复习法，每个人制订自己的计划，他看完后监督执行，后来形成习惯，他也就不再监督。

老王一大特点是爱谈话。犯了错误，除非特别严重，否则他极少批评，一般都是叫到办公室，问一问缘由，讲讲自己的看法和一些经历。他一直向我们传达，有错误不要不敢承认，不要害怕道歉，勇敢面对是最正确的选择。和他谈话是很愉快的经历，因为他会非常认真地和每一个人交谈。谈的内容从学习到生活，什么困惑在他这里都可解开。这些谈话对我影响极深，他所讲的内容已与我融为一体，成为我人格的一部分。

老王还很重视和家长的联系，有时会主动联系家长。我小学、初中时有个顽疾，写一会儿作业就走神，边写边玩，效率很低。爸妈用了很多方法，我也没能改掉，我自己也很苦恼。老王找我聊过几次，从学习方法、兴趣培养到平时生活，他给了我非常系统的建议，确实对我帮助很大。

前文提到过，这个班级水平很高，即使我自认考得不错了，在全班一比也不算什么。小学时自以为还不错的我，顿时跌落谷底。自卑的心理渐渐显现出来，我有时候会很有压力，甚至会有点颓废，一度找不到自己的坐标。因为一个特殊的机会，老王说我很有想法，可以多多为班级提些建议，而且以后可以直接找他去提。那时我非常开心，因为终于发现自己有独特的一点可以得到老师的认可，尽管我并不知道我有什么能够提出来的想法。但是，我依然满怀热情地去观察班级的种种，找老王说些如今令自己觉得特别可笑的、不切实际的想法。但是，这对当时的我意义非凡。老师对我的重视使我更自信，而且从那时起，我开始不断观察并独立思考。

初三时，老王觉得我们全班水平比较均衡，而且基础都不错，如果能在复习上协作会很有效果。于是他把我们全班分成八个组，各组内资源共享，一起努力，组间竞争评比。但在实际开展中，我们发现全班割裂成组实施起来很麻烦，对整个班级有危害。我们几个组长考虑，在分组的基础上，将各个组长联合组成一个联盟，大家可以分工并共享资源。在具体执行中，我思考了很多，也提出很多想法。比如整理知识、出考卷、寒假交流。但在所有人面前表达想法对我而言很有挑战。现在回顾，我的很多想法都太过理想化，并不适合当时的状况，因为我们也要用大量时间复习，也要准备考试。但是，这对我来说也是一个转变。我从这时起，才真正开始在所有人面前表达自己的意见，并且尝试用我自己的想法去做一些事情。虽然这个联盟并没有取得预想的效果，我却通过这次机会重新认识了自己，也让同学们重新认识了我。之后，无论是思考还是表达观点，我都更有经验和勇气。

后来，我在高中时遇到问题，还会沿用老王的方法。有时我会想，如果老王遇到这样的问题会怎么解决，也更深切地理解了老王的某些观点和方法是多么高明。高中开始时压力大，碰到翻不过的坎，我还是想着去找老王聊天。老王的确了解每一个学生，他说我最大的问题是敏感和不自信，让我勇敢地去面对，还委婉地告诉我不要总去找他。一开始我觉得老王不够意思，毕业了就把我一脚踹开。后来才明白，这是我成长必须经历的过程，老王是在用一种间接的方式推动我的成长。

强压之下

我所在省的高中教学模式非常传统，高考一直使用全国卷，教学方法是班级授课附加大量练习。而高校在我省的招生人数占总考生数的比例很低，使得竞争极为激烈。同时，省内几所“超级中学”依靠在全省挖掘生源的能力和极为严苛的管理，垄断了大量教育资源。我所在的学校就是被压制在超级中学下的“其他学校”。但我们学校一直保持着自己的风格，尽管压力很大，还是比较重视对学生素质的培养，对作业量有一定的控制，管理也只是尽量严格。这里的教师队伍是全市最优秀的，而且执教多年依然富有激情，这也直接影响到我们。我一直认为，我的高中是最热血的地方。

班主任胡老师（私下里我们都叫他老胡）孔武有力，有一种不怒自威的气场，对待工作认真负责的态度在全校首屈一指。整整三年，他几乎每天晚上都监督晚自习到九点半。有时晚上有应酬，忙完后也会回班里转一圈。他的物理课在全市也是数一数二的，但有催眠奇效。刚开始时，他的威严令人生畏。后来，他渐渐表现出亲和的一面。现在想来，在高中的适应阶段，我们有很多习惯需要养成，比如恪守时间、自我控制、踏实学习，这些都需要有人严格要求。等习惯养成，渐渐适应以后，我们的压力会越来越大，这时便需要有活跃的气氛。优秀的老师不只是讲课好、脾气好，还应该为学生长远的发展提供支持。

在中学时代，我最大的幸运就是遇到很多极富责任心又有能力的老师。尤其是老王和老胡，但两人区别很大：老王民主，老胡“官僚”；老王幽默，老胡严肃；老王擅长交流，老胡较难亲近；老王激情洋溢，老胡不温不火。高中刚开学时，我一时难以适应老胡的风格，甚至觉得老胡远比不上老王。大家都怕老胡，不敢与他交流，但我并没有被吓住，有问题也提出来。后来逐渐发现老胡可爱的一面，交流也愈加愉快。

高中的生活节奏充满激情。每天六点起床，六点一刻出宿舍，“杀”

去食堂买饭、水房打水。六点半就已经坐在教室里，啃着早饭背单词或是做题。七点开始做卷子或练听力，七点半上课到十一点五十，之后冲刺到食堂吃饭。一般十二点多吃完回教室，中午回宿舍写作业和睡觉。下午两点进教室，做半小时卷子然后上课。下午又是五节课上到六点半，一场狂奔去吃晚饭。七点十分晚自习，十点下课一群人回宿舍折腾一会儿就熄灯了。每天都不轻松，但却非常充实，也有坚持下去的动力。

高中的学习，永远与成绩挂钩。高一高二是一月一大考，高三后期是一周一考。所有人的目标只有名次。刚上高中时，唯一的感觉就是疯狂。老师上课疯讲，我们下课疯做，卷子和草稿纸是最易耗的东西。老师一节课的板书是初中时的四倍，学生一天算题用的纸超过初三一个月用的。有人说，想用三个初三换一个高一，为什么换不来？因为筹码太轻了。高中学习颠覆了很多，不论是学习的方法，还是生活的观念，甚至是对教育的理解。

印象最深的就是高一上学期，我的数学基本上没及格过，感觉高中数学跟初中数学在思维上差异很大。有次，数学老师将一些做过的题整理成一张试卷考试，我又没及格。这实在让我无法接受，因为所有的题我都很眼熟，但做不对。下一节课是体育，我当时根本没心情活动，就拿了卷子和笔坐在操场看台上，找过去的笔记，看自己到底错在哪儿。反思后发现出错的地方主要是一些细节，我因为光顾着做新题忽视了复习。重做一遍错题，是老王教的方法；反思整个过程，是我自己的体验。总之，我从此找到过去的学习方法和当下学习问题的契合点，学习也逐步进入正轨。

高中生活在极短的新鲜期后就是日复一日的单调，变得令人麻木。我觉得有必要为自己设一些小的主题，让学习变成很生活化的事情。当时已经在高中度过几个月，我开始觉得要更好地适应现在的生活，就把主题定为“走出过去，走入现在”。于是我和更多的同学交流、熟识。

年末学校举办合唱比赛，全班一起排练，一起付出，一起欢乐，最后得了全校第一名。我渐渐觉得这个集体也有一些闪光的地方，值得欣赏和融入。我们班建班时是成绩最差的重点班，但班级凝聚力很强，在高二已经稳稳保持年级第一。初中时我在名次上一直落后，也怀疑过自己的能力，但高一第一学期我的名次渐渐进步，愈发感觉自己可以考得更好。于是第二学期的主题是“发现自我”，我要求这学期自己每次考试都要比上一次进步二十名。虽然有过一次波动，但实际结果比预期更好。

高二时，因为成绩还在进步，我便开始有些松懈，也愈加膨胀，感觉不用很努力也一样可以取得不错的成绩。一些杂乱的事情渐渐影响到我，我不像高一时那样专注于学习。直到期末成绩坠出前一百，我才后悔莫及。后来虽然通过努力取得了一些进步，但我再也找不回那种心无旁骛的感觉了。经过分析，我意识到开始时成绩还不错是因为高中的考前突击效果很小，而我之前的努力积累了很久，以及大家都在适应高中节奏，而我心态还算平和，但这并不代表努力就能名列前茅。

高三，学习成了生活的唯一。从距高考还有三百天起开始倒计时，每天早上都要宣誓。无数座大山压下来，作业从没写完过。可能是前两年已有所适应，高三在一开始并没有让我觉得难以承受。我乐观地设了第三个主题“虔诚”。虔诚地相信自己的努力都是有意义的，相信自己有能力，相信未来的生活会很美好。随着倒计时牌一天天翻过，我渐渐发觉难以承受的不是成山的书本卷子，而是能使空气凝结的压力和紧张。一次次考试，令我的心态愈加不稳，身体出现不适。

此时，父母作为坚实的后盾，他们的支持、安慰和鼓励给了我很多力量。我平时住在学校，经常忘了给家里打电话，那时一直是母亲联系我。母亲一直笑谈，高考是一次很重要的人生经历，他们就没有过这样的经历。每回他们在电话里都会说很多，但一般只是大概问一问感觉怎么样，然后嘱咐我注意身体、多吃蔬菜水果等等生活细节。后来，我从母亲的手机上看到她在六月四号的备忘："儿子加油！距离高考还有两天，请您保佑我儿子取得好成绩。阿弥陀佛！莘莘学子，寒窗苦读，愿上天保佑这些孩子们！"他们承担的压力，不比我轻。

高考很快就来了，我也第一次感到如此紧张。数学和理综的试题，和往常的训练有些差别，加上我心态不好，考到最后发现不会做的题太多，直接懵了。直到现在，我依然无法摆脱高中的影响，我因为它改变了太多太多。虽然这种教育制度很值得批判，但我也因为它重新认识了自己，并且急速成长。没有它，我成为不了今天的自己。然而，今天的自己是我所喜欢的自己吗？我不好说。

去意徘徊

来北京之前，我又一一探望了母校。

先去第一所小学，那里已经逐步走向衰落，每个班都没有多少人。我回去一趟竟成了很重要的事情，很多老师来围观。曾经那位班主任，她的女儿如今刚上高三，成绩有波动，班主任满面愁容拉着我问高三的种种。她甚至不知道该对女儿说什么做什么才算是有帮助，让我觉得她只是一个无助的母亲，而不是多年来一直教育别人的老师。我只能尽量将我的全部经验告诉她。

后来听母亲说，这位老师在教我们时，家中正经历着一些变故，所以脾气很不好，但一直没有耽误给我们上课。我离开她后，这一路很幸运。我也希望她能幸运。

和老师谈了很久，我担心会耽误去第二所小学。不过，到那里后才发现有四个年级依然在上课。那边放学将近两小时后，这边才放学。我和老师们谈的时间不长，主要是聊了聊一些同学的现状，确实有很多同学，现在发展得很好。

高中的老师们又开始带新一轮学生。我们班的成功逆袭让老师们调到了最好的班任课。我跟老胡调侃:“老师这回要省心了。”老胡说:“哪里，刚来的都不懂规矩，一样费心。”和每位老师都只是寒暄几句，因为老师们很忙，我们只用过三年这样的生活，而老师们要一直过下去。

刚到初中时，老王在上课。下课后，他带来一个学生交谈。老王还是以他当年跟我们交流的方式和现在的学生交谈，只不过声音要小一些，和学生挨得更近一些，尽量不让旁人听到，更维护学生的隐私和自尊。那个学妹一直沉默，没有应声，不一会儿哭着跑出去，但是很快又回来了。等他们谈完后，我问老王怎么回事，老王只简单说了一下，我也没有细问。也没有必要细问，那个女孩以后会明白，她的人生或许会因为这一次次谈话而改变，就像我一样。

也有风雨也有晴

向未来，有无数种可能；但回望过去，

乃是一条命定之路。

父母恩

我的家庭是一个十分普通的家庭。三口之家，经济条件一般，社会关系较为简单。

我的父亲1968年出生在农村，因家境贫寒，父亲在念完小学三年级后便跟随爷爷学习打击乐。父亲12岁考入安徽的艺术学校，15岁毕业后被分配到艺术学校任教至今。因为当时学生太少，难以开展正常教学，父亲在工作后有很长一段时间随学校乐队在东南沿海一带“走穴”演出。1995年，父亲回老家结婚生子。

我的母亲也出生在农村，外祖父母都是小学老师。虽然家境并不宽裕，但外祖父母仍坚持供母亲上学。母亲中考时考上了市重点中学，但由于学校较远，交通不便，母亲当时身体不好不能住校，加上家中积蓄因事所剩无几，母亲只好去了一所技术学校学习。之后母亲在一家国营纺织厂当工人。在父亲的鼓励和支持下，母亲在三十多岁时开始学习古筝。在工厂改制浪潮中，母亲失业下岗。现在，母亲在一家艺术培训中心工作，辅导学生学习古筝。

我的家庭是一个十分保守、传统的家庭。

也许是吃够了没有文化的苦，父母十分重视对我的教育。虽然父母只能辅导我小学三年级之前的功课，但他们还是想尽办法希望让我接受到更好的教育。在我四岁时，父母狠下心花了一万多元到南京给我买了一架钢琴（当时滁州还没有卖钢琴的）。

一开始，父母对我练琴的要求十分严格，我每天练琴三个小时，经常因为练琴懈怠、不认真被体罚。后来虽然考过了十级，可我实在对钢琴没有太大的兴趣，父母也不再过多地要求我。“兴趣是最好的老师”，我想如果父母当时可以用一些正确、有效的方式来培养我对钢琴的兴趣，也许我会在钢琴学习的道路上走得更远。不过我还是很感激父母的付出，大学时我每周六都会去昌平区一个外来务工子女的活动中心支教，在教孩子们弹钢琴时我更深切地懂得了父母当年的不易。

父母工作很忙，节假日甚至比工作日还要忙，无暇顾及我。父母对我的管理是一种“大处着眼、小处放手”的放养模式。父母会偶尔在宏观上督促一下我的学习，平时全靠我自己。父母常对我说的一句话是“尽力就好”，从没有说一定要我考到什么样的名次、取得什么样的成绩。在他们眼中，我健康、平安、快乐地成长才是最重要的。

我和父母的关系还是十分融洽的。

虽然父母对我的成绩没有过高的要求，但他们对我的行为规范要求十分严格。幼儿园时，学校里的小朋友会把书撕下来叠纸飞机。我回到家后也偷偷地撕书，被母亲发现了，她严肃地批评了我一顿，我从此知道要爱惜书籍。

还有一次性质更为恶劣。在升六年级前的那个暑假，我沉迷于电脑游戏。暑假过半，作业一个字没写，父母有时问起作业我就谎称写过了。直到中途返校检查作业那天，我还假装肚子疼想躲过去，可还是暴露了。在去学校和回来的路上，母亲一言未发。到了家，母亲便罚我在地上跪了一上午，还用鸡毛掸子狠狠地抽我屁股。我真的被抽到“屁股开花”，青青紫紫，好几天连椅子都不能坐。从那之后，我再也没怎么碰过网络游戏。

我从未怀疑过父母对我的爱，但我觉得在某些教育理念和教育方法上，父母还是有改进的空间。高考结束后，有一次父亲和亲戚在一起聊天时感叹道："有很多事只有经历了才知道其中的奥妙。在教育孩子的问题上，我确实走了许多弯路，许多道理等明白时已经晚了。"但我还是相信，父母已经做到了他们所能做的一切。我想大多数中国父母也都是这样吧。

匆匆那年

高三时，我们做着学校不知从哪里买来的五花八门的辅导书、试卷，老师也只是按照辅导资料上的内容按部就班地上课。我认为学校领导和老师普遍有一种"误区"（只是我的一孔之见）——只有花大量的时间、精力，做大量的习题、试卷，才有可能考高分、上名校。也许这种理念在我们学校是十分盛行的，但我个人很反对这种方式。至少我和我身边的一部分同学面对学习最后已经麻木了，再也不会有从前解决一个问题、学到一个新知识时的快乐和兴奋，有的只是题目做错、分数太低时的无奈和痛苦。我们处在被动的位置，自主性并未完全发挥。

当然，我知道老师、学校也不想这样"压榨"我们，但他们实在没有更好的方法来应付高考。

在学校除了学习，我也乐于去尝试其他活动，兴趣也很广泛。我喜欢运动，是班级接力赛中不可或缺的一员；我曾带领班级足球队荣膺年级足球赛的冠军；我喜欢朗诵，在抑扬顿挫的声调中感悟文字的魅力；英语话剧、征文比赛等一系列活动中也都有我活跃的身影。

我深知，要成为一个"大写的人"，不但要学会学习，更要学会生存，学会合作。高中时，我积极参与各项社会实践活动，主动加入"滁州市青年志愿者"的队伍，在马路上参与"我与交警共执勤"，去福利院内慰问孤残儿童，在图书馆内学习期刊整理及上架，在流水线上体验汽车生产流程……一系列的实践，让我的视野不再拘囿于校园。

我在锻炼自身能力的同时还收获了一系列成绩上的肯定。第十一届“叶圣陶杯”全国中学生新作文大赛（安徽赛区）二等奖、2013年的“安徽省青少年科技创新大赛”二等奖等荣誉都是我努力进取的见证。而我的沉稳友善、乐于奉献，也赢得了老师和同学们的一致好评，我被评为“安徽省省级优秀学生”。

在班级和年级中，我自认为还是比较受欢迎的。

别人对我的评价多是“好人”“负责”“热心”“善良”“细心”。也可能由于当班长“官威”太盛，大多数同学对我都是“又爱又畏”。我不敢说自己把每一项班级工作都做到了最好，但我可以保证99%的工作我都问心无愧。

从高二起担任班长的500多天里，每个没有值日生的周日晚上我都会提前到校打扫好班级卫生，风雨无阻，只为让同学们能在整洁的环境里开始新一周的学习。我提议成立了年级“班长联谊会”以协调联络各班工作，并被选举为会长，负责年级、学校层面大型活动的组织筹划工作。

当然，我也曾在元旦晚会、运动会后一个人打扫教室和场地时感到孤独。我也曾在考试前晚上十点半下自习后，和几个同学打扫、布置考场到晚上十一点多。一个人回家时感觉自己好傻……虽然心中可能有种种不快和痛苦，但每当帮同学们解决问题后看到他们满意的笑容并听到一句“谢谢班长”时，我知道，一切付出都是值得的。

我有几个挚友，那种一辈子的好朋友。我们平时不会刻意黏在一起，虽然有时候可能很长时间都见不到一面，但只要一见面就毫无生疏感，立刻聊得火热。无论谁有困难，我们都会全力帮助。我们时不时会相互问候、鼓励一下，虽然不常在一起，但我们都知道彼此在默默支持。我不敢自夸为“君子”，不过我想也许这种友谊就是“君子之交淡如水”吧。

峰回路转

回望这二十年，我觉得至少有三次站在人生的十字路口上，面临着人生道路的选择。

第一次转折是在初一。

也许是因为小学时习惯了凭借小聪明学习，玩着学也能考好，所以刚入初中时未能及时调整，便挨了当头一棒——第一次考试就是班级倒数。这让小学没有跌出过前五名的我瞬间崩溃。我仍清楚地记得试卷发下来的那天，拿着惨不忍睹的试卷一个人在路上徘徊，迟迟不敢回家的场景。

我没想到这只是我噩梦的开始。

我越来越觉得自己不适合学习。当身边的同学轻轻松松完成作业时，我还在为老师上课讲的知识点而发愁。当时在初中我几乎从没有过老师一说就懂的情况，更多的是老师反反复复解释，自己反反复复做题，答题反反复复出错，作业反反复复订正才能大概掌握一个知识点。我学得好累。

我实在受不了了。以至于有段时间写完作业去洗手，打开水龙头就发起了呆，突然眼泪就哗哗往外流。无数次在做不出别人认为“弱智”的题目时，我会猛砸自己的头，哭着问自己怎么这么笨……我想到了放弃。我和父母说自己实在学不下去了，我想退学，想考音乐学院。我宁愿去学并不感兴趣的钢琴，也不愿在学校受罪。

我至今仍十分感激我的父母，感激他们在那个关键时刻既没有严厉批评我并逼我继续学习，也没有放弃我让我退学。他们只说了一句话：“先把这一年学完，如果实在不行我们再想其他出路。”

也许是触底反弹吧，我的成绩“奇迹般”地出现了进步。初一结束时，我从刚开学时的倒数进入了中等水平，我慢慢找到了学习的方法和感觉。初二时，我的成绩已处于中上等。到初三时，几乎每次考试我都是年级前几名，班级第一名。后来当我和身边的同学说起这段经历时，他们更多的是不相信，以为我在编故事骗他们。也许这个“菜鸟逆袭”的故事实在令人惊奇吧。

第二次转折是在高一。

我以全市第二十一名免试进入了我们学校的理科实验班。可我从小就对文科比较感兴趣，虽然理科学得还凑合，但总是提不起兴趣。于是我在高一上学期就萌生了“弃理从文”的念头。

这在旁人看来是不可思议的。他们认为，相比文科，学理科能上的好大学更多、就业面更广、出路更多。而且我的学校文科实力较弱，更何况我还是从别人挤破头都进不去的理科实验班退出来，这未免太可惜了。

学文，还是学理？学文，虽是自己的兴趣所在，但最后可能只考个普通学校。学理，也许能考一个好一点的学校，但自己并不喜欢。到底是应该冒着头破血流的风险去追寻缥缈的理想，还是应该安于现状过着波澜不惊的生活？我彷徨在两条路之间，备感挣扎。

一个夜晚，我独自走在校园的操场上。忽然我抬起头，看到了夜空中璀璨的群星，我的心辨清了方向。我应该自由独立地选择自己的人生，听从自己内心的声音。我做出了人生中第一个属于自己的选择。但当文理分科表发到我的手上时，我突然被一种莫名的恐惧感包围。真的要做出选择了，这个选择将决定我以后的人生道路，我开始有了一丝犹豫。不过我立刻坚定了内心的想法，选择了文科。

仍记得在填表的那个夜晚，无意中听到父母在房间里的对话。母亲着急地对父亲说：“最后再和他说说，再争取一下让他学理科吧。”父亲说：“孩子自己都决定了，就听孩子的吧。”“可……”母亲欲言又止。我知道母亲也是为我好，怕我以后上不了好大学，就业出路窄。

在这一转折中，我非常感激我在理科实验班的班主任——王老师。在高一上学期时，他就曾拍着我的肩膀说：“小伙子，对文科很感兴趣嘛！没关系，想学文就去学文吧，文科没什么不好的。相信你一定能学得不错！”分科后，我才知道父母曾找过王老师，希望他做我思想工作，让我学理，可王老师反过来动员我的父母支持我学文。每每想到这些，我心中都对王老师充满了感激之情。教育应该是水到渠成的事，“强扭的瓜不甜”。

第三次转折是在高三后期。

也许是高二学文后太顺了，次次年级第一，甚至能甩第二名二十多分，这让我有些懈怠和自大。身边的老师与同学都不停地夸赞我、崇拜我，“省优秀学生”的光环更让我膨胀。考北大的重任也自然而然地落在了我的肩上。虽然我从小就向往北大且没有过多的心理压力，但我突然发现考不考北大似乎已由不得我。

“我们学校的文科这么多年都没有考上北大的，今年就看你的了！”“你肯定是上北大的！”“我们年级把考北大的希望全押在你身上了！”……

我发现自己变了，不再像从前那样快乐、那样自在，心里的负担也越来越重。学习也不再像从前那样轻松，许多次考试都不再是第一。人际交往也出现了两次重大变故，这对我打击很大。我认为，这在很长一段时间内彻底影响了我的状态，由此造成的阴影至今仍挥之不去。

我受到了无数的非议与怀疑。每次成绩公布后，同学们的叽叽喳喳让我心碎。“他这次又不是第一啊？”“就是，以后就不要问他题目了”……我曾在一次考试后于一天内被几乎所有的老师喊去谈话。成绩刚开始下滑时，老师们还会多鼓励我。可后来有的老师也不再像从前那样对我了，个别老师的言语中甚至还多了一些讽刺。我再一次陷入了绝望，这次比初一时更令我痛苦。无数次看着试卷发呆，无数次骑车时一个人大哭，无数次在操场上跑七八圈让自己累到倒下……在后来的自主招生笔试中，我的成绩离北大线差了7分。

有人说，当上帝给你关上一扇门时，就会为你打开一扇窗。这话一点儿也不假。

在准备自主招生的过程中，我渐渐了解了北师大，了解了教育学。“教育学”第一次在我的心中掀起了波澜，唤醒了内心深处的自我。北师大教育学部“做未来教育领袖”的育才壮志，让我从小对教师的崇拜和对教育事业的热爱似乎在一瞬间迸发了出来。我通过了北师大自主招生选拔考试，以文史类全国第二名的成绩获得了30分的加分。

我的高考成绩是624分，全省第一百零九名，比北大线低了15分。虽然发挥得不太满意，但还在可承受范围之内。而人生的选择又一次摆在了我的面前，上人大、浙大、南大，还是北师大？几乎所有人都认为我肯定会选人大、浙大、南大中的一个，他们认为这么高的分上北师大“太亏了”。但我又一次做出了让别人无法理解的选择，我选择了北师大。

高考成绩出来后，我看到了许多尖子生跌落神坛，也见证了许多学生一夜成名。在学校里，没有人会在意你三年乃至十二年的付出，分数才是“王道”。其实有太多太多的因素影响高考成绩，不只是你的实力，更重要的是你的心态。当然，还有运气。虽然高考存在着这样或那样的不足，但它至少是现阶段比较公平的人才选拔方式。高考不是最好的，但现在还没有更好的。一个考生，一份试卷，一个家庭，几个未来。

我希望通过在北师大学习中国最好的教育学，能让我有一点点批判的资格。我更希望有能力去影响，甚至去改变一些什么。

都说不能输在起跑线上，可我们的起跑线从来就不一样啊！我的确比很多孩子幸福了许多。很多孩子也许一辈子都没见过电视、电脑，一辈子都没有走出过大山，甚至一辈子都没有正经读过书。

母亲希望我填报南大，因为离家只有一小时的车程，我回家或者父母去看我都很方便，而去北京后除了寒暑假就很难见面了。“儿行千里母担忧”，我知道母亲舍不得我，我也舍不得父母、舍不得家乡。可“好男儿志在四方”，我还是希望能去北师大学习中国顶尖的教育学。这时，父亲说了一句话：“就报北师大！北师大很好，你喜欢才是最重要的。”这句话和文理分科时父亲的话如出一辙。

当我漫步在北师大的校园，真正成为一名师大人时，回想过去的时光，我不后悔当年选择了文科，选择了北师大。其实，从自招到填志愿的那段时间里发生了许多“阴差阳错”的事，促成我走进了北师大。我想这也许就是我和北师大的缘分，命中注定我会来到这里。

我想，选择也许无所谓对和错，因为我们永远都不可能再去尝试另一种选择。正如史铁生先生所说，站在此刻，向未来，有无数可能；但回望，乃是一条命定之路。我知道，当我在志愿填报单上的“北京师范大学”下签下自己的名字时，就注定了我要把我的一切献给北师大，献给我热爱的教育事业。我愿意为了中国教育的发展贡献自己的一切。

有梦想的人不做选择题，他们只做证明题。

感谢有您

虽然之前已穿插提到了许多对我产生深远影响的人，如父母、王老师等，但我还是希望在这一部分着重介绍三个人，因为他们在不同的方面对我人格的形成和完善产生了重要的影响。

第一位是我的爷爷。

我的爷爷一生经受了许多挫折和磨难。爷爷小时候家境很好，也很聪明，以全县第一的成绩考入县一中。后来由于家道败落，爷爷只得背井离乡，外出学艺，后考入了艺术学校。毕业后爷爷来到了全椒，虽然生活十分困窘，但爷爷从未放弃自己的文学梦。爷爷自幼饱读诗书，爱好文学创作，常会写几首小诗，写几篇文章。

我的名字就是爷爷从《诗经·小雅》中选出来的，寄寓着爷爷对我的期望。

在我小时候，最开心的事莫过于坐在爷爷的腿上听爷爷讲故事，我喜欢爷爷用他那宽厚的大手握着我的小手教我认字、查字典。本以为生活会一直这样平静而快乐地过着，可突然有一天，噩运降临了。

2006年，爷爷被诊断为贲门癌晚期。从2007年开始，爷爷一边化疗，一边进行创作。洋洋洒洒四十多万字，前后反复修订数稿。为了落实出版事宜，爷爷拖着极度虚弱的病体往返全椒与合肥数次。爷爷为了这本书投入了全部的心血。我曾看过爷爷的书稿。初稿中，爷爷的钢笔字虽早已不像从前那样遒劲有力，却依然工整清晰，厚厚的书稿背后是无数个夜晚爷爷强忍着身体的痛苦坚持创作的身影。校订样稿时，爷爷不愿别人代劳，硬是一个字、一个标点符号极其细致地校订。如果遇到疑问，爷爷必定会拿起放大镜在资料中考证。

在经过一年多焚膏继晷的工作后，爷爷的书——《紫山岭传奇》终于在2008年10月由安徽文艺出版社出版发行。这本书上部是对皖南山区繁昌和芜湖地区的民间文学的记录整理，下部则是爷爷的自传体小说。

在书出版两年后，爷爷于2010年3月离开了我们。从患癌到离世，爷爷奇迹般地活过了5年，连医生都对爷爷感到敬佩。爷爷在潜移默化中教会了我坚强，教会了我用顽强的精神、不屈的意志和乐观的态度去面对人生道路上的坎坷与磨难。

在我的心目中，爷爷是一个理想主义者。不论处境如何，爷爷始终抱有对文学梦想的追求，饱含着对生活的热情和生命中最本真的纯粹。每当我的人生遇到困难挫折时，常常会停下脚步，抬头仰望天空。我知道爷爷正微笑着看着我，一直支持着我勇敢地走下去。他为我的人生打下了理想主义的底色。

第二位是我的小学班主任——商老师。

因为家离学校很近，我被安排每天负责为教室开锁、关锁。有一天下午放学后，一部分同学因为临时有事便把书包放在教室里。我等了很久，却迟迟不见同学回来。正好那天商老师有事仍在学校，在征得他同意后，我就把窗户锁上，把门锁打开挂在门上后回家了。

第二天一大早我就赶到了学校，还没到教室就看到一群同学焦急地趴在窗户上，不停地埋怨着我，说我昨晚把门给锁上了。我一看，门确实是锁着的。我百口莫辩。

早上最后一节课是商老师的课，同学们都在议论班主任会如何“处置”我。商老师进来后，什么也没说，而是拿起粉笔环视教室一周后，转身在黑板上写下了八个大字，此后我也一直把这八个字奉为我的人生信条——“我为人人，人人为我”。写罢，商老师说：“他牺牲自己宝贵的时间为大家管理教室门窗锁，你们习惯了去享用别人的劳动，可你们想过对他说一声‘谢谢’吗？昨晚他等大家等到很晚。刚好我有事在学校，他问我是否可以把锁挂在门上时，我很吃惊。我没想到他一直等了那么久，同意了。后来我从教室门口经过时特意看了一眼，锁是开着的。刚才我去保安室了解到昨晚门卫巡逻时，没有注意到大家的书包，就顺手把门锁上了。所以，大家误会他了。我写下这八个字，也是希望大家能够记住：要想得到别人的帮助，让别人为你们付出，就首先要愿意为别人付出；但是当别人为你们付出时，也希望你们能心存感恩、回报他人。”说罢，同学们都鼓起了掌。我抬起头，看到同学们微笑着看着我，眼神中充满了信任与支持。

小学毕业已有六年多了，许多记忆早已模糊甚至忘却，但对这段往事我一直记忆犹新。感谢商老师在我人生第一次遭受“信任危机”时对我的支持，帮助我渡过难关。更感谢他让我懂得了“我为人人，人人为我”，让我愿意坚持为他人付出，并懂得感激他人的奉献，也让我明白了人生价值的自我实现与彼此共现。

第三位是我的高中语文老师——樊老师。

在我和同学的眼中，樊老师不仅是传道授业的老师，更像是我们的大姐姐，我们都亲切地喊她“樊姐”。我们都说樊姐就像奶茶一样——脸上时刻都带着淡淡的微笑，让人感觉很亲切。她丰富的学识、过人的教学水平令我们在快乐中学习语文、走近语文。

课余时间，同学们除了向樊姐咨询学习上的问题，更喜欢与樊姐聊聊天，或分享自己的趣闻，或倾诉自己的苦恼。樊姐不论有多忙，都会认真倾听，分享同学的喜悦，排解同学的忧愁。

我也很愿意与樊姐交流。从学习备考，到情感交际，乃至人生理想，无所不谈。在临考前那个最“黑暗”的时期，樊姐一如既往地支持我、鼓励我。她经常主动找我聊天，帮我分析问题产生的原因，和我一同探求解决问题的方法。樊姐从不苛求我的学习成绩，更多的是关心我的生活状态。樊姐教会我用一颗平常心去面对人生的起伏；教会我放下肩上的包袱，轻装前行；教会我看淡一些名利浮华，去追寻内心的本真与纯粹。也许其他老师关心的是我飞得高不高、远不远，而樊老师关心的是我飞得累不累。樊姐对我的教导不是刻意的说教，她以自己内心乐观阳光的一面在我的潜意识中对我产生了一种积极的影响。

樊姐像朋友一样陪伴我走过了高三，助力我挺过了高考，让我更深切地明白了如何做一名好老师，更帮助我培养了积极的人生态度，让我对教师这一“太阳底下最光辉的职业”充满了敬意与向往。我希望自己有朝一日也能像樊姐一样不仅做学生的好老师，更能做学生的好朋友，用个人魅力去感化、教育学生。

生命中的这三个人，在教会我文化知识之外，更重要的是教会了我怎样做人、怎样做事、怎样生活。在进入北师大学习教育学之前，我浅显地认为“教育”应是“教”与“育”的结合。“教”即教书，“育”即育人，“教育”就是教书育人。而现在我们可能更多地关注教书，忽视了育人。

再说几句

通过回顾自己的受教育经历，我感到每个人其实都是一部活的“教育史”。每个人都在外界塑造与自我呈现中书写着属于自己的教育自传。通过每个个体的成长历程、受教育经历，我们能更全面地感受到生活教育、学校教育、家庭教育、社会教育等的不同方面，感知这个时代的群体脉动和心灵热度。

在写作初稿和修订稿的过程中，有一段话时时萦绕在我心头——“不乱于心，不困于情；不畏将来，不念过往。”回顾过去经历的挫折和坎坷，无非是因为“乱于心”和“困于情”；而现在站在二十岁的人生路口，翘望未来的人生旅途，时常也会感到彷徨、迷茫甚至恐惧，这也许就是“畏将来”和“念过往”吧。希望通过回望自己这二十年走过的路，探寻成长的密码，为未来的人生道路提供方向和借鉴。

骨子里残留的灵感

教育总是与成长相关，痛或不痛，切身的
成长总是让人有一种隐秘的幸福。

心心念念幼儿园

和许多人不同，我幼儿期的记忆并不是模糊的。我对我的幼儿园生活印象深刻。

在我记忆中，幼儿园时期并没有无休止的、因分离焦虑而产生的哭闹，也没有不懂孩子的怪阿姨，反而幼儿园是让我感到自在快活、拥有丰富多彩的生活的地方。不知道是不是我当时生活的城市比较落后，大家还没有普遍的上学焦虑的原因，那时的幼儿园并没有像现在一样小学化，幼儿园里活动也很丰富，我收获了很多。

在幼儿园里我接受了电子琴、舞蹈、歌唱、绘画、童话等方面的教育，满足了一颗单纯的充满好奇与兴趣的心。我从来不认为自己在这些方面有天赋，如今你让我拿起笔随便画画都让我觉得很为难，但是小时候我画的画却得过奖。我也穿过很漂亮的衣服上台表演舞蹈，会弹一些曲子。直到今天我还能记得我的图画获奖时小桌子上温暖的阳光，记得在黑夜里、会场外、灯光下等待入场表演舞蹈时的紧张。从幼儿园升学后再也没接触过乐器和乐理的我在今天依然记得“一闪一闪亮晶晶”的乐谱。那样的艺术教育真的带给我很多快乐与自信。对于后来的教育阶段中再没有经历这样丰富的生活的我来说，幼儿园里的生活弥足珍贵。

记忆中幼儿园里有很多令我印象深刻的活动：在操场上滚轮胎或者

坐在由轮胎做成的秋千上开心地笑；冬日里老师教我们做冰花看窗花；下雪的时候在操场的大坑里打雪仗、堆雪人；中秋时小朋友们亲手拿着模具做各种馅料的月饼；还有真的拿起菜刀的小厨师比赛，我那时才第一次知道番茄可以用酱油和醋一起拌；我们还在水里种蒜，等待它长出蒜苗……没有学业压力的、丰富的生活真的会让人感到幸福。幼儿园也并不是不学习知识，各种知识丰富而有趣，我现在依然记得当时看过的人体内脏图解，可爱版的人体消化过程图让我从此对生物十分感兴趣。

舅舅家的姐姐

幼儿园生活之外是每个人的家庭生活。家庭里无论是快乐还是悲伤难过的事情，都会让我印象很深刻。

因为年龄太小没有什么真实的记忆，不过我常听母亲说，因为父母都要上班，而两边的老人都拒绝帮忙看孩子，所以在进入幼儿园之前我的生活是“颠沛流离”的——这家照看两天，那家照看两天。父母最感谢的大概是好心照看了我很久的邻居奶奶。后来我上幼儿园的时候，和外公一起住的舅舅把家搬到了离我幼儿园很近的小区，父母没时间的时候他们会来接我放学。那时爸爸工作忙碌，一年里有大半年都在出差，爸爸不在家的时候我和妈妈就索性住在舅舅家了。

舅舅家有一个大我半岁多的姐姐，我和她上同一所幼儿园，不过她比我高一个年级。每当放学时，我们会从外公或舅舅那里得到金发娃娃、口香糖、雪糕等孩子喜欢的玩意儿。对于独生子女来说，能有和自己一起玩的小伙伴是一件很开心的事情。而且，外公和舅舅都很会做饭，从学校毕业后就开始忙工作的妈妈不怎么擅长做家务。所以住在舅舅家能吃好吃的饭，能有人一起玩，我感到特别开心。

可以说，舅舅和外公的家算得上我的另一个家。因为朝夕相处，无论是自己还是其他人都喜欢有意无意地拿我和姐姐比较。比如闲暇时长辈们总会问一些诸如字词、辈分、算数方面的问题，而我总是能又快又好地答出这些问题。小时候最自豪的事情就是能算出各种刁钻的辈分问题，而大人们却想不明白。姐姐虽然在算数、逻辑问题上答不好，但是会背诗词、说成语，被大家认为很有语言天赋。姐姐在语言上的优异表现和我的外婆也就是她的奶奶的教育有关。外婆是小学老师，在外婆工作的年代，小学老师是要教全科的。外婆多才多艺，无论是成语诗词、剪纸画画，还是鸡兔同笼的数学问题甚至是舞剑打拳，她样样都会。不过外婆本人最喜欢的应该还是诗词成语。姐姐一直和外婆一起生活，受到很大的熏陶，从小就会讲各种寓言故事、诗词成语。而我就是一个特别害羞、不爱讲话的孩子，父母也不会逼我学什么东西，那些能让小朋友看起来闪闪发光的诗词成语我一点都不会。

虽然儿时聪明的表现十分突出，但是对于小朋友来讲，那一点点的聪明还不足以让你自豪，因为幼儿时期没人在意学业成就。小朋友更敏感的是来自周围人的关怀与善意。舅舅是家里最小的儿子，受到外公外婆更多的宠爱，而姐姐是家里出生了一个又一个孙子之后唯一的小孙女，而且和外公外婆朝夕相处，他们对姐姐的偏爱也无需怀疑。但是逻辑发展只够认识数字的小朋友永远搞不懂为什么外公外婆会对姐姐更好，为什么叔叔阿姨会对姐姐更亲热，为什么哥哥姐姐会更喜欢带着姐姐玩，也不懂为什么幼儿园其他的小朋友都是爷爷奶奶外公外婆一起疼爱的而我却不是。当这些都无解的时候，小朋友大概就会觉得是自己的错，自卑感挥之不去，自我意识也被压抑。我不知道什么是好的，也不知道自己喜欢什么，只是所有的事情都向姐姐看齐就好了。

自我的觉醒

虽然在漫长的小学六年里我并未觉得小学有什么特殊，但是现在回忆起来，小学的时光还是让我充满感激之情的。

小学和幼儿园最大的区别就是从家庭生活真正进入学校生活。因为父母不想再麻烦舅舅，工作忙碌的两个人把我送到了接送站。虽然那里的阿姨有时候脾气暴躁，但人还是很好的。这里也会有和我同班的同学，大家都是父母忙碌，没人照看才被送来的。在这里无非就是写作业、看动画片、和小伙伴们一起玩。现在想想还是很感激有这样一个环境能让我脱离家庭，逐渐认识自己而不再盲从别人。

小学班级很温馨，班级里有各种性格的同学，在这样一个大家庭里有各种乐趣。有的人羞涩不爱讲话，有的人霸道喜欢欺负弱小，有的人阳光开朗得到老师同学的喜欢，有的人自私惹得大家讨厌。我成绩很好，性情温柔，与大家相处融洽，是不会被任何人讨厌的女孩子。不过我的自我意识被压抑得太严重了，虽然脱离了之前的影响，不再觉得姐姐是神一样的存在，但我还是养成了仰望、模仿别人的习惯。比如那个办事有能力学习又数一数二的班长，那个我自叹不如、智商超群的数学天才，那个有无限吸引力的阳光男孩。其实这样的习惯对于我来说不能算是坏事，对他们的仰望和模仿是不断完善自我的动力和途径。

四年级时一个转校女生的到来，让我的自我意识完全觉醒。那个女生谈吐大方，写作极好，个性也很突出：高调、霸道、自信。这不全是优点，甚至会被人讨厌，但我被那种锋芒毕露的才华和性格所吸引。这种心态不同于之前的仰望，我并不是觉得她哪方面值得学习，而是完全被她的气场吸引。我们是完全不一样的人：我被所有人喜欢，而她全身都是棱角。因为对她的喜欢太过强烈，我们真的成了很好的朋友。

她本身早熟也故作早熟。一个小学四五年级的女孩迷《红楼梦》、看张爱玲；她为了维护自己没道理的骄傲与尊严和比她高出两头的男生打架；当我们还穿着可爱的童装时她已经在穿少女的服饰了。和她在一起的日子里唤醒了我的自我意识，也让沉迷于数学题的我开始接触阅读。我们在一起不只是像小孩子一样玩闹，我们去看书里更成熟的世界，去做人文的思考批判。虽然现在看来还有太多幼稚的成分，但是那种经历赋予我的是一种有自我价值的生活方式。我不必像所有家人喜欢的姐姐那样，不必做让每个人满意的乖乖女，只有做自己才有作为独立个体存在的价值。

小学师恩细无声

虽然在很长一段时间里都没有意识到，但是我真的很感谢我的小学老师带给我的影响。这样的感激大多是回首往事并将小学时光和小学之后的生活产生对比才更加强烈的，这些影响也是在之后才体现的。

我的小学在我们那儿还算不错的小学，而我后来才感觉到这所小学算是艺术气息比较浓厚的学校，绝不是那种只重视学科成绩的学校。这一点我在初中时感受更明显。我们写作业永远比最强的实验小学毕业的同学慢，成绩整体上没有他们好，还有同学说她妈妈上下班经过我们小学的时候永远看见我们在办各种各样的活动，甚至想帮她转学。但这样的小学为我们提供了快乐成长的基础。

小学的第一个班主任带了我们两年。对于这两年我的印象并不深刻，但因为我成绩好，乖巧听话，所以得到老师的喜爱。或者说虽然没有得到老师的偏爱，但也没有因为老师偏爱其他的同学而遭受不公的待遇。一二年级的时候学校办歌咏比赛，本来我在合唱队，后来老师对我说："你这么漂亮，去表演舞蹈好不好？"现在我终于意识到其实是因为我五音不全唱歌实在不好听，老师又要保护我的自尊心才这样夸我漂亮让我去表演舞蹈的，我很感激。后来这位老师做了学校的辅导员。在竞选大队委的时候，我并没有把握自己能选上。但在老师的帮助下，我最终脱颖而出。

小学时的第二个班主任是个很干练的女老师，她不像第一个班主任那样温柔。还记得第一天我们得知换老师的时候班级里一片混乱，不接纳的情绪十分强烈。再加上老师雷厉风行，所以对她一直没有像对第一位班主任那样亲近的感觉，甚至有点害怕。不过老师对我很好。记得有一次上课我和后桌说话，没有听讲,她叫我起来回答问题，之后居然还说我回答得不错。既提醒了我要听课，也没有让我很丢面子。五年级的时候班里要推荐同学竞选大队委，内向的我自然没有要参加的想法。可是老师执意要我报名，我也只能硬着头皮去了。她被调到另外的学校时还特意给我父母打了电话关照我的学习，新学期开学的时候我才恍然大悟那是离别前的电话。

我一直都想不明白老师默默关照我的原因，不过我真的很感激她。

总之，小学阶段，从学校、班级到老师，都给我提供了很好的环境，在那里我没有什么遗憾。

窘困的初中生活

幼年时埋下的各种不愉快随着青春期的到来逐渐膨胀，加上窘困的初中生活，让我的初中三年都一直深陷在情绪的自我折磨中。

我读小学的时候有保送制度，本来以为初中入学是件很轻松的事情，结果又一次进了最差的班。在那里，我第一次见识到所谓的“混混”，班里有很多人打架、喝酒、抽烟、去网吧，第一天进班的时候我真的被吓到了。班里很多人根本没把学习当回事。虽然也有竞争者，但是没有了可以让我仰望的人，我因为失去精神支撑而感到特别痛苦。

如果说小学的时候并没有因为优秀的成绩而得到优待，是因为老师能大体上关怀每一个学生，不偏袒也不歧视。那么初中没有得到关注，则是因为我是女生。在学校里许多老师们的落后观念中，男生比女生更厉害是理所应当的事情，男生们只是因为贪玩才不优秀。所以初中时老师会关心成绩好的男生，关心因贪玩而成绩不理想的男生，关心混社会的男生，却不关心女生。他们坚信那个他们看好的“聪明男孩”是下一个能进步几百名成为全校第一的“大神”。他们觉得女生天生愚钝，即使你今天成绩很好，明天还是会被男生比下去。在这样的环境中，我甚至开始怀疑自己的成绩会不会真的一落千丈，内心忐忑地等待那个魔咒的到来。不过“可惜”的是，直到高中毕业魔咒也没有到来。虽然现在看来很可笑，但是对于本来就会习惯性自卑的我来说，当时真的陷入了自我怀疑和深深的恐惧与焦虑。因为对于乖巧听话的学生来说，老师还是很有威严的存在。

初中时更让人讨厌的是市侩如集市般的班级氛围：太多的学生安于享乐，过着像大人一样斤斤计较的生活，在乎学习的好学生们算计着分数及其他。老师之间也不安分，两个班的班主任相互看低，在课堂上抱怨对方的不好甚至大吵一架。鸡零狗碎充斥着生活，可气又可笑。让我印象特别深的是一个老师在暑假的补习班中大声训斥我的同桌，并不是因为他犯了什么错误，而是因为老师觉得，成绩不好的他耽误了他好朋友的学习。虽然我永远不会是因为成绩不好而被老师舍弃的学生，但是看到他被这样对待我真的特别难过。

所以对于这样的初中环境，我心里是满满的愤慨。不过也还是有一些负责任的老师，比如那个给我们代地理课的中年女老师，教学有一套自己的方法，而且总是讲完课后拿起拖把帮我们拖地；那个即使课堂乱哄哄也耐心讲课、耐心辅导学生的物理老师；那个很正直，很有趣，教给我们实在的做人道理的历史老师；那个古板、严格并让我们一字不差地背书却关心我们健康的政治老师……

得益于小学时养成的阅读习惯，书籍是我初中三年的精神支撑之一。那时候我几乎每周末都去逛平价书刊社。整条小街道上都是阴暗破旧的平房，像一个批发市场，卖着折扣图书或者折扣杂志。周末我会逛整条街，既当锻炼又长知识，傍晚心满意足地回家。就是在那破旧的地方，我遇到了《萌芽》(下半月刊)，那里面丰富的知识与感人的青春文字深深地吸引了青春期敏感的我。我能感受到文字背后敏感细腻的作者心思，能见到从未接触过的哲学命题。而且在那里我第一次了解到新概念作文大赛，了解到主办大赛的十三所高校之一的北师大，开始和这所学校结下奇妙的缘分。看着那些心怀理想冲击清华北大、决战高考的故事，看着大学校园里理想化的追逐梦想的生活，我感觉自己也有了力量。

虽然生活的细节中有很多美好，但我对初中大环境仍有厌恶，心中仍有青春期躁动的情绪，而在当时的生活中，对我支撑最大的是我的成绩：一是因为成绩在全校排名，所以能看到让我敬佩的竞争者；二是专心于学习也能稍微让我忽略周围的不愉快，也能用成绩打破部分老师的偏见。

因为在意成绩，所以不得不提一下当时我关注到的一种新现象。有同学在初中就会偶尔脱离原本所在的学校生活，尤其在初三的时候经常请假去其他地方甚至外省市考试。虽然中考的大山还没有跨过，但是对于小地方的我来说，中考只是一个不要发挥特别失常就能进本市最好高中的考试而已。所以虽然是初中生，我在意的也只是高考的结果，初中日常的考试和中考都只是小范围内同辈竞争的游戏罢了。但那些成绩和我不相上下却四处奔走的同学真的让我特别惶恐和无助。面对命运的无力感，我大哭过很多次，生活也变得更加痛苦。

初中时代的家庭生活实在是乏善可陈，也没有给我留下什么印象。看到父母的疲惫我也会心疼，但觉得双方没办法有效沟通，所有的情绪都压抑在心里，人敏感而情绪化，然后身体垮掉。我不再去接送站了，外公外婆也从舅舅家搬出来住。我中午去外公外婆那吃饭，偶尔晚上也在那里过夜。他们给我做好吃的饭菜，我很感激但却做不到亲近。初中、青春期，黑暗而混乱。今天看来还是要感谢这些经历，福祸相依，我不可能永远做长在温室里的花朵，不可能永远待在象牙塔里。有我不喜欢的人存在的生活才是真实的生活，痛苦的经历也让我成长。不过到现在我依旧不认同这样的初中环境，因为并不是所有的人都能在痛苦的经历中挺过来变得坚强。周围有太多不明原因而一蹶不振的人，成长中的孩子还是需要成人的支持和保护。

高中的逼仄感

中考结果虽然和理想的成绩有差距，但是我的成绩在初中班里排第一，在高中班里排前五，还是挺好的。因为初中老师告诫我们高中课程很难，一定要上补习班，闲在家里无事的我就报了高中课程预习班，见识了老师不一样的气质、学识并认识了各种厉害的同学，再一次纯粹地享受了那种学习知识或者仰望他人带来的快乐。高中下课后的傍晚我常和家人去吃烧烤，虽然偶尔无聊，但是日子过得还不错。父母多少也知道我初中时经历的不开心，想尽办法让我在高中能进一个更好的班级。所以暑假等待分班的结果也是挺煎熬的。好在如愿，遇到一位口碑很不错的负责任的班主任。

报到、军训、开学。小小的屋子里乌泱泱的陌生人，我身后挤着两个胖小子，空气格外令人窒息。班主任在讲台上宣讲着她的教育理念和繁冗的校规，我心里暗自抱怨着六点就要起床的日子。高中生活就这样在我不知所措的情况下开始了。高一大概是三年最忙碌的时候，有九门要考的科目，每一门全新的课程都让我不知所措。还有堆积如山的作业，知识不再像过去一样容易理解，老师讲课速度也很快。

每个人似乎都身怀绝技，我再也没有什么特长，只是每一项都不差罢了。很快就月考了，我取得了还算不错的成绩，让我在班级里找到定位。不过这样的定位只是能让我安心的底线，因为我知道这个小城市有多少顶尖的学生去了全省顶尖的高中，有多少不错的学生在一中的尖子班里。与尖子班失之交臂的我在这群优秀但并非顶尖的学生里排名前十并不是可以让我自豪的事情。我的压力并不在于前面的同学很难超越，而是不能确定自己的优势。

在一个高考大省，应付高考的方法就是一遍遍地刷题、一遍遍地复习。

学校一向是安排一年半的时间复习的，全部的必修课程在高二上半学期学完。于是高一下学期我们就分文理班了，这让我们稍稍喘了一口气。虽然奇妙的难题会激发我的兴趣，对科学的喜爱让我慢慢构造出学科中独特的逻辑世界，并体味到相融相通之美，但是每日的重复与海量的难题还是让我觉得日子过得像台机器，让人慢慢丧失兴趣。还好我发现了一个宝地——图书馆。那图书馆自然不能和北师大的相比，我常常被图书管理员以各种理由拒绝借书。不过在那里我还是看了不少的书：从中国硬科幻到古代哲学，从海派言情到现代小说。书的质量虽然不高，我大多只挑自己喜欢的章节看，不过还是能得到很多裨益：培养广泛的兴趣，了解多元的文化，学着批判、客观地看待世界。更重要的是阅读让我单调艰涩的学习多了光彩，我可以时不时跳出狭隘的学习生活，去接触社会中真正的一面，而不是在日益麻木中失去方向。

现实中永远无法避开成绩。高二时大家一下子发起“疯”来学习，许多名不见经传的同学成绩突飞猛进到难以想象的程度。我见识到努力可以带来的巨大变化，既兴奋又害怕。这样的变化让习惯了安稳的我措手不及。那时候家人的身体也接二连三地出现小毛病，我自己也像是中了邪一样，焦虑、恍惚、不安。我再一次体会到对现实的无力感。不安成为我学习的动力，因为学习是我唯一能紧紧抓在手中去做的事情了。我从不算勤奋的人，不刷夜也不做课外题，那段时间我最大的变化是态度认真、忘我。我觉得那时候我需要的不是多好的成绩，而是努力与忘我带来的安心。所以很奇妙，高二下半学期的考试我都是班里的第一名。

不过当你面对真实的高三生活时你就做不到无所顾忌全心学习了。高三笼罩我们的是焦虑，是整个高三学生群体和他们的家长、老师、教导主任等一切相关人群的焦虑。闷热的教室里挤着很多很多人，像机器一样不断地做题、讲题、考试。虽然那样的压抑闷热让我很不舒服，但是在做题中还是能有一点成就感、一点快乐。可是随着做的题越来越多，麻木与无聊逐渐占据上风。重复带来的是心理的疲惫，我又对无聊很敏感，那是很难过的时光。可是你不得不持续地做题，保持熟悉感，才能在有限的时间里做完试卷。

与日俱增的危机

随着高考越来越近，与日俱增的还有危机感。虽然我一直清楚在高考大省竞争会很激烈，但是以前从来没有认真想过这样的竞争残酷到什么程度。而事实是在这个高考大省，任何优秀的高中都不可能摆脱那个超级中学带来的阴影，这个学校甚至能霸占六成以上的清北名额，而我的高中作为一个省重点学校，每年被清北录取的也就两三人。对于不太强的文科，我们学校甚至都不能保证每年都有能考上北师大的学生。我从来没有想象过被各种人夸赞优秀的自己是什么样，甚至觉得自己几乎永远不可能考上国内排名前十的学校，因为即使是全校前十几名的学生也毫无把握。无常的高考对我来说会是什么样？每天我只能故意忘记烦恼向前看，看大学的位次排名，看分数线，想自己怎样才能考出那遥不可及的分数。

高三下学期，我的学习出现了更多问题：永远在40分徘徊的作文成绩和永远上不了120分的数学，自一模惨淡的成绩之后一直无法改变。我焦虑，父母也焦虑，永远无休止的争吵。我还会担忧各种强大的竞争者、各种不公平、各种压力，周围混乱的人际关系、比我还要崩溃的闺蜜。而事实上我还算是一个表面上的气定神闲者，周围的同学有的真的无法面对压力而不来上学了，有的病倒了，有的一言不合就掀起桌子大打出手。

高考前一晚未失眠，却做了一夜的梦。大脑一直运转，特别疲惫，精神恍惚，脾气暴躁。语文考得不顺，数学简直就要放弃。那天傍晚，考完数学下起瓢泼大雨，我淋了一路，觉得各种委屈。来日天晴，可是却第一次像傻子一样做理综卷子，所有考点都是我不常复习到的，拿手技巧无处施展。英语考试竟然也十分不顺，如果不是老师说过，“你就算要复读也得完成高考，否则你会习惯性放弃”，不然我真的就不想再继续完成考试了。我只是完全不听使唤地在做大家都必须做的事，我坚持到最后只是为了让所有人的愿望幻灭得晚一点。

估分自然很低，我喋喋不休地向周围人抱怨着成绩，好像在博得同情。高三的苦我觉得自己再也吃不了了，根本不想复读。可是我觉得自己那分数连“211”大学都上不了，难道安于家乡的普通一本？仅有的两条出路都画了叉号，我疲惫不堪，只能祈求有意外之喜了。不过连我自己都不相信会有转机，所谓祈求不过是自嘲罢了。结果出乎意料，无论是自己的成绩还是学校整体的成绩都很好，我成绩都好到要考虑放弃北师大去其他更好的学校了。考试时我的确状态不好，不过运气好。那年题目很偏很怪，有很多采用题海战术的学生考得很不如意。

不过对于这样的惊喜，除了长舒一口气得到解脱之外，再也没有别的感受。一年多甚至是出生以来积聚起的各种压抑的情绪并没有随着高考的结束而消散，压抑与麻木已成为习惯。熟练到“自动化”的代价是从前的机灵再也找不回来，感觉自己的心是干巴巴的。

围墙之外的世界

絮絮叨叨说了很多，都是自己的内心独白。文字中很少看见老师的影子，也很少看见同学和朋友的影子。对我来说，他们都是很让人安心的存在。他们不好也不坏，相处久了会有感情，值得信任，在他们面前我可以很放松。我觉得这样是很理想的状态。也许我还是太自我了一些而忽略了周围人吧，深陷情绪的泥淖中无暇顾及其他人。总之，对他们我常怀感恩之心。

高中毕业来到大学，小树终于长得足够高，能感受到保护墙之外的阳光了。大学并不如想象般美好，不过依旧是很棒的地方。离开闭塞虚幻的环境，脚踏实地生活的感觉让人很安心。大二的时候我是这样想的，那个时候也还是学生心态，似乎觉得这里是要待一辈子的地方。现在大四了，我并没有选择去工作，也还不是一个社会人，但是多少有些要做社会人的紧迫感了。对于自己以后要做什么，虽然有方向但还是迷茫。每一种选择似乎都是不归路，不得不谨慎再谨慎地思考。大学四年我的思想产生了剧变，每天都不一样，今天会觉得昨天想的是错的。但是这样的剧变也并没有给我一个结果。我只希望能不忘初心去做真正想要做的事情，而不是成为一具随波逐流的空壳。

关于原生家庭。当你真的过上大学生活并从家庭中脱离出来的时候，你会发现世界真的是不一样的。你第一次能特别客观地去看待它，而不去做一个好坏的定性。私以为对于每一个走向独立的成年人来说这都是十分必要的过程。关于情绪问题我想说的是，接纳自己是一件十分重要的事情，毕竟压力源无处不在。

最后，真心希望世界和平。

第四编

道法自然

让岁月真实不虚

每一步都如踏危栏，每一步又是命运盛宠的恩典，无数的奇迹成全你在这一刻饮一盏茶。

在最舒适的，清晨淡淡的阳光中，刚跑完800米的我坐在床上，享受着慵懒的时光。这种时候最适合进行那梦幻的回忆。

其实，在教育上，我真的是个很幸运的孩子。

我在4岁那年就被家人带到北京生活，妈妈考取研究生后就将我的户口转到了北京，让我能在北京参加高考。我的教育历程中，不仅有我的努力，也充满着神奇的运势和缘分。若是没有了其中的某一步，我都不会是现在的我。走到今天，我真的很感谢命运的眷顾，也几乎可以说是问心无悔。每一段经历都使我成长。

年幼怯生辗转多

婴孩时代，我是个极没有安全感的孩子，就像天生带着埃克哈特·托利所说的那种“痛苦之身”的婴儿。没有人抱着我，我就会大哭。我睡着的时候，如果感到被人放下，也会醒来大哭。我爸妈和姥姥轮班在晚上抱着我。这样敏感怕生的小灵魂，经过怎样的社会化的洗礼才养成跳脱开朗的个性？

小时候，父母就十分重视对我的教育。据他们说，他们在我小时候就教我背唐诗、认大字。他们不教我怎么写，而是让我将字当作图画来记。我指着苍蝇叫燕子，妈妈很高兴——又小又黑还会飞的是燕子，竟然形成了特征化的概念了！当我指着门口的牌子念“闲人‘兔’进”的时候，妈妈大笑，之后又耐心地对我讲“闲人免进”的意思。我从未因为认错字、认错事物而被责备。

这认字的本领也使我小时候看了许多“闲书”。我在很小的时候就开始接触英语。妈妈很重视我的外语教育，我没有枯燥地记字母，一直都沉浸在游戏式的口语情景中，到小学才真正学会怎么写英语。学英语是妈妈唯一让我必须坚持的事。从小，英语一直是我的强项。因为擅长，所以总受表扬，因此我学习英语的劲头也就足一些，就这么良性循环下去。学前教育潜移默化地给未来留下了刻痕，我选择专业之时倾向于文科，现在也接受了同声传译、交替传译的专业训练。

我在幼儿园时，不断经历搬家与转学。因为每次都需要适应新环境，我养成了心理上“随遇而安”的能力。小时候的我是标准乖宝宝，也许因为妈妈对我的教育很严格，我在特别依赖她的同时也有些怕她。纵然有时开怀狂奔，却大多数时候都怯生生的。还记得刚刚来北京时，为了适应环境，我特别留心向幼儿园的小朋友们学习北京话。也许是搬家频繁的缘故，我经常生病。一生病妈妈就会带我出去玩，买好吃的给我，因此我比较自由散漫地度过了幼儿园时光。不知为什么，小时候的我尤其坚强，磕破膝盖、磕肿额头、打针吃药，从来不哭。当时我仿佛觉得自己天生应该忍受痛苦，哭是没用的。自己坚强，才能让妈妈欣慰，让医生惊讶。我开始考虑别人的感受，开始隐隐觉得自己有必要去做一些选择。

在上学前，我还有一段最难忘的经历。那是上学前的最后一个夏天。妈妈要考研，没时间照顾我，就将我送到姥姥家——宁夏的农村。那是一个大坝边的村庄。姥姥家的小菜园对我的意义，大约就像百草园之于鲁迅一样吧！每天无忧无虑地在菜园里疯跑，即使园子里只有我一个小孩，我也能找到许多乐趣。我爱死了在一排排西红柿秧中钻来钻去，看哪个红了，便摘下来放进刚打出来的冰凉的井水里镇一下，一口咬下半个。自家种的西红柿尤为甜香。我喂过鸡，踩过壁虎尾巴，吃过烤蚂蚱，用香皂水洗过癞蛤蟆，探身到大坝边摸过泥螺。我还把五颜六色的蜻蜓抓进蚊帐，让它们为我抓蚊子，守着我安眠，第二天再放生。

退役的军犬“拉客”是一只威风凛凛的大狼狗。因为对别人很凶，它对我的亲近也就分外珍贵。我每次带着拉客上大坝上抓蚂蚱，一起居高临下，看坝里波卷浪涌，就像皇帝带着最宠信的将军巡视江山一样威风。当然，生活也是充满意外的。我误喝过可乐瓶里的柴油；半夜有蛇爬进床底，我却一夜安眠，直到第二天早上姥姥跟我说，那蛇被扔到了家门口看不到边的荒漠，我才开始后怕。现在想想，没有掉到大坝湖里，没有被柴油毒死，没有被蛇咬，也真是福大命大了啊！

我还给同村的小孩念故事书，带妹妹抓兔子……鲜活的自然色彩在我记忆中闪耀，这个世界不再孤绝寂冷，而是慢慢苏醒成一种可以触摸、可以在上面肆意打滚也不会被扎痛的缤纷绚丽的存在。小小的我不知道快乐是什么，但当我佯踹狗狗，让拉客不对妈妈吠叫时；当我一个人能挑一大桶水，或带着一堆白菜、萝卜、大葱种子和一罐田螺回家时；当我在本子上开始边画边数火车过了几个山洞时，我感到无与伦比的满足。

少年风流任轻狂

我的小学在北京。据说是因为老妈看上了学校的巨大操场，想让我在阳光中自由奔跑，而不是像其他小孩那样，以升学作为唯一目标。我刚开始有些怕生，直到开学第三天，才鼓起勇气与旁边的姑娘搭话。从此，我们成了形影不离的好朋友，一起在学校的大绿园奔跑，抓“吊死鬼儿”喂蚂蚁。

小学一、二年级时，除了英语，我的功课一直很差，而且每次考试都做不完题。妈妈没有着急为我补课，而是让我自然成长，一完成作业就放我出去玩。另外，因为我很早就能认字，她让我随意地订自己感兴趣的杂志，给我买各种好玩的书，让从小就爱看书的我越来越痴迷阅读。

从认字到会写字是一个神奇的过程。认字而不会写字的时候，我感觉字都像是流水明镜一般清澈完整的。写字的时候才忽然发现，一个字分成那么多部分，好像又重新认了一遍一样。三、四年级时，我买了一本紫色封皮的作文书，开始模仿好词好句，随后又逐步脱离好词好句的束缚。我仿佛一下子被打通了感受美的“任督二脉”，文章中拟人、比喻与细节描写的精美都在我眼前铺展开来，发芽的玉米也好像会和我说话。从此我的作文渐渐拔尖，老师会让我帮同学修改作文，而帮助别人让我感觉很开心。五、六年级，我的成绩逐渐好了起来，也得到了老师的赏识。

在小学，我是一个比较独立的能疯玩的孩子。一年级时，妈妈参加考研补习，晚上不在家。爸爸也没回来，我自己一个人在家吃饭写作业。虽然天很黑，但除了停电那一次，我从没有感到害怕。这也使从小痛也不掉泪的我，日渐独立与勇敢。妈妈没给我报很多课外班，我不想学的她从来不逼迫我去学。若是我半途坚持不下去，她也不阻拦我放弃。这使我喜欢自己做决定。感兴趣的事情很多，但是不易坚持。我学过跆拳道，学到红带，学完第一件事就是一个横踢踢在对我们一群女生欺负了两三年的男生的屁股上。这是我小学做过的最痛快的事之一，我感觉我有力量保护其他人。爸爸每天早上送我上学的时候都鼓励我在课堂上发言，五、六年级时我变得敢作敢为，性子逐渐跳脱起来。

因为空闲时间很多，我经常出去玩。骑车、种花、游泳、游戏、唱歌、手工，这些都带给我很多欢乐。妈妈很支持我尝试新事物。要做感兴趣的手工，比如十字绣或者编珠子，我都会想办法让爸爸妈妈带我去弄到材料，按照书上的步骤做。我喜欢与小伙伴一起“飕飕”骑车，也享受独自做手工编故事的时光，生活总是如此充满乐趣。爸爸每周末开车带我们去北京植物园野餐，那里简直成了我家的后花园。好多植物我都是在那里认识的！捞鱼、采蘑菇、采桑葚、摘桑叶喂蚕、抱树打滚，什么都干过。我爱极了郁金香花海和夏季松树下的荫凉。当时的我从不思考明天，因为我每一天都过得如此快乐，天真的孩子最容易活在当下。可我没有想到，很快我就为自己的选择付出了代价，任性不想学的奥数竟会成为我升学的绊脚石。

我在妈妈的要求下，考了一些英语证书，但是对奥数一窍不通，特别吃亏。很多中学一看简历，没有奥数成绩，就不予考虑。因此我当时最好的选择是一所不太令我中意的学校。然而，幸运之神光顾了我，我赶上了好时代。

豆蔻搏尽永无悔

我是如此幸运，初一那年正赶上人大附中与我们学校合作。我考入"人大班"，作为首届实验班学生享受了优质的师资。如果没有考入这个班，我的人生，也许会延伸向不同的方向。

初一和初二，我学得有些吃力。但是我一直很认真地做作业，心思也放在提高自己的成绩上，因此基础比较稳。说起来很戏剧化，让我发奋图强的,是一场培训、一本书，还有一部动漫！

我在一个青少年成长训练营中参训，作为少年支持团的成员帮助其他小伙伴成长。这让我受益匪浅。我树立了自己的信条：自信有爱，敢于冒险。只有遵守自己的承诺并自我认同才会愈发强大。在这里，我第一次对爸爸妈妈说："我爱你们。"学业前途的压力与危机突然就让我觉醒：不论我将来想过怎样的生活，都必须先过眼前这一关才有选择的资本。就在进入初三前的那个暑假，我每天坚持跑2000米以应对中考体测，每天按照最完美的标准做一章数学题。在初三时，我牺牲了午休，吃午饭只用五分钟，没完成任务时，我不会睡觉。坚持不下去的时候，我就想象《火影忍者》里面的金发鸣人，竖着大拇指说："说到做到，就是我的忍道。"无数的痛苦与悲伤、困难与背叛都拦不住他履行自己的誓言。

当时我的"心灵鸡汤"是"人之所以为人是因为人能够控制自己的行为，与痛苦同在"。做一件事如果有了必须做的理由，便会有巨大的能量。因此，我在班里的成绩渐渐爬升，名次数一数二，老师的信任与关注也是我很大的动力。

在初三下半学期，一个机遇彻底改变了我的人生。那就是北京一零一中学的首届人文实验班提前招生。印象最深的是它的面试。老师问我："你理科那么好，拿了电路设计的奖，为什么还要选择文科？"我答："我对人感兴趣。"我记得真正果决地选择文科的那一刻，就是在做语文阅读题的时候。我恍惚间看见字里行间有父亲苍老粗糙的双手紧攥，突然就有了泪意。回想起这么多年自由的阅读，那些欢喜的、激动的、悲伤的、忐忑的，所有的情感不断旋转交融，调成一抹灵动的白光。当时心里就安定下来了。我就是想学文科，理科的路广，那又怎样？当时，我是我们班唯一一个有资格与人大附中班签约的。然而，为了未必有结果的文科实验班，我毫不犹豫地放弃了签约。

在中考时，因为前两天没有调整好状态，我发烧到39摄氏度。写语文作文的时候手都在发抖，写了什么印象全无。但是我不断告诉自己：这么多的付出不能白费，一定要坚持住。最终我成功挺过了这次考验，进入了文科实验班。

时光流转洗铅华

各种机会，神奇的讲座，最会启发人的老师，都在这片"大花园"里。不论成绩好坏，老师都会关心你。在高三冲刺时，春雪落在吐苞的杏花上，把大松树变成了圣诞树。林老师让我们进圆明园里尽情玩耍，这真的不是一般的高三老师能做到的。

我们在第一届文科实验班，荣耀与压力并存。

初来这个班有些许的不适应。因为所有同学都必定在人文底蕴上有所长，都是“学霸”，而且不只是“学霸”。再加上住校对我来说是一种新的生活方式，压力顿生。我原来还算可以的写作水平，在班上排倒数，那第一学期的语文成绩让我不忍直视。从数一数二的名次掉到吊车尾的落差，让我开始患得患失。我面临着选择却又不愿付出努力。那么多纠结，我从来都只是在日记中倾吐，很少告诉别人。个性中的妥协与封闭占领了我的城堡。

我的朋友圈小极了，小到只有一个人，是我最好的朋友。我们每天中午一起在校园徜徉或者出去闲逛。我们在这大大的世界中自以为孤独，只有相互依偎。我们自己在两人之外设了一道无形的墙，隔绝了世界。但我最好的朋友决定出国，她在高二的时候就不常来学校上课了。我本来封闭的世界更加孤独，直到另一个人突然出现在我的世界里——每个靠近她的人都会敞开心扉，开怀大笑。她看似大大咧咧，实际上比谁都细心，特别会关心别人。我特别感激她出现在我的生命里，我逐渐又开始对世界敞开自己。

在这个从隔绝中走出的路程中，我开始关注心灵的成长。活在当下，不给自己下定义，会让我很心安。我逐渐对哲学产生了兴趣，毫不犹豫地参加了南开大学的哲学夏令营。当时就想着在夏令营，不管我想做什么，都可以去尝试。即使丢脸，也就仅仅丢几天。把真实的自己展露出来，让我感觉非常好。有一次我还展示了自己练了好几年的美声，惊艳四座，在KTV震撼了一群小伙伴。

这三年，我曾花大把的时间在网络游戏上。精美的画面吸引玩家，不断的成就促使人对更远的风景抱有更高的期待，虚拟的世界让人重塑自我形象，团队合作和模拟对战给予玩家成为英雄的机会，适度奖励与参与感的微妙融合使人心痒。其实人生就像一场游戏，只是没有重来的机会，没有删号的可能；“game over”了也不能复活，不能同时体验两种人生，同一时间只能选择做一件事，可能终生只在某几个领域有所成就。

你也不会永远青春美貌，你会衰老、生病。现实世界很难像在网游里一样，你并不是天生就被命运选中的特殊存在。在游戏里你被称赞天赋异禀、是救世英雄，系统设计诸多奖励来鼓励你玩下去。但级别越高，奖励越少，因为你已经养成了习惯，按照那个世界的规则不断投入时间。然而，在现实世界，我们难以预知的未来需要安静地积累与等待。在人生的初期，我们由于漫长的寂寞与等待，快速得到成就感的贪心蠢蠢欲动，自然更容易被引诱到看似奖励更多的虚拟世界中。但如果你太过沉迷游戏，从虚拟世界梦醒将是梦魇的开始。你自己的人生是你永远不能逃避的现实，逃避得越久，就越是痛苦，付出的代价也就越高。

班主任对一切有关我们成长的事情总是很敏锐，她看出了我们成长中的障碍，以委婉的方式点破。她总是帮我们创造一些机会，比如学长的京剧讲座，还有诺贝尔文学奖获得者的讲座，以及自创班刊和贴吧教学，她都会带我们去体验。我的好朋友在决定出国后转到另外一个班，当时老师在旁边鼓励她融入新班级，并且说有任何事情都可以回来找她，朋友特别感动。在高二升高三的那个暑假，老师突然生病。本以为一暑假的休息后会好转，但是高强度的高三工作成为压垮她的最后一根稻草，老师病倒了，必须休长假去治疗。在告别之前，她送我们一人一本《活着》。最后一节语文课，我们讨论了终极的问题：活着的意义。活着就是为了活着，任命运瞬息万变，唯有当下瞬间永恒。真正好的教育不在分数高低，而是点亮孩子对文字之美、世界之美的感知，点亮一盏灯，让孩子不要害怕，向内心行走，在朦胧中发现瑰丽。

我最想去的大学是香港大学，我做好了前功尽弃的准备，也拿到了加分，进入候选名单，最终却失之交臂。然而，我在北师大，去综合性大学接受有丰厚底蕴的人文教育的愿望都实现了。北师大教育学部是试点学院！我们见证了“学而书院”的诞生。不得不说，人生的境遇真是有趣得很！我初中、高中和大学都是首次接受实验的“小白鼠”！在这里，有自由选课的权利，可以给自己一份通识教育的大礼，这“小白鼠”我当得心甘情愿。后来，高中班主任老师经过一年的休息，也开始带下一届人文实验班的学弟学妹了，我满心喜悦和感恩。

我们总是想向人生的某些选择要一个承诺，好像拥有了背景音乐就能大有可为，就像在网游中选择当召唤师的那一刻就踌躇满志，确信自己在练到顶级的那一天能够驰骋天下一样。人太容易将自己现在的某些不如意归咎于选择的不正确了。在自身同一性形成的过程中，你可能犹疑着、迷惘着、颤抖着尝试，急于摆脱过去的刻痕。终有一天，你会发现每一段经历都以一种独特的方式成就了现在的你。慢慢地，你与属于你的这一方世界和解。你不会再问这个选择有什么利弊了，不会再强求你的选择给你一个承诺，而是专注在每一刻去创造，并且对未来无限的可能性保持开放。

面对逝去的一切要学会珍惜，未来无法预测，只有把握现在，才能让岁月真实不虚。

机缘巧合造就的必然

我的经历简直就是一部传奇，各种超乎想象的过错，

超乎承受力的行为，超乎期待的挑战……

很小很小的时候

当姥姥开始忙于其他事情之后，我告别了整日的家庭圈养生活，步入了幼儿园，那年我两岁。

对第一所幼儿园的印象不是很深了，大部分关于这一场所的印象都是从父母那里听来的。那是一所设立于小区中的私立幼儿园，接纳小区内所有未达到小学年龄的孩子们。除了情况极其特殊的孩子外，所有的人都混在一个班中。于是出现了一幅奇观：小孩子们在爬，大孩子们坐在凳子上听课，还有一个孩子背对着黑板玩玩具。

由于都是一个小区的孩子，家长们难免进行些私下交流。我父亲幸运地在小区内遇到了一位阔别多年的老同学，这位叔叔成了我家的常客，但某件事后他的到来总带着些许尴尬与窘迫。起因是个让人有些脸红的巧合。

一日，叔叔家的阿姨和我父亲相遇了。因得知两家的孩子在同一所幼儿园，他们便聊起了一些有关幼儿园的话题。阿姨充满神秘地和我父亲说，幼儿园中有一个小姑娘可聪明了，老师上课时别人都在认真听讲，而她却背对黑板玩玩具，但提问时竟然全会……阿姨讲了许多关于此幼童饱含神秘色彩的事迹，充分引起了父亲的好奇心。当问及此幼童的名字时，父亲完全震惊了，这名字竟然和他女儿的一样。这时，对我

的幼儿园教育完全放手的父亲，才得知我的课堂时光是怎样度过的。

我的幼儿园生涯应该分为两段，第二段生涯我就有比较清晰的记忆了。那是我18年来最快活的岁月。由于我父亲进入了一家外企，开始了忙碌的工作，母亲“异想天开”地去攻读哲学硕士学位，归家较晚，需父亲去接（当时东北“刨锛儿”案件也是不可忽略的原因），我开始了难得而漫长的托管岁月，一个月回两次家。若不是我的记忆力还好些，将会连父母的样子也忘记。那时的我对回家毫无期待，只盼着尽早回到幼儿园。

少年不知愁，已成浪子，忘记归途。我进入了一所设施齐备、教育理念先进、阿姨可爱的幼儿园，那年我三岁。幼儿园按照年龄给孩子分班，并有众多类似社团的组织。我加入了乒乓球和体操社团，但可惜的是对于乒乓球，我只学会了捡球，而对于体操，我没有培养出丝毫爱好，仅是增加了身体的柔韧性（小孩子的柔韧性本就很好）。

那是我最逍遥的一段日子。我和叔叔们一起去采购，坐在货物之间（印象最为深刻的是大西瓜，那是比脑袋大多了的大西瓜，红色的，汁水甜甜的干沙瓤大西瓜），听着三轮车驰骋的旋律，大声地嘶吼着，感觉自己将要起飞；我淘气地搅拌鱼缸中的地图鱼，看鱼儿挣扎的动作，笑得一脸无辜，虽然我差点为此付出了一根手指的代价；我为了获得发剩下的食物而讨好幼儿园的阿姨们，用我那可爱的小脸无意识地卖萌，弄得阿姨桃心满眼；我还霸道地抢夺看中的一切其他小朋友的东西，在他们告状之后又向阿姨露出一脸委屈的表情，对自己成了小朋友中的恶魔毫无感觉。那真是我有生以来最快乐的日子，直到进入学前班。

当母亲获得硕士结业证之时（因未获得学位证，后来母亲坦言，她不适合学哲学），父亲也考上了公务员，开始了“轻松”的生活。因父母对我多年托管生活的愧疚，他们希望我能够长期和他们生活在一起（虽然只是他们下班之后的短暂时光）。他们强制我转园，转到一所母亲单位的附属幼儿园。我讨厌那里，从第一眼就讨厌。我尽量降低我的存在感，减少阿姨们对我的注视。我的父母作为一对年轻的父母，有着自己的雄心壮志，鲜少关注我的教育情况，只在老师找家长时出现在老师的视线中。这造成了一段我日后不愿回首的黑暗时期。

在我的印象中，那是一所表面整洁、内里肮脏的场所：盛菜的桶和洗拖把的桶是同一个；只有一个卫生间，男女混用（那里的男生幼稚而愚钝）；八卦的阿姨在我们午睡时从不知道保持安静，每日单调的话题谈论得津津有味（不外乎是移民、找有钱的男友和一些与金钱有关的家长里短）；饭菜难吃，我多次从中吃出塑料丝或钢丝刷的残丝，在那里我恨上了倭瓜和茄子。好在仅仅一年我便幸运地离开了那个地方，开始小学生活。

最美好的时光

其他的孩子们都找到自己归属的小学后，已经八月末了。那时我的父母才意识到为我找一所小学的紧迫性，否则我将按照学区分配去那所“建在山里的学校”（那个山可能只能被称为“高坡”，学校中的学生很少，大多是外来打工者的子女，师资很差）。我整日在外面野着，毫不关心自己的归处，或许是笃定地认为父母终不会让我进那所“山中殿堂”。

那时有一所非常好的学校，师资设备优良。父母很想让我去那就读，但终因学费太过昂贵，那时的他们负担不起而放弃了。开学的日子越来越近了，父母还没为我找到一所满意的学校。后来，时来运转，有人慷慨地为我们介绍了一所学校，不收学费，进最好的班。父母满意了，我的小学生涯开始了。

小学的日子是漫长又短暂的。六年的时光对一个年龄是个位数的孩子来说仿佛花不尽，可以任意挥霍。但对比几十年的人生来说，又是短暂的。上学的日子很长，放假的日子很短。

我小学的班主任是一个毕业仅一年的大学生。那时的她很年轻，非常活泼可爱。那时的她还没有高大浪漫的男朋友，没有家庭，没有和她一样可爱的女儿。那时的她经常被我们气到哭。我们学习了一种很另类的语文教材，这是一种很深奥的课本，依据就是转学来的同学听不懂我们的语文课，又被迫转校了。

这种课本对我们的识字能力要求很高，汉字听写成为我们每日考试的内容，这对当时的我来说也是极为困难的。我理解那些并不认识的汉字的含义(因为阅读水平高)，能猜出不认识的汉字的读音(形声字比较多)，但我不能依据读音猜出不认识的汉字的笔画，这实在是强人所难。我光荣地获得一个个“待及”，我怀疑“待及”是班主任自创的，我从她那里只得到过“待及”。但除非强制要求签字，其他“待及”的卷子我父母从未见过。而且，每见到我考得糟糕的卷子，父母就推脱着不签字。但他们对我的语文成绩并不关心，因为他们被我的阅读能力震撼了。他们均认为阅读是件辛苦的事情，除了职场小说和时政杂志外，他们轻易不涉猎其他书籍。

为了防止我继承此种缺点，他们满足我任何的购书需求。于是家中的书柜由空荡荡的、仅有几本父母的大学专业书籍的状态变为装了满满文学书籍的状态，由一个书柜变为五个书柜，又由文学书籍变为各类书籍。我的父母震惊了，他们拒绝轻易为我买书，拒绝轻易为我的小说付账。母亲为了节省资金，为我办了读者证，将我送进了图书馆。之后的日子里，我的大部分假期都消耗在了图书馆里，我向“宅一族”迈进。

大部分人认为小学的分段应该以三年级为界。但对于我来说不同，因为我五年级那年学校发生了一件大事——我们“被”合校了。失去了校名、校长、食堂、幼儿园、大队辅导员，我们成了另一所学校的一部分。

我实在是应该批判我们城市的教育布局。我们学校和另一所学校的距离只有一堵墙，准确地说还并不是墙，而是对面学校的一排教室。两所学校的操场接连着，教学楼互相对应着，老师在同样的小餐馆吃饭，周一的升国旗是比拼嗓音的擂台赛，同一时间响起下课铃，合校是迟早的事。但最不幸的是，我们班被合并了。任凭当时我们私下设想得多好，让那个漂亮的大队辅导员当副校长，赶走那位粗鲁的教导主任，都只是异想天开，只能是我们私底下的“密谋”。因为当时我们只是四年级的学生，还没有“决策”的能力和“暴动”的决心。新学期，我们就这样被合并了。

我们喜欢的那位辅导员去了几公里外的学校，不受学生拥戴的教导主任“统治”了合并后的学校。整个校领导所在的五层楼都属于另一所学校，合校后曾经归属于不同学校的班级还出现了“待遇”上的差距，争端产生了。那是一个“群雄并出”的时代，对骂、打架成为常事，学生以纪律老师为依仗互相找麻烦。体育比赛时的竞争更加激烈，甚至恶意犯规（我们因比较正直，总是被伤害的一方）以换取胜利。

对于我来说，最大的影响就是数学老师换了，换成了一位沉默寡言的矮个子女老师。五年级以前的数学老师是一个高个子、容颜艳丽，像健美操教练的女老师，她声音洪亮、思路清晰，总是看着我们微笑，很受学生的喜爱。相比之下，新来的数学老师个子矮小，梳着过眉的齐刘海，声音低沉很难捕捉到，脸上鲜少见笑。之前我们的数学成绩很好，甚至超过了班主任教的语文一科的成绩。但换老师后，我们开始厌恶数学课，数学课简直成了每日的室内体育活动课，我们偏科严重，成绩直线下降。但值得骄傲的是，或许是之前成绩太好的缘故，尽管数学成绩退步如此之大仍然稳居年级榜首。

不久，我们迎来了小学结业考试。那是一场十分松散的考试，一个班的同学坐在一间教室，教室里有看野史的监考老师、熟识的面孔、嬉闹的氛围。同学们欢快地传递着答案，携着答案的透明胶带满教室地飞舞，那真是我参加过的最“团结”、最有趣的考试。期末的时候来的人就更少了，同学们在家长的催促下忙于初中入学考试。那时全市的适龄青少年都挤破头想进入那所拥挤的、据说作业成山的初中，学生们不得不在家长的指导下积极备战，而我仍整日没心没肺地看着小说。

进入初中前的暑假，我看完了金庸先生的15部小说，每日做着武侠梦，梳理着其中的人物关系，整理人物图谱，伤春悲秋地写几篇人物小传，总觉得迟早有一天自己也能过上“十步杀一人，千里不留名”的日子。那时的我实在是太不着调了。升小学时的节奏重弹，忙碌的父母在最后时刻想起了我将要升学的事情，匆匆联系了学校。某一个清晨，当我仍在和睡梦纠缠的时候，他们告知我两小时后参加入学考试。我极不情愿地去了，因我的梦还没做完。

命运总是爱开玩笑，我竟考入了那所传说中作业如山、我们总是私下恶意臆测的初中，并进入了一个据说不错的班级，省下了父母的银子（那时父母已小有积蓄）。

值得一提的是我小学的“宦海生涯”，真真大起大落。我是群众眼中的“英雄人物”，领导眼中的“造反派”。刚刚进入小学，我凭借自己出色的口才，毛遂自荐当了班长。我如实地践行了竞选方针，为同学谋福利。那时班级中的另一位班长并不是大家选出来的，而是班主任指定的，她是隔壁班班主任的女儿。同样是班长，我们走了两条不同的路线，我走的是“群众路线”，而她是“上级路线”。我能指挥班级中所有调皮的男生，而她只能指挥少部分没有“主见”的女生。

或许是我较高的威望令老师担心，于是在一次小小的过错后，我被贬为组织委员，另一位听话的女生代替了我的位置。三年级竞选时，大家选举我担任中队长，比班长大一级，但仍然做着组织委员的工作。后期我在中队长、班长、普通群众、班长、中队长之间起起落落，练就了良好的逆境处理能力，勇于面对各种惨淡的“人生”。经历了众多的磨炼后，我以中队长的身份告别了我的小学生涯。在此，感谢校领导们的宽容大度。小学结束，我开始了别扭的初中生涯。

人都要学会长大

我的初中生活是一段痛苦而又别扭的岁月。那是我青春期的开始，也是我青春期的结束。幸运的是青春期的我并没有长青春痘。

在一切机缘巧合之下，我考上了父母期许的学校，进入了不错的班级，节省了我的教育资金。入学第一天，所有的同学都站在那半个足球场大小的操场上，寻找自己的班级，等待班主任的召唤，我跟错了班主任。第一眼的印象总是最深的，至今脑海中留下的只是一个嘴角带笑，逆光而立的模糊影子。印象中，她从不生气，笑容温柔，喜欢点头微笑。我开心地跑向阳光下的女神，对初中生活充满了期待。她也看见了满怀期待的我，笑着摸摸我的头，和蔼地问我是哪个班的。我被她的眼神晃晕了，迟迟地答出“十一”，她指了指隔壁的位置。我扭头瞅过去，那一眼幻灭。

与那位老师的相遇是我初中不美好生活的开始。我在十一班，隔壁就是十二班，当看到十二班美丽、温柔、面孔充满慈爱微笑的老师时，我觉得阳光都洒在了我的心里。但随着她耐心地向右一指十一班的班牌，我顺着她的目光看到了我的班主任，心落到了谷底。和那位美丽、温柔的老师相比，我的班主任脸上嵌着虚假的笑容，笑意未达眼底，满含深意地和学生家长交谈，长满皱纹的脸随着话语抖动着。我痛恨上天，为什么不给我分到隔壁班。对我而言，厌恶一个人是从第一眼开始的，我痛苦的初中生活也是从第一眼开始的。

关于我的这位老师，我有无数痛苦的回忆，她实在是一位失败的老师。关于她的故事，无法写得过于细致。但六年后，我遇到了一位与我是同一个班主任的学妹，得知那位班主任还是老样子没变。有的人是很难改变的。

而隔壁班的“维纳斯”一直是那段时间里支撑我的天使，因为她，我的心中有阳光。她是我的数学老师，我们每日都有见面的机会。心情不好时，我总是假装路过隔壁班级的门口，偷偷看她几眼，不敢光明正大地站在她的面前表达对她的喜爱，我怯生生地站在阴影里偷窥自己的女神。因她，我喜爱数学，一扫小学最后阶段对于数学的厌恶。虽然困难重重，成绩不佳，但我一直努力地去学。遇到复杂的题目抓耳挠腮，遇到困难的题目我会哭泣，看到老师期待的眼神我心里总是酸酸的。这样的坚持使我中考时的数学成绩位列班级第二，当然，是正数第二。感谢女神的出现，拯救我于水深火热的初中生活。

初中时最痛苦的日子并不是与班主任共处的日子，而是初三下学期的那段时光。那段日子里我的逆商直线上升，练就了超乎常人的心理素质。因我们班的整体成绩一直位列年级倒数第二（我们年级有二十八个班，每个班平均七十五人），老师们迫切地希望改变现状。物理老师提议占用自习室成立了一个特别班，两个班的前十名组成这个班（两个班级是兄弟班，用同一批老师），人员流动。在组建新班级的第一次考试中，我排名第十一，没有加入。第二次考试中，班级排名第九的我，搬着自己的书满怀期待地加入了特别班。

那真是一个恐怖的地方。每日都会进行一遍中考所有科目的小考，每一门考试的成绩和排名都会写到黑板上。我们整日只有化学、物理、英语和少量的数学课，其他都是自习时间。因为长时间低头和不正确的学习姿势，那段时间我患上了严重的颈椎病。班里每个人都做着成套的做不完的卷子，研究着高难度的数学题，奔走在崩溃的边缘。最悲剧的是我，我是黑板角落里的最后一名，这实在是一件让人备受打击的事。我将功课在学校全部完成，回家就将自己埋葬在小说中，逃避现实的失败，忽视父母的斥责。

我在青春期最大的改变就是泪腺变得更加发达，每日哭一场。最后练就了只在心中哭的本领，喉咙不住地吞咽，面无表情，看不见眼泪。现实已经逃避不了，我的成绩越来越差，特别班的班主任决定将我撵出班级，为此特别召开了一次家长会。我父亲极具感染力的争辩加上我不错的人缘，让我留在了特别班，坐在角落的位置，处于被忽略的状态。除了数学和化学老师，其他人都对我失望了，他们不再期待奇迹。模拟考过后就到了填报志愿的时间，班上所有人都报了全市那所最好的高中（那所中学的招生名额很少），去争夺那少数的几个推荐生名额。而我却选择了面对现实，报了一所一般的重点中学，一所不是名校的重点中学。

在日复一日饱受折磨的日子中，中考临近了，我练就了强大的心理素质。特别班的同学们充满巧合地被分到了同一个考点，我们在考点之外集合。面对同学们一脸紧张的表情，我浑身轻松，没有什么更差的事了。中考的成绩很令人吃惊，平日里考590多分的同学竟然考砸了（满分是600分，那年的最高分是598分，这是一场比拼细心与抗压能力的考试），而我这个角落里的隐形人竟然考得超乎想象的好，将近590分，是那个特别班里的第四名。整个假期我都满心欢喜地迎接高中生活、期待高中生活，快活极了。

“笼子”里的岁月

高中生活离我很近，刚刚过去，记忆清晰。那是一段“笼子”里的岁月，但我们在里面肆意地撒欢儿。

我的高中位于正在开发中的新城，学校离家有半个城市的距离，我选择了住校。对于我这种懒散惯了的人来说，住校实在是最佳的选择。我可以最晚起床，放弃早饭赶往教室，真是幸福的小日子。

因为中考成绩优异，我被获准免交学费，并获得了一笔对当时的我来说数目不小的现金奖励。回想起我高中时获得的奖学金，实在是笔不小的数目，虽然最后“充公”了。因开学时我未填文理去向，于是随波逐流地进入了理科尖子班，遇到了我的第一位班主任，他是一位难得的好人。一位单身大龄男青年，他每日有无数的热情投入工作中，与学生同吃同住，奔波于每个班级通知消息，每周值宿三四次，熟记每个他见过的同学的名字，冬日里和学生打雪仗被撵上树……关于他和学生的故事实在是太多了。虽然我只在他的班里待过一个学期，但我与他还有那整个班级的学生保持了良好而亲密的关系。我后来的班主任，则是数学老师们的“老大”。

她实在是一位有趣的女人，她有一位和我同样大的女儿，进入了那所最难考的高中。她整日“不修边幅”（除了将她的白发染成黑的），说话温温吞吞，损人时可以让脸皮最厚的人羞得通红。在办公室中，她嗓门大得能在十米外的走廊听到，但讲课时却能让认真听课的同学睡着。她与一切高科技绝缘，经常找同学为她打字、处理一些简单的电脑问题（她只会“二指禅”，将所有电脑问题都归为中毒）。她从来不与学生谈论校园中的八卦、班级中的琐事（每次有放假的信息我们都是最后从她口中得知，后来我们放弃了她这个渠道）。据她女儿说，她做的饭也不好吃。但她实在是个有趣的人，很少有人不喜欢她。她成为我的班主任时，我换到了文科尖子班。作为文科尖子班我们是受歧视的（学理的人认为笨的学生才去学文呢），但因老大的存在，所有理科班都对我们表现出了充分的尊重。

这里应该回忆一下我的方向选择了。本人是一个奇葩，建校以来的奇葩。我是建校以来第一个由理科尖子班转到文科尖子班的“尖子生”，也是众多“尖子生”中第一个成功的。转班的经历实在妙，我不偏科，一切只是因机缘巧合。高一期末时母亲给作为数学老师的“老大”打了一个电话，那时的“老大”是一个焦虑的文科班班主任。因为大部分学生都要转到理科班去了，手下生源急缺，她想动员一切有文科倾向的理科生投入她的怀抱。在电话中母亲表达了希望我学文的期待（母亲不希望家里全都是理科生），“老大”听后备感激动，迅速在某一个中午找到了我。我们在楼梯的某一个角落里，开始了亲切的“秘密会谈”。

“老大”的目光漂移着，不断观察周围流动的人群（后来我才知那是为了防着我理科班的班主任），仔细确认后开始了谈话。我就如此不争气地被一个数学老师的口才说服了，达成了我母亲的愿望，加入了“老大”的班级。“老大”再三提醒我不要向别人提我将要转班的事，转班后我才知道有多少文理兼备的同志们“跳槽”失败，转班申请表直接被理科班主任扔到了纸篓里。我在理科班最后的日子里保持面瘫的表情，作为化学课代表的我竟然对朝夕相处的化学老爷爷保持缄默。终于我转班成功，作为学校的开创性人士我拥有了很高的知名度，被当成经典案例广为流传，“造福”一代代后人。

很多人都认为高三是人生中一段最重要的日子，但对我而言却与平日并无两样。可能是曾经受过的痛苦“折磨”太多、心理素质过硬的缘故，我认为那倒是一段比较轻松的日子。高三没有什么新的学习任务，很少的作业，几乎为零的校园活动。而且，我终于能够脱离寄宿环境享受“衣食无忧”的生活了（高三下学期，父母搬家了，我开始了走读的日子，不用自己洗衣，不用去食堂抢饭，不用收拾寝室的卫生，简直是人间天堂）。高三的日子实在是一部“小猪成长记”，我不可避免地变胖了。对于高考的慌张和茫然随着倒计时一天天变少，我也更加从容，内心的想法越加简单，没有理想大学的沉重压力，只是规划应该做对的题目、应该拿到的分数。当然最重要的不是分数，而是全省的排名。

当人的内心变得单纯、平静时，学习就是一件很简单、很容易的事情了。高中是一个人的象牙塔，是真正学习的地方。除了学习，你别无选择。

我的前十八年

我的父母一直实行“放养”式的教育模式，试图潜移默化地磨平我一直尝试的自我毁灭般的反抗。而我也一直与一切束缚斗争，努力突破由成年人制定的种种规则。这一切，最终造就了一个独一无二的我。大道五十，天衍四九，总有一线生机。

反思我的前十八年，由于父母的“暗中”支持，我生活得较为潇洒如意。虽也曾披荆斩棘，但毕竟茁壮生长。成长是一个适应的过程，逐渐适应成年人的世界是人生必须经历的磨难。

人生是鲜活的，教育作为我前十八年人生最重要的一部分是不能被文字所记述的。传记是书写的，而教育是演绎的。

马疾香幽花满路

偶尔驻足回望，发现茶花已随足迹开遍山野，

或许那就是我生命中的每个人带给我的美好？

原来财商有两面

自传，我看过的不多，印象深刻的有黑泽明的《蛤蟆的油》、理查德·费曼的《别闹了，费曼先生》，还有斯蒂芬·金的《写作这回事：创作生涯回忆录》。无论哪一本，都十分震撼。不仅是因为他们写得漂亮，更是因为他们的经历——他们简直见识过一切。费曼除了研究物理，还是桑巴鼓手。斯蒂芬不但是作家，还在地下室鼓捣化学仪器。

与他们不同——却想必与大部分孩子相同——我的童年平淡而略带起伏。记忆里最初的画面并非我本人或家人，而是一张桌子，桌面低矮、不平，上面布满油渍和划痕，样子呆板。它就被撂在一间昏暗狭小的屋子里，屋子另一端不断闪屏的电视机哇啦哇啦地播放新闻。这就是我对我们最初的家的印象——十分逼仄，比起学校宿舍尚且远远不如。这一潦倒的画面在我脑海中挥之不去，以至于我一直以为我家穷困至极，就像《浮士德》里葛瑞琛唱的那样："我们穷人啊我们穷人……"于是我从小便忧心生计，省吃俭用，不当家便知柴米油盐贵。

后来我们搬了家，新家虽绝非富丽堂皇，也当属小康——其实就是普通公寓，但对一个一直趴在小破木桌旁扒饭的孩子来说，绝对像个宫殿。我对自己价值观的基础产生了怀疑，问我爸：我们到底是不是穷人？

他瞪大眼睛瞅着我："穷？哪儿的话！咱家绝对小康！"

我爸自从意识到这个问题，便也开始忧心忡忡，担心我一味省吃俭用，给其他同学留下了我抠门的印象。于是他慷慨予我生活费，时刻"激励"我随心所欲花钱。但是逼仄窘迫的画面在我脑海中仍未消散，那些钱我一分未动，全收进抽屉，以备不时之需。后来我妈翻找旧照片时意外发现，以为是旧日收藏，大喜过望，全部"笑纳"。我爸得知之后，对我妈感叹道："财商教育到底是没成功——只会存钱，不会花钱！"爸爸虽不是视金如土，也的确对钱看得不是很重，他刚上班时发工资，把一叠百元大钞放进塑料袋，丢进自行车筐，一路安然骑回家。

他高中时曾主笔向校长上万言书，结果写完了发现没有途径投递，和哥几个愤懑之余跑到湖边钓鱼，钓完了烤鱼吃，那万言书也就成了点火材料，随肉香散为灰烬。我一直觉得这太神了——哪怕让我照抄，我也写不了这么多！我问他："真的能写一万字？"他十分自豪："当然啦！我在里面引经据典，多得很！"

想象中的美好世界

我的幼儿园生活始于残酷的现实——那是上幼儿园第一天，我被迫离开我妈的时候。我揪住我妈的裙子，哭得真叫声嘶力竭，丝毫不肯撒手。妈妈十分尴尬，对另一边紧紧拖住我的老师一直说"对不起、对不起"。我惊呆了。在这种"暴力事件"中，我妈居然和想把我们母女粗暴分开的"恶人"一条战线。我无法理解。被抛弃的感觉紧紧抓住了我，我一下子坐在地上放声大哭。妈妈趁机抽身离去，老师则肯定懂得冷处理的办法，一直没来理我。

我一直哭到哭不动了，觉得这个世界从此没人再来管我，我得自己照顾好自己。于是我一边悲壮地做出了决不与这个世界妥协的决定，一边慢慢地爬起来，走进洗手间。墙上一排排的杯子立刻引起了我的兴趣，我开始在里面仔细寻找，终于找到了那个标着我名字的小铁杯，顿时把同世界决裂的想法扔在了脑后。我跑出洗手间，发现小朋友们都在游戏角玩玩具，这时老师走了过来，把一个玩具递给了我。具体是什么东西我已忘了，反正我当时一下子觉得天都亮了，生活又充满了美好欢乐——就这样融入了幼儿园环境。

幼儿园过的是集体生活。在中午，我们把用来做仰卧起坐的那种垫子铺在地上睡午觉。这对我来说是个不小的挑战，因为我在家没有睡午觉的习惯。我躺在垫子上翻来覆去睡不着，实在无聊，就开始研究我的枕巾。幼儿园的枕巾充满童趣，上面有一堆花花绿绿的图案，这立刻激发了我的无穷想象力。在家里的时候，我就喜欢把被子团出奇怪的形状，营造出一种层峦叠嶂、别有洞天的效果，然后想象里面有拖着尾巴、头上长角的奇怪生物跑来跑去——现在看到这条枕巾，我马上把它想象成一个神秘的异世界。正好，我又在枕巾上发现了一截线头，这自然是通往异世界的钥匙了！

我揪住线头，开始迫不及待地拉。线断了，我就再找到另一个线头继续拉。就这样拉啊，扯啊，拽啊——并没有什么异世界的大门敞开，也没有仙女冲我微笑，倒是我的枕巾整个地被拆掉了，就连我旁边小伙伴的一半枕巾也被拆掉了。老师跨过“无辜的群众”，直接把“犯罪嫌疑人”拖了出来。接下来的时间，我只好一直站在墙角，眼巴巴地先看其他小朋友睡觉，再看他们起床叠被子，最后看他们结束游戏一起快乐地吃苹果。我先是困惑为什么我的枕巾会消失，再奇怪老师为什么要我罚站，最后因只有我吃不到苹果而愤慨，总之……我最后又哭了。

幼儿园里的倒霉事我只记得这几桩，大体上还是很欢乐的。虽然手工课上我从未学会过任何折纸，但总能找到技艺娴熟又热心的小伙伴帮忙折一个应差。在其他课程中，我虽从未出类拔萃过，但也没再出什么事故。剪剪折折，读读写写，唱唱画画……被想象充斥的幼儿园时代结束，我上小学了。

“屈辱”与反抗

小学低年级的记忆比较凄惨，绝对是一部“屈辱史”。我从未见过一帮如此疯狂又残忍的男生——估计以后也不会再见到，老天保佑。我怀疑他们缺乏先天的善意。他们抢走你的纸笔，把你的橡皮扔出窗外，撕烂你的作业本；还往你的衣领里丢地老虎，朝你脸上吐口水，揪着你的辫子把你的头往墙上撞，在你洁白的衬衫上乱涂一气，诸如此类，不一而足。在这种攻击之下，我居然隐忍了半年。但当一个男生朝我要钱时——其实他只要五毛钱，可我在前面提过，我一直以为我家境窘迫——我终于崩溃了，背着书包哭哭啼啼找我妈妈，说不想再上学了。我妈问明事情原委，拎起包直冲进班。先将那个男生痛斥一顿，再找到班主任，情绪激动地说明情况。

我们老师十分震惊，她一直以为班上的男女同学是和睦相处的。我不知道是男生们的作案手法太高超隐蔽，还是班上孩子太多老师顾不过来（有六七十个呢，班容量太大在当时是中小学的大问题）。反正后来我们老师开了班会，对班上纪律进行了整肃。但这就足以让捣乱分子们收敛吗？显然不是的。他们确乎收敛了一段时间，但很快故态复萌——很符合他们这个年纪的特点。简直像极了我在书上看到的一句话——

“这种年纪，毫无怜悯。”

至于为什么这种年纪会毫无怜悯，攻击性如此之强，我觉得心理学上一定有解释，甚至是专门的研究。总之，我们班的女生在后来继续忍受他们的摧残。一直到随着年纪增长，男生们的心智有所成熟，攻击性降低为止。我觉得，或许在小学阶段，搭配男女生做同桌会对双方的身心发育有好处。但与其让女生接受这种折磨，还是让男生们自己去内部斗争的好。我曾问过我爸，他们小时候是不是也是这样？他想了一下说：“对，好像也是这样，那个时候应该都是这样的……”

听爸爸讲故事

幸好，爸爸在那时给了我很多安慰，冲淡了那些可怕的记忆。在骑自行车送我上下学的时候，他常常给我讲故事，从伏羲女娲一直讲到民国传奇。

我爸很懂小孩子的心理，治国平天下的理念很少涉及，主要都是些历史故事。哪怕是真的很枯燥的东西，都被他讲得妙趣横生。比方说贾谊的《鹏鸟赋》，他把贾谊那种唯恐“主人将去”的微妙心态解释得有趣极了。

除历史故事外，每天晚上，爸爸还会给我讲一回《西游记》。我说的是“一回”，因为他是直接给我讲原著。每念一句，他都会给我讲解其中的意思，并且将少儿不宜的血腥内容——诸如玄奘将水贼刘洪剖腹剜心祭父陈光蕊——全部略过，主要讲其中好玩的故事。就这样，整整把九九八十一难讲完，每天晚上爸爸的嗓子都会干得难受，因为我会纠缠他再讲一会儿。

讲完《西游记》，又开始讲《三国演义》(显然对我这个年纪的孩子来说，《水浒传》太血腥，《红楼梦》又太高深)，怎么讲的《三国演义》我还记得点。讲到董卓死之前的那回里，“有小儿作歌云：‘千里草，何青青！十日卜，不得生！’歌声悲切”这一段，爸爸问我知不知道什么意思。我当然不知道。于是他给我讲，“千里草”就是“董”，“十日卜”就是“卓”，这句话的意思就是“董卓不得生”。

我当时觉得我爸简直太有智慧了！或许这就是我崇拜他的开始。让我这种印象进一步加深的，是他告诉我《红楼梦》里“甄士隐”“贾雨村”分别是“真事隐”“假语存”。小孩儿好骗，我真的以为这是他自己研究出来的！我觉得爸爸是个独有创见的大学者！真是太酷了！

“大学者”工作很忙(我爸爸是个编辑，虽然在我看来他的工作主要就是在修改错别字和病句），逐渐没有时间每天都给我讲“一两回”了。当时正讲到一个重要情节——“王司徒巧使连环计”，我迫不及待地想知道，貂蝉到底成功了没有。在这种欲望的驱使下，我终于忍不住，开始自己往后看，一直看到了“白门楼吕布殒命”。尽管有不少字不认得，不少情节不太懂，还是觉得痛快淋漓。就像自己吃饱饭哪怕有些难以消化，也比别人一口口慢慢喂要强。

我爸发现了我的进展，高兴坏了。我到现在还记得他那表情，又高兴又有点迷茫的笑容——自己的孩子才这么大点，就可以像冰心小时候一样自己读《三国演义》的原著，简直太棒了！我还没见过他这样的表情，后来也不多，我简直太喜欢了！

班主任吃了一惊

我们的班主任兼教导主任五十多岁，非常严厉，会狠狠惩罚那些胆敢在她的课上违反纪律、拖欠作业的学生。

我记得，有一次前排的一个学生在课上做小动作，不小心撞到了桌子，被老师发现了。老师把他叫起来，当着大家的面狠狠斥责他，训了几乎整整一节课，最后还罚他抄写课文（很多遍，但具体数目我也不记得了，罚小学生抄课文是件很“要命”的事）。那个男生在课间的时候痛哭流涕，我们大家都无比同情他。至于我本人，我觉得老师对他说的话简直太过分了。我直接给老师写了封长信。这信我现在还留着，但无论如何也不敢再看第二遍。

当时我已多少懂得所谓“职业威权”，于是在文中不但上纲上线，还在我能力范围之内进行了旁征博引。诸如“惩罚是文明的重要标志，但不是所有惩罚都是文明的。”（这话是我爸告诉我的）最可怕的还有，“老师，我觉得您这种举动是非常幼稚而粗暴的，完全是教育无力的体现”（“教育无力”是我爸特别喜欢说的一个词）……

尤为不幸的是，我不像我爸，我有着非常“快捷”的投递方式。没等到我的脑子清醒过来，那封信已经被放到我们班主任的办公桌上了。到了晚上，我才真正冷静下来，模模糊糊地猜测到这事可能带来的结果，顿时为自己的行为后悔不已。就像马克·吐温笔下的汤姆·索亚一般，我白天陶醉于做英雄的喜悦当中，晚上只恨自己没早点闭上嘴。

第二天我刚溜进教室，发现课代表在我的位置上等我。

“老师找你。”她说。像所有心里有鬼的孩子一样，我马上问她老师找我有啥事。她也像所有通知同学的课代表一样，回答说不知道。我觉得事态严重了。走进办公室的时候，我腿都是软的。我想象老师一脸冰霜地站在我面前，然后我的下场不是抄课文就是写检查，或者更糟——请家长。我实在无法预测，如果我爸看到我把他平时常说的话写进了声讨老师的文章里，脸上会是什么样的表情。一想到这些，我就觉得胃拧成了一团。

出乎我的意料，老师十分和蔼——面带无比慈祥的笑容，她带我走出办公室，并把门带上，然后靠在走廊栏杆上，一副准备长谈的架势。我吓坏了。我觉得老师一定把我当成了那种需要耐心开导的问题儿童，准备好好给我的思想纠偏了。

“我昨天看了你的信。”她说。

“嗯，”我说，“我其实……”

我想说我当时是一时冲动，没领会到老师的苦心之类，但是舌头打绊，说不出话来——我是真害怕。从小到大，我一直特别怕老师。

“你的意见提得很好，”她说，“感谢你给老师写了那么长的一封信，我还真是吃了一惊呢！”

“什么？”我说。情况和我想象的不太一样——还是有点微妙，但感觉我不会被请家长了。我麻木的脑子逐渐清醒过来。“噢，”我说，“我……”

“其实你没看到当时的情况，”老师接着说，“他一直在下面做小动作，我看了他好几眼——不顶用。他太过分了，还打扰了老师的讲课……”

“噢，对，是这样。”

“不过你说得有道理……我的处置方法是不太对。”老师无比真诚地看着我，“你有什么建议吗？”

显然，以我的水平，我只能做到发现问题并抱怨问题，根本不会解决问题。更何况，在连续不断的自我惊吓之下，我正像莎士比亚写的：“我的勇气正在消失……它正从我掌中溜走！”于是我像个傻瓜一样杵在那里，脸涨得通红，无论老师怎么问，我都是徐庶进曹营—— 一言不发。也许是老师可怜我了，也许是她烦了，总之，她终于放过了我。

“等你想好了再来找我，”她说，“欢迎你给我写信。”

“哦哦哦……”我能想到的也只有这句，“谢谢老师。”

随后我像飞一般逃回教室。这件事给双方当事人都留下了相当深刻的印象。只不过在我看来，我先是做事幼稚冲动，随后又怂得厉害，而在老师看来呢……初中毕业后同学聚会，汇报成绩的时候，大家提到我从原来的成绩一般，上升到班里前几名，老师听了立马说：“我就知道你没问题！看着糊里糊涂又打蔫，心里可是有主意得很！”

书本在左，音乐在右

我读书的爱好，主要是受我爸爸的影响。爸爸原本就是编辑，又喜欢去旧书摊上买书，所以我家藏书相当多。爸爸痛恨儿童版、青少年版和删节本，坚持要读就读原著（不过他终究没敢让我看《十日谈》的原著）。在他的影响下，我看了不少浪漫主义和现实主义的西方名著，诸如《双城记》《巴黎圣母院》《悲惨世界》《浮士德》《复活》《堂吉诃德》等等。

中国的著作我读得却很少。四大名著看了，曹禺的剧本看了，老舍的小说也看了不少，但是其他的作品就不多了。有一次我从爸爸的书柜里拿出了一本《余华小说精选集》，看了《许三观卖血记》和《兄弟》之后，感觉整个世界都暗了，心里被虐得难以忍受，简直丧失了希望。爸爸发现后，直接把《余华小说精选集》拿走，换给我一本《平凡的世界》。

“现在先不能看这样的书，”他说，“阴暗面太多。”

《平凡的世界》很大程度上治愈了我（最后看到孙少平爱人去世、自己毁容的地方，还是很伤心），但从此我对部分中国作家们的作品产生了恐惧感。当然不是说所有。例如周国平、张晓风的文章，还有余光中的诗我也看过，都很喜欢。但是像余华、莫言的作品，我的确不太敢看。

“莫言我看过，”爸爸说，“现在你最好别看……部分文字有些阴暗……跟余华的一样。”

当然，出于好奇，我在书店里偷偷读过一些。当看到《生死疲劳》的“受酷刑喊冤阎罗殿”一段，我把书塞回书架，再也不敢去看。

除了读书外，我的另一大爱好就是看音乐剧和电影。自从在那些“形同虚设”的音乐课上，老师在所有人都在写作业的氛围下播放了一段《巴黎圣母院》后，我就无可救药地爱上了这部剧，甚至为此尝试着学了点法语。其他的还有《歌剧魅影》《悲惨世界》《窈窕淑女》《音乐之声》，甚至蒂姆·波顿的《僵尸新娘》我也很喜欢。这些音乐剧给了我莫大的享受，我感觉我像是有另一个精神世界、一个幻想小天地。

不过，幻想小天地也给我带来一些小问题。“我本来是个乐天派，这全怪伏尔泰。”我自认为不算是个太内向的人，朋友也有不少。但我感觉自己始终找不到知音，除了我爸爸。也许只有他会和我聊《悲惨世界》里的“One Day More”，会聊《巴黎圣母院》里甘果瓦到底起了什么作用，会聊《肖申克的救赎》里某个地方是不是有情节漏洞……我觉得，我的爱好确实有点与众不同。但这些真的是我的兴趣所在，就像朋友们热爱的动漫与韩剧一样。郑重声明，我绝无自觉高大上之意（大家有时候会这样想），但我小众的爱好导致了我无法与朋友们进行“灵魂上的交流”。当话题涉入动漫、韩剧的“深水区”，我只能乖乖闭嘴，羡慕地看朋友们聊得热火朝天。

成绩还是很重要

尽管有着以上幻想小天地的问题，但这并不代表我的初中生活不快乐。事实上，初中是我朋友最多、最开心的一段岁月。我个人深信——尽管这样说不太好——一个人在班里的“地位”很大程度上与他的学习成绩有关。要我说，其实百分之七十是成绩，百分之三十是性格、个人魅力那一方面，而且当你有了百分之七十做基础后，那百分之三十才会成几何级数猛涨。初一时，我的成绩很平庸，也就是中等偏上的位置。到了初二下学期，我的排名开始上升，最后稳定在班级前一、二名，年级前二十名的位置。

我提到这些不是为了自夸，只是想说明一些事实。当我的名次上升后，我在班里的地位——姑且就让我这么说吧——显著上升。老师逐渐关注到我，总给我一些额外的辅导，而且有什么表现机会（比方说主持个班会、参加个比赛、表演个节目之类）都会想到我。这些在很大程度上提升了我的能力，也增强了我的自信心。与此同时，小伙伴们也对我另眼相看，经常来找我讨论题目，让我又交到了很多新朋友。

初中时光在很愉快的气氛中结束了。我真的很怀念我们那个班，没有小团伙，没有小集体，大家亲如一家，那种感觉太棒了！你在别的地方找不到。我们现在还是会一年一聚或一年两聚，每次气氛都很热烈，我们班主任必到场。一个班的气质，很大程度上与这个班的班主任有关，这种影响是巨大的。我们初中的班主任是我见过最负责、最棒的班主任。

高中的世界有点无奈

我知道说自己老师的坏话绝对是个坏习惯，但与之相矛盾的是，“说实话是个好习惯”。更何况，如果都讲好话，还要学生评价老师的工作干吗？

我仍然记得第一次写评价老师问卷的场景。当时我在读高中，大家都很天真，居然真的都在那个问卷上写上了自己的真实看法，很认真地为每一位老师打上了分数。第二天结果出来，我们班主任大怒。这是可以理解的，因为他的分数在年级排在倒数第一，这想必是不太令人愉快的。

我们班主任卷起我们班的问卷，一脚踹开教室的门，足足痛斥了我们一节课。他的理由非常“充分”：如果主任看到我们给自己的班主任打了个倒数的分数，他会认为我们这个集体没有凝聚力。如果没有凝聚力，我们就评不上优秀班集体。如果评不上优秀班集体，我们班主任未来将无法从副主任升为主任。如果他评不上主任，最终吃亏的一定是我们。

我们班主任还有一个特点——从不备课。那么上课可怎么办？幸好有语文组的课件。于是我们的语文课就成了听老师念课件的课程。到高二上学期，我们班的语文成绩已是全年级的倒数第一。

尽管有着糟糕的语文老师，我仍然喜欢语文，还喜欢历史、英语、地理、生物、物理（由于是文科生，后来生物和物理不学了，真是伤心。听说以后文理不分科了，简直太棒了！可惜我没赶上）。除了我们班主任，其他的老师都特别棒，超级负责任！

高三，很忙碌，但并不充实。课程知识早就学完了，我们日复一日地做题、做题、做题，都只不过是在原地踏步，训练应试技巧而已。学不到多少新东西，感觉真的十分空虚。每过几天就会有考试，全年级的大排名更是搞得人心惶惶。

虽然大家都很努力，但在这样的学习状态下——每天都有着无数的卷子，天天只能埋头做题，然而大部分题我们都是会的，没有多少收获，晚自习又要考试，根本没有自主复习、整理的时间，没有思考的时间——又怎么能指望我们高考时超常发挥呢？悲哀的是，尽管很清楚题海战术绝对不是最优解，尽管明白这样盲目地刷题，高考绝对不会有太好的发挥，但我还是不敢抗拒老师的安排，只好每天跟着做大量的无用功。像《双城记》里的西德尼·卡顿一样，明知自己的症结所在，也只能听之任之，无法改变。

新的开始

通过高中应试教育的经历，我对大学生活产生了深深的期待。因为我听说，大学里有很多兴趣社团，在那里你可以找到志趣相投的朋友。大学的老师会讨论真正的学术问题，不会只关注应试技巧。不过，刚来大学就军训，的确出乎我意料。

提到军训，心里仍然泛起一阵阵地痛楚，夹杂着美好的回忆与离别时的伤感。我从来不会小清新的语言，只能用大白话描述我的感受。军训有那么多回，只有这一次是真的刻骨铭心。教官只比我们大一岁，但是比我们成熟太多。烈日炎炎时他让我们背对太阳，自己只尽量把帽檐往下按。暴雨倾盆时他把我们送到帐篷下，自己淋着雨。我们的教官教给我们太多，责任、担当、勇气、纪律、坚忍、执着，能做好的事情一遍就要做好，等等。我想，这些是令人受用终身的。

离别的时候是最难受的。我想起一句话："总之你记住，离别是不对的。"最后的一个晚上，教官带队回宿舍的时候，我们走一路唱一路，唱的是他最喜欢的歌《老男孩》。这一路他都没说话，只低着头走路，很不自然地晃来晃去。到最后，大家强迫他说几句送别的话。

"你们是很优秀的班……"他说，"祝你们学业有成，将来成为国家的栋梁啊！"

"你们才是国家的栋梁！"队伍里有人喊。我不知道是谁，要是以前，我会觉得这话很大、很空、很无聊，可是现在我真的很认同。他是我们的同龄人，两三年回不了家，天天绕着山上跑，动辄十几二十公里。平常生活条件如此艰苦，仍在远离家乡的地方坚守着，他们是国家的栋梁，真的。换作是我，能做到这些吗？我觉得悬。想到他们，再想想我们自己，怎么能不努力，怎么还敢懈怠！

第二天上车前，我没再见到教官，只听了一个同学的描述。她是个很坚强的姑娘，那天哭得厉害。

"教官，再见啊！"她说。

教官冲她"啪"地敬了个礼，眼泪立刻就掉下来了。他马上转过身去，不肯让别人看到。

于是我们终究也没有跟他告别。

我不知道大巴开出基地时，那个教官们站在路边敬礼的场景是谁设计的，反正他们的目的达到了。伤感的气氛在那里达到了顶峰，大家在车上哭成一片。这种气氛在我们的内心深处直到现在也徘徊不去，也许不会再散去了。在美国民歌*Don't cry Jonny*里，有一句这样唱道："Jonei，Jonei，please don't cry，you will forget me by and by. "也许，时光终究会磨平一些东西。但拜伦在《唐璜》里说得好："时光的镰刀只找些俗物作践。"有些珍贵的东西，从来不需要想起，也永远不会忘记！

大学生活，即将扬帆起航。过去的一切，已成为云烟。雪莱说："过去属于死神，未来属于你自己。"纵使过去属于死神，我也愿为其郑重写下这一篇墓志铭。像海涅一样，用骨头敲击出音乐，让终属死神的过去，化为微笑的亡灵。

"此地长眠者，声名水上书。"过去如流水，人生亦流水。用这一篇自传，我记述下流水中一朵朵浪花，献给我的老师，也献给我的未来，还有我新的开始。希望我的努力，能让我和我在教育人生中遇到的所有可爱的人们，马疾香幽，茶花满路。

小城里的小姑娘

仿佛一切都还在昨天，然而我知道，
童年离我越来越远了，故乡的山水风烟离我越来越远了。

那是我朦胧的记忆

我学走路的时候，大概就一岁，我扶着爷爷奶奶家狭小空间里的各种家具，很努力地在走。虽然我妈妈说我不可能记得这么早的事情，肯定是我看小时候的照片后做梦编造出来的，但是我还是觉得我真的记住了。接下来就是我两岁的时候围观大人们给几个月大的表弟洗澡，以及三岁时站着尿裤子被打的记忆了。虽然都只有小小的一个片段，但是现在的我依然觉得自己很牛——看，我有这么早的记忆！

我很小的时候太婆就去世了，但她还在的时候，我见过一次。那时候太婆很老很老，弟弟很小很小，弟弟一见到太婆就被吓哭了。我当时很强烈地觉得，弟弟真是没有礼貌。太婆问我们要不要吃糖，我害羞又期待地答道："嗯。"我以为太婆会给我们类似大白兔这种糖果，但是她严肃又谨慎地从破旧的冰箱上面，小心翼翼地拿下了一个铁皮罐子，开心地拿出了一大块发黄的冰糖，递给了我。我当时是有一点点嫌弃那块大冰糖的，但我还是乖乖地接下了，舔了舔发黄的冰糖，我想，太婆应该是很开心的。

长大之后，有一次我在《儿童文学》上看到过一篇文章，就叫作《太婆的糖》。文章很感人，我看着看着，眼泪哗哗地流了下来。我突然想到了太婆和她发黄的大冰糖，同时为我自己当初的一点点嫌弃的心情感到十分羞愧和难过。以至于我那段时间只要一想到太婆，就马上哗啦啦地哭出来。

简单温馨的家庭

我的家是普通的三口之家，母亲在二十八岁生的我。小学之前我是爷爷奶奶带的，我上幼儿园之前父母还没有房子，我和爸爸妈妈一起住在爷爷奶奶家。小学之后不知道为什么爷爷奶奶不愿意住在我们城里的家里了，执意要回乡下的房子去。一直到现在，他们也没再和我们一起住。不过周末的时候，不是我们过去乡下，就是他们来城里。

当爷爷奶奶不和我一起住的时候，我曾经哭闹着不愿意。可是现在想想，说得残酷一点，他们的离开，对我的成长还是利大于弊的。如果他们一直和我住在一起，那么爷爷奶奶对我的溺爱以及老一辈的价值观，将使我无法成为现在的我，我可能会变成一个娇气又小气的人。

我现在仍认为，我小时候超级小气甚至现在仍然不是特别大方的个性，很大程度上来源于奶奶在我意识形成的时候，对我灌输他们物质贫乏时代对于财物占有和储存的强烈意识。她甚至教我在春节的时候看着那些来家里做客的小孩，不让他们吃我们家太多的糖。她也在隔壁的阿姨来借葱做饭之后，对我抱怨隔壁的人就爱占小便宜。诸如此类的事情太多太多。当然即使这样，我还是很爱爷爷奶奶。

我家算是温饱或者小康家庭，家里主要靠爸爸赚钱。我爸爸真的是蛮拼的。有一次听我爸爸喝醉酒之后说，他开始认真地想要赚钱好好养这个家，是在我出生之后。看着刚出生的我，他想："哎呀不行，不能让这个丫头过苦日子。" 爸爸是一个很会做人的人，他很大方，所以他的朋友也很多。我真的感到很奇怪，奶奶这么小气的人怎么会有一个这么大方的儿子。

我的家庭教育

我和父母的关系很好。但是到了初一的时候，我开始进入叛逆期，疯狂地迷恋日本动漫和一种叫“QQ飞车”的游戏，没日没夜地玩电脑。只要我在家，就坐在电脑前，连睡觉的时间也被不断压缩。初一、初二课程轻松，虽然天天玩电脑，我的成绩也是班上第一，以至于被全班同学作为玩电脑的借口。叛逆期的我天天熬夜玩电脑，不运动、不听话，天天和妈妈吵架。代价就是，现在个子小，近视眼，身体弱。

我认为我能够比较顺利地度过这个漫长的叛逆期，完全是我父母的功劳。即使在叛逆期，我也只敢顶撞妈妈，对爸爸还是有所忌惮。我知道无论怎么和妈妈吵架她都不会把我怎么样，但要是我敢让爸爸“滚”出我的房间，搞不好会被揍一顿。现在想想真的是愧疚难过得要死。在母亲的忍让，父亲的偶尔训斥，以及好看的动漫几乎看完和游戏打到100级的无聊空虚之中，我慢慢地度过了这段黑暗的叛逆期。初三时中考的压力让我无暇顾及其他，高中的住宿生活让我更加依赖与喜欢父母。我开始认真地和他们说话，珍惜每周甚至后面每个月回家的时光。

升学宴上，爸爸的朋友们开玩笑地说，教育小孩最好的方式，就是天天打麻将。是的，我的父母和其他父母相比，真的是很少在我的学习上操心，当然除了那段叛逆期。爸爸的朋友们都说我自觉，让自家的孩子向我学习。但是我知道，如果我父母和那些家长一样，成天逼迫我学习，给我报补习班，在叛逆期没有适当的顺从和斥责，我肯定就是个考试成绩不高的孩子了。但是，说不定我会在别的方面，比如社交、沟通表达方面变得更擅长。

我的父母几乎没有给过我关于学习的任何指导，他们说他们也不懂。我和妈妈也就这个问题讨论过，她说在我学拼音的时候，她曾经想在家中教我。但是发现她掌握的知识和学校老师教授的知识不一样，从此，她再也不教我任何功课。她说：“现在知识更新换代得这么快，我们几十年前的知识和你们现在学的已经有了差别。如果我按照我的方法教你，说不定还是在误导你。老师的传授比我们要专业、系统、新而且正确，所以功课还是老师教比较好。”

爸爸妈妈从来没有强迫我报什么辅导班。每次都是我自己提出要去学跳舞、学跆拳道、学书法、学画画、学日语、学吉他，但后来不想再去学也是我自己提出的。每次我放弃的时候，妈妈都会问我一遍：“你确定？不会后悔？我们不会强迫你，但是你如果后悔了也不要怪我们没有逼你去。”所以我现在就算后悔自己没有一技之长，也不能怨妈妈。不过，我的童年起码没有在补习班上面烦恼过，一切都是按照我个人的兴趣与意愿完成的，没有强迫，没有反抗。小时候玩得挺开心的，但是现在看到别人有才艺时还是会感到一丝遗憾。

我见过太多被逼着上补习班的孩子——我的同学、我的弟弟们，而几乎所有被逼着去上补习班的孩子都过得挺艰难的。有的是和父母关系紧张，有的是压力太大导致身体出了问题，真是得不偿失。当然，也有好的例子。所以在补习班的问题上，在对孩子管教的“抓”与“放”方面，我还是挺纠结的。我经常会想，如果我有了孩子，我会怎么教育他？作为一个学过教育学的人，我能做得比其他家长更好吗？

我的学校生活

我的幼儿园是在两个地方上的。我在村子里上幼儿园的时候，最喜欢一个人在角落里撕纸片玩。摆放鞋子的时候一定要左右对称，两只鞋子中间的缝和地上的线垂直，放在角落的位置。

到了城里，我读的是当地最好的幼儿园。当时我们家还是很穷，我知道爸爸是费了很大力气才把我送进那里的。可虽然那是最好的幼儿园，但是对我来说并不好，我在那里饱受欺负。也没有什么原因，大概就是我好欺负，不会反抗。班上调皮的男生头头喜欢欺负我，班上的女生头头也喜欢带领全班女生一起欺负我。他们不仅在肉体上打我、推我，还在精神上威胁我、孤立我。那么小的孩子怎么会这么坏呢？真是搞不明白，难道欺负一个人的感觉很爽？

小学是在懵懂中度过的。我依然被班上的几个胖子欺负，他们有的把鼻涕弄在我的身上，有的用拳头狠狠地捶我的肚子。直到我去学了跆拳道之后，那些猖狂的男生才有点顾忌。其实学跆拳道对打架真的没什么用，要是他们真的敢和我交手，发现这一点以后会更肆无忌惮地欺负我。不过，那个用拳头捶我肚子，让我哭了两节课的男生，在初二游泳时淹死了。我知道以后十分难过，特意写了一篇文章记录我们之间的事情。

我从小就容易害羞，十分内向，现在仍然是。我一直在思考，是该做出改变还是顺其自然。这个问题困扰了我很久。

初中是我目前为止最开心的一段时光。我记得初中的班主任说过：“小学的时候，你们都还小。高中的时候，学习压力又大。大学的时候，大家都是竞争对手，更别说工作以后。初中是你们交到一生中最好的朋友的地方。”不过初中的我完全没听进老师的话，除了学习、写作业，就是看动漫。再多出来的时间和精力，都用来胡思乱想我和暗恋的男孩的美好未来。尽管如此，友谊还是在不知不觉中来了。现在还和我联系比较频繁的朋友们，一个是因为放学骑单车同路，一个和我喜欢同一部动漫，一个是座位在我后面的男生。

高中的我很想交朋友，并且有过刻意的接近和交流。但是高中环境很不好，我没有交到知心的朋友。到了大学，人人都说要广交朋友，我真的不知道怎么办了。是什么都不用做，还是要有目的性？哎，这让不善言辞与交际的我很是忧愁啊！

我特别容易受到同伴的影响。高中分科之前，和我关系比较近的是一个热情奔放、情感丰富的女生。她的情感丰富到随时都要溢出来。我认为她活得很肆意开心，于是也受到她的影响。我从一个内向到只会在角落里撕纸片的人，变成了一个见到班上每个女生都要抱一抱的人。

分班之后，我的同桌兼室友是一个从前与我比较熟悉的女生。可是更加亲密的接触也让我们发现了对方的不足，她的一些行为让我隐隐地不舒服。但这都不是问题，我一直认为我们会是最好的朋友。但是，慢慢地我发现，她开始变得对我和对其他人不一样。对我很不耐烦，对别人却很热心、很友好。这让我有苦说不出。我对她的变化感到奇怪，和家人说过我的苦恼。在这个全是小团体的班级里面，被自己认为最好的朋友那样对待，我是真的想不通啊！

当时爸爸妈妈也想过很多可能：“为什么她只对你这样呢？难道你做错了什么？还是她嫉妒你的成绩？你说她比你刻苦，可是成绩没有你好。”于是我开始不断地反思自己，我开始变得顾虑太多、古怪、不自然。我认为一定是我自己做错了什么，所以她不喜欢我了，大家也不喜欢我。我不断地思考，但是一直没有结果。我开始怀疑自己做的所有事情：是不是不应该这么说话？是不是这样扭扭捏捏不对？是不是这样直来直去也不对？是不是不应该让她和我一起吃饭，不然为什么我挽着她的手她就要甩开？我想不明白她对我或无视或刻意疏远的行为。

进入高三，因为同学间没有同甘但有共苦的情绪，班上一个个分散的小团体慢慢地交叉融合，变成了一个大家庭。而我，仍然是边缘人。我的周围形成了一个无形的屏障，把我隔开了。她开始由沉默变得乐观，而我则由开朗变得沉默，由沉默变得抑郁。我也曾经和她聊过几次天，问过她为什么要以这种态度对我。她一直说：“我就是不喜欢你，我也不知道为什么。”

直到离高考还有十几天的时候，她终于坦白了：“因为我嫉妒你。你为什么可以不费劲就比我成绩好？”我当时在电话中一直哭，听到这句话之后，我笑了，很无奈地又哭又笑。我大喊：“为什么啊！为什么是这种无聊的原因！为什么这样可笑的原因困扰了我三年！”这种偏执的情感真的会让一个人崩溃，而我现在回想起来会觉得可惜又不可思议。整个高中，我对他人的评价和态度太过敏感，没有及时地反思和调整自己的行为。我们都太过幼稚，没有好好珍惜彼此。

在写这篇自传的刺激之下，我又开始纠结高中的往事，最后竟然给高中的班主任打了个半小时的电话。我们从来没有这样交流过，这让我感觉非常好。我从小就怕老师，不敢和老师说话，不敢上课发言。但老师真的是一个很好的职业，能够真正帮助到孩子们真的会有一种很愉快的感觉吧。

一些乱七八糟的想法

《肖申克的救赎》中，瑞德曾经评价老布的死："这些墙很有趣。刚入狱的时候，你痛恨周围的高墙。慢慢地，你习惯了生活在其中。最终你会发现自己不得不依靠它而生存。这就叫体制化。"不知怎么的，看到这里我哭了出来，我想到了我的中学生活。"无可救药"的应试教育就好像那监狱的高墙，一开始我讨厌它，而现在我离开它却手足无措。

老布在监狱中50年，他在监狱中有地位，可社会能够接纳这个从监狱里出来的有关节炎的老人吗？瑞德在监狱中呼风唤雨，可以通过各种途径搞到烟、酒、海报、口香糖。但走出监狱之后，这些东西只要打一个电话就能轻易得到，而他连查电话簿都不会。安迪不一样，安迪在监狱中尽最大的努力发挥自己的才能，不忘自己的兴趣，最后越狱了，也过上了自己期望的生活。

而我在应试教育的体制中，会做题，能拿高分，是大家羡慕的对象。我拥有上课睡觉不被骂，回家玩电脑还被说学习效率高的特权。可是当我走入大学，当那些分数变得没有用的时候，我很茫然。我是不是被束缚了？

也不能说有什么启发吧，就是感叹一下自己真像瑞德。现在的我总是着急，看着别人申请奖学金我着急，看着别人去图书馆我着急，看着别人有各种活动我着急，看着别人每天和好朋友出双入对我着急。不知道该把自己的精神寄托在哪里。

我来自一个美丽的正在发展的小城，我很爱那里。不是出来了之后才发现家乡的好，而是一开始就知道家乡的好。一次吃饭时听到两个老师说，还是当学生好，可自己做学生的时候也总是抱怨。而我一直都认为当学生好，虽然有升学压力，虽然有这样那样的烦恼，但是学生生涯真的很幸福。所以我总是不想长大。

苟且之外还有远方

我要认真严肃地对待我的成长故事，所以不想用文绉绉的辞藻来修饰它。

水果糖味道的童年

我来自美丽的沿海城市厦门。这是一个特别干净的城市，当然了，这更多的是指厦门本岛。我出生在隶属厦门的小镇，三面环山的乡下老宅，我并不是独生子女，有两个姐姐，我们小时候经常吵架。在我出生之前，爸爸妈妈在乡下务农。家中还有爷爷奶奶叔叔阿姨舅舅等，村子里基本是亲戚。我出生后，爸爸妈妈离开村里到镇上做点小生意。到城里之后，只有周末假期才会回来。

我们的小家庭属于真正的普通人家，爸爸最高学历是初中，妈妈因为家庭并不是很富裕而且家中姐妹多，小学毕业后就没有继续学业。爸爸卖过馄饨，卖过衣服，摆过路边摊，忙碌着生计，最后在表叔的公司里跑业务。妈妈跟着爸爸来到城里，开了家服装小店，后来因市场整修拆迁，妈妈在家待业转为家庭主妇。

上幼儿园之前，因为爸爸妈妈生意忙碌，年龄尚小的我就寄宿在离家较近的托儿所，在那儿度过了两年的时光。我从小比较大胆调皮，捉弄过男同学，帮小女生打抱不平，爱玩游戏。记得在托儿所里，我特别羡慕一对双胞胎，她们长得特别好看，姐妹俩穿着花裙子在台上唱《数鸭子》，而我还流着鼻涕追着男生满世界跑。有次生日的时候妈妈煮了一整桶的红鸡蛋分给小朋友们，小朋友们可开心了，我也特显摆，好长一段时间在学校里受人崇拜。

幼儿园的时候我经历了搬家，父母服装生意也大了一些，开了家小店。我放学没事就在店里面转悠，没有玩伴就硬拽着店里来来往往的客人家的小孩们玩，看着大人们讨价还价，像个小野人一样，在市场里上蹿下跳，很快就同市场里的叔叔阿姨们都混熟了，也得到了很多人的疼爱。我被爸爸妈妈带到城里时，两个姐姐还和爷爷奶奶住在一起，她们只在周末或是假期的时候来镇上小住。那一年我们家对面开了小镇上的第一家洋快餐店，我就总是往那里跑。姐姐来的时候我也拽着她们往那儿跑，趴在窗边眼巴巴地望着里面色彩斑斓的装潢。

幼儿园时期的记忆，还有一部分是跟着爸爸在晚上的时候出去摆摊。爸爸摆路边摊的时候，我或者坐在爬满锈的三轮车上看着小城的夜色流萤；或者盖着要卖的衣服蒙头大睡；或者吵闹着非要舀一碗隔壁阿姨家甜甜的四果汤，那种甜甜地、缓缓地滑入喉头的水果香，好像童年就在那一碗四果汤里面。因为我生性顽皮，小时候免不了要挨揍。偷跑出去玩得挨揍，不听话得挨揍，赖皮不想回家得挨揍，非得逼着爸爸动手才安分。有一次我贪吃，趁大人不在的时候抓了一把“高档糖果”大白兔揣在兜里，被老爸发现了，没有逃过一劫，当晚被揍得哇哇大哭。

记忆中有很多时光都是这样在大街上闲晃的。将珍藏起来的水果糖小心翼翼放到我手上的外公、公园里坐在榕树下湿漉漉的青石板上的烧饼摊伯伯、美发店里教我给爸爸按摩的漂亮姐姐都在我的脑袋里。还有幼儿园七彩时光里的男孩女孩，和商场里面的人来人往，当然也有回到乡下带我爬树摸鱼的哥哥们。我可能不像公务员或者教师家庭的孩子从小受到优良的教育，但我拥有的是大把单纯而明媚的幼儿园时光。那几年里，我记忆最深的不是今天学了几首唐诗，而是我在商场旁的菜市场里面和小男生一起疯跑的场景。

幼儿园的门卫是一位老大爷，常带着我玩，还总是向上托着我的脑袋说要帮我“长高”。老师也很信任我，生了小宝宝后把抱小孩这个光荣而神圣的使命交给我，我特自豪。在幼儿园里，我和小玩伴玩着“亲亲怪兽”还有“奥特之母”的游戏，大笑着在色彩斑斓的教室里办家家酒。到现在我还记得幼儿园里弥漫着的小朋友身上的乳香和门卫爷爷袖口轻微烟草味杂糅在一起的气息。

夏天里的熊孩子

很快便到了小学时光，爸爸在城里落户买房。搬家的晚上爷爷进城帮忙，昏黄的灯下用那一辆破破的三轮车捆着一大堆东西往新家运，我就跟在大人后面蹦蹦跳跳。我就近去了最好的小学。父母还是没有时间接送和陪我，小小孩便开始学会自己上学，脖子上挂着家里的小钥匙，走路的时候叮当响。我按着点儿自己上学、放学、睡觉，因为姐姐还没来，在家时电视机就是伙伴。到了晚上我就一个人开着电视机躺在冰凉的地上，有时候趴在阳台上看着黑色的夜幕，陷入胡思乱想，想的都是些爸爸妈妈会不会回来、我会不会死的问题。

小学的我在磕磕碰碰中长大，做了很多蠢事，好像都在夏天。二年级的夏天我想吃年糕，但年糕硬硬的，已经放了一个春天。我趁着爸妈不在家，一个人拿起了菜刀却往手上切，左手中指带着指甲切了一块肉下来，血一路从厨房滴到客厅再滴到电话上，肯定也滴到了妈妈的心上。爸爸立马赶回来带我去医院，还得连哄带骗地告诉我缝针不疼。还有一次回老家，我磨着婶婶说要去牵牛回家，我害怕拉不动还将手上的绳子多绕了几圈，结果反而被急着回家的老黄牛牵着跑，绳子解不开，我跑得也没有牛快，要不是邻家的阿姨发现，我就被老黄牛拖在地上跑了。

还有一次台风天，我窝在家里面看《哆啦A梦》，家里面除了我一个人也没有。窗外的风呼呼地刮，广告牌也鼓噪着，树也被刮得倒在地上。我很担心爸爸妈妈，更害怕自己一个人待着，心想着要出门找他们。刚一出门，门就被大风关上了，这下后悔也来不及了。家里进不去，我只好凭着记忆边哭边往自家店铺的方向走。路上遇到一个好心的叔叔把我送到市场，但店里早已人去楼空，我站在紧锁的店门口，体会到的真是一种刻骨铭心的恐惧和孤单。

爸爸妈妈对于我学习上的要求基本从三年级开始。爸爸对于成绩很看重，时时刻刻盯着我的成绩变化。他承诺只要我能保持每次考试每个科目都达到97分以上就给我买电脑，可惜我不争气，学习也吊儿郎当的，错失了与电子产品的第一次相遇。生性好动顽皮是有好处的，小学时我就培养了各种各样的兴趣爱好，画画、播音主持、各类体育运动。实际上父母不看好这些活动，觉得学习才是第一位的，但他们也给了我足够的自由做自己喜欢的事情，并没有强迫我放弃。于是，我参加了各种团体活动，先后加入学校田径队、篮球队、足球队，参加区里面举行的朗诵会、画画比赛等。爸爸妈妈看到我很开心，成绩也没有下滑，慢慢也就不说什么了。

四年级时，家里的经济条件更好了些，爸妈把姐姐们接到了城里。姐姐们的到来开启了生活的新篇章，有了姐姐的陪伴，我也不再那么孤单。但随之而来的也有争吵、打架。打架严重的时候会惊动爸爸，惩罚就是被揍、罚跪、站墙角。虽然当时觉得爸爸妈妈好残忍，但是不得不说，我庆幸他们通过这样的方式让我懂得姐妹之间需要尊重、分享。后来我们姐妹开始有了共同的小秘密。

通过与姐姐的磨合，我也学会了如何与同学相处。大热天里，我与几个好友穿着短裤在居民区开辟了自己的小世界——名叫“危险地”的小角落。还一起跑到发廊的幽暗小房间探险，偷偷地用零花钱买零食，到脏兮兮的河里游泳。学校生活优哉游哉，边学边玩，也没参加补习班。晃晃悠悠，六年就这样匆匆而过。

自在如风的少年

初中时我参加心仪学校的招生考试失利，随后到了另一所中学。这是一所争议很大的学校，较高的升学率和屡发的校园暴力事件并存。刚进入青春期的我入校时很恐慌。周遭的人都说学校是个大染缸，我就担心着自己会被“染”成不好的颜色，变成坏孩子。

幸而分班后有四五个小学同学与我同班，我慢慢安心了。军训的教官高大帅气，带着我们训练，增进感情。开学摸底考我考了班级第三名，本来就自信满满再加上当时姐姐的鼓励，我毛遂自荐做班长。班主任是个腆着大肚腩的和蔼的中年男子，他愉快地答应了，于是我当上了班长。

我们的班级很和谐，没有分化，没有隔阂，像一家人一样。那些自在如风的少年在放学之后会集结起来爬后山，考试前后相互帮助、交流考试经验，在校运会为班级荣耀拼尽全力，一起去鬼屋探险惊声尖叫，交往单纯，想哭就哭想笑就笑，不为了迎合别人而改变脸色。我在班级里和同学们打成一片，属于疯疯傻傻的假小子类型，我认真对待身边的每一个朋友和班级里的每一件事情。

做班长，不如意的事情总是有的，比如初二的时候准备校运会身心俱疲。早上老师忽然说要带气球，会让队伍看起来很特别。嗯！我很兴奋，这是真的很“罗曼蒂克”呀！想着全班同学一起放飞它，那该多美呀！可是个人买，不统一啊！好了，事情还是我来做。

放学后的奔波，我心甘情愿。我四处找气球，12点买完就去拜托人家打气。空下点时间，我还要教雯雯弟弟学英语。1点了，赶紧回家拿书、换衣服。不要说饭，连口水都没喝上就又回到雯雯那儿，帮忙给90颗气球打气。没事，我来拿！我让雯雯帮忙，一直干到差点迟到也没有慌张，认为不过是小事一桩。纵使骑着车扯着二十几颗气球，纵使忍受气球在我的身后爆炸，不怕！我是多么激动，幻想着那个放飞的场面！

下课时一些其他班级的学生来捣乱戳气球。我是多么的愤怒，不愿意、不能忍受精心准备的班级的东西被破坏，一个个赶走那些人。气球被初三年级同学抢、被人戳破、不小心飞走，到了集合的时候，气球残破不堪。压在我心头的怒火一阵阵燃烧。

口号，我们班的，我来带头！尽管我们的彩排很不好，但我相信我们班的人有集体荣誉感，我真的相信我们班的人在喊口号方面一定会做得很好，我压制心里的不平和委屈。接近主席台时，我开始喊了，心想着老师说要喊五遍，嗓子沙哑的我尽力喊了一遍，前边的同学应该听到了，我叮嘱过同学们听到我第一遍喊声时就开始喊。结果在第二遍时才有稀稀拉拉的喊声。唉，我没有力气再喊下去了，泪水滑过我的脸，我哽咽了，再也喊不出来。彻底失望了，无尽的泪水淌了下来，别人在笑我在发狠地哭，放气球很美但我当时好失望，好难过，可到如今也变成了甜蜜的过往。

身体上的发育带来的心理变化，让我慢慢看到了男女生的不同。我也有了自己暗恋的男生，但最后也只停留在淡淡的懵懂的悸动。早恋在学校是不被允许的，而不被允许的事情对这些处于青春期的少年们而言正是用来被打破的。不巧的是，在心理斗争时，我的暗恋对象和我好朋友偷偷地谈起了恋爱。在那些下课爬山的队伍里面多了两个人偷偷地牵手，也多了一个酸酸的我。我不懂得怎么去表达欣赏与倾慕，只能望着，望着。这样的情感最终也只是留藏在心中，开不了口，只能通过日记隐晦地表达。没有男朋友的我，却有很多的女性朋友。我和几个死党在周末假期的时候挤到副班长的家里玩电脑、迷你Cosplay，我们几个人会在公园里面破坏情侣约会，那段时光快乐而幸福。

到了初三的时候，其实没有什么紧张的感觉，就是多了点作业。我的生活还是一样在正常的轨道上，该上网上网，该看电视看电视。而我们所谓的家长会是爸爸最讨厌的了，他特别不喜欢开家长会。他一直觉得自己没有什么文化，读书都要靠我自己的觉悟，能读好就读，读不好便不强求。所以我学习全靠自主。我属于课堂型学生，特别喜欢和老师互动、回答问题，但是我很讨厌作业。抄作业成风的那些年，我也属于早起抄作业大军中的一员。每每到了初中月考前，我多少要假装认真复习一下，回家又是该吃吃该玩玩，半吊子地学着。但在考试中还是比较幸运的，一般来说我在年级能排到前10名。最好的成绩大概是年级第3名。因为是班长的缘故，我经常光顾年级组办公室，帮老师拾掇办公室。全年级的老师基本上都认识我，也都挺喜欢我的。

我自己也没有很强的紧迫感，有点小自信，觉得学习还是挺轻松的，该吃吃该玩玩，就这样迎来了中考。可我早不病晚不病，偏偏在中考前夜生病了。爸爸火急火燎带着我去了小诊所往屁股上打了一针，第二天我又神清气爽地参加中考去了，这也算是一个小小的插曲。我很清晰地记得中考时的感觉。那两天空气中弥漫着阳光晒过的杀灭细菌的味道，前几场考下来浑浑噩噩，在一场大雨中结束了最后一场考试。等成绩的日子有些难熬，爸爸嘴上不说但是心里焦急，甚至某一天梦到我只考了260分。但结果还是挺好的，我如愿进入隔壁重点高中。

就这样，三年“嗖”的一下就飞过了。说要毕业了真的不怎么能接受。记得中考成绩出来的那天，大家都很激动！有人笑也有人哭，不知道如何表达自己的心情。在知道成绩之前我非常担心，但是成绩出来后也不自觉地放松了。

同学们就要散了，我也不再属于那个被我抱怨了三年的学校了。有点舍不得，但是我们都希冀着明天。原来以为离开的时候我们会哭，但最后我们是笑着离开的……或许还有很多遗憾，我们会抱着遗憾走向下一段人生的路，但遗憾也是我们回忆中不可或缺的一部分。以后的天还是很灿烂，只是我们不能一起拼搏了，我们要各奔东西了。当我站在另一个学校的土地上时，我会常常想起我的初中学校，我的初三四班！

青春里的“忙”与“茫”

上学时日子总是飞奔而过的，匆匆就到了高中。我已经站在了高中的一号教学楼大厅开始了令我成长的高中生活。

刚刚进入学校，最喜欢的就是学校里面的厕所，非常豪华，就像是肯德基麦当劳里那种非常干净的厕所。然后就是学校里面的大操场，软乎乎的草坪踩上去就感觉要飘起来。第一次接触晚自习，我还能很清楚地记得妈妈拉着我的手把我送到了校门口。果然，所谓的重点高中真的不一样，同学们都很安静地坐在自己的座位上自习，一言不发。对多动的我而言，感受到的就是一种压抑。

高一的学习生活充满了迷茫和困惑。我自以为是地想要以初中的学习方式轻松地取得好成绩，结果在第一次月考的时候，58分的数学成绩狠狠地挫伤了我。数学老师就是班主任，当时还是班长的我不知道怎么面对他，挫折之下开始选择逃避。我以一种萎靡的状态对待学习，天天不务正业，往学生会里面跑。

在学生会工作方面，我加入了生活部，负责电影放映，在周末的晚上扛着学校的放映机、音箱，在大厅里面给大家放电影。挑电影、做海报，目睹同学们在看到我们的付出时露出真正的会心一笑。我们是第十届学生会，办了很多活动，比如与新疆班“结对子”、校园歌手赛、校园吉尼斯、寄宿生篝火晚会、跳蚤市场、手拉手爱心活动等等。我在学生会中成长了很多，学会怎么去规划与安排、怎么同他人相处。

高中的我越发张扬，甚至有点儿张牙舞爪，自命不凡地认为年轻的时候都要有疯狂的一面才对得起青春。这就导致了喜欢我的人觉得我直率，不喜欢我的人觉得我变态。我向来是一个贪心的人，我希望所有的人都是我的朋友，我甚至愿意当别人的“垃圾桶”，但身边却好像总少了一两个真心而知心，进而推心置腹的朋友。我有特别要好的男同学，因为我假小子式的性格，他们也将我当作哥们一样。我很感谢我身边的这一群男生朋友，我把他们当成了蓝颜知己。知道我怕黑，他们就会在周末晚自习放学后陪我推着自行车回家；知道我和某个女生闹别扭，他们就变着法子安慰我。至今我还记得高中的第一次怦然心动：夜晚我被吓得不行的时候一个同学牵着我的手让我不害怕，那种感觉非常温暖。

时间很急，马上高二的我面临着文理科分班的问题。对于文理科的选择我脑中没有概念——我既不讨厌政治和物理，对化学和历史的兴趣上也没有高低之别。于是，我只能看我喜欢的老师都教什么科目，有多大概率能被他们教。我毅然决然地选择了特别喜欢的地理老师所在的文科，不知道是不是从这个时候开始，关于教师、教育的事物扎到了我脑中的某个神经回路。我的老师们不是填鸭者也不把我们当成小孩，而是真正充满了人格魅力，能够平和、平等地同我们交谈的朋友。为了能进入地理老师所带的班级，我和另一个学生会的女孩一起奔向了我们高中后两年的班主任那儿，求他在分班的时候收了我们。于是，我来到了三班，这个当时令我印象最深的班级。

第一次相聚在三班是2010年的7月末，那时候2010届的师哥师姐们走了，2011届的学长学姐到了奋战的时候。那时的我站在了文科班里，对于三班的第一印象是“什么奇葩都聚集了”，有一种全校的男性“环肥燕瘦”都聚集在这里的感觉，然后在彼此或陌生或熟悉中走到一起。大家性格迥异，又陌生而疏离。由于高一时候的“跋扈”，好多女生知道要和我同班似乎都有恐慌感。而我从自己很喜欢的四班到了三班，也有好大的落差感。为什么那么多个性怪异的人？为什么大家这么不团结？为什么上课这么被动？为什么还有人和我抢话？好多好多的为什么让我对三班的情感一直被锁在对四班的怀念中，而一切依然会随着时间的解锁而消失。

关于军训，我们的教官有点黑、有点小、有点严格，但还是很可爱的，军训结束的时候还给班上同学发了喜糖。在军训的主题班会上，班主任让我们自我介绍，那些照片里面留下的都是一个个黑得发亮的身影。

高二的班级座位要重新排列，班主任安排学号的时候采用的方法是让大家先坐好，然后按照座次排序。这是我最早开始喜欢我们这个新班主任的原因。我觉得他通过排座位这种微不足道的事情给了我们十分重要的尊严，不是按照成绩，而是按一种相对公平的方式来对待这些高二的孩子。高二伊始的葱茏时光里我是痛苦不安的。高一的时候我与另一名学生会女生隔着几个班级，在学生会也不是一个部门。那个女生很优秀，我们共同的热爱和相似的性格让彼此惺惺相惜。但是高二，我们在一个班级，我内心的妒忌和不安等复杂心理都让自己感到羞耻。这是不是就是人性的弱点呢？说到校运会，文科班都是女生，能上的男生基本都上了。虽然我们是女子军团，我们班级依然充满能量。

高二，我开始意识到应该认真学习对自己负责，对于学生会的工作，我也开始渐渐淡出。高二入学的第一场摸底考试，我们班的第一名是个男孩子。我知道最开始分班时，我的成绩是班级第一。我倔强地想：如果我是第一，这个第一就应该属于我，所以我要变得更加强大！我以此不断激励着自己。这个时候，北师大就悄悄走进了我的目标范围里。我把北师大写进了我笔记本的首页，妈妈当时看到还嘲笑了我一番。

在厦门，高三紧张的气氛没有压着我们。老师们天天跟我们说着其他省市高考如何“壮烈”，我们依旧处变不惊。尽管如此，后期例行周考也还是将每个人推入一种麻木的状态。春末夏初的厦门天气不大好，总会下点小雨，晚自习的时候灯光招来会飞的白蚁。我从小天不怕地不怕，就怕白蚁，高三晚自习每次看到都要哭。现在想想好像这也是抒发高三紧张情绪的一种渠道，找个借口让自己哭出来。

每天上完课我就和伙伴一起去操场走一走，缓解下身心压力。我感觉到压力最大的是每次模拟考的时候：第一次模拟考在市里排名第二百五十名，这是什么概念？就是我连北师大的尾巴都摸不到。当时我可绝望了，躲在操场悄悄掉泪。年轻的时候谁没有为考试哭过几回？省质检考试的时候，文综让我极度挫败，接二连三的打击让我不知道该怎么办。班主任看到我的政治选择题错了5题，开玩笑地推着我的头说我。对政治科目优越感极强的我当时真是羞愧万分，眼泪止不住就掉了下来，心里已经在和北师大挥手告别了。我就是想上北师大，我就是想当老师。但是越到后期越觉得完全没有希望，这种感觉很痛苦。老师说这叫作“高原反应”——不知道自己的增长点在哪里、该往哪个方向努力，自己缺什么、怎么办。

浑浑噩噩中，考前十天的“复习假”来临，困在高三枷锁里的时间越来越短暂。当倒数计时牌从十位数跳转到个位数的时候，我脑袋里面魔怔地喊着：相信我三年的努力是比得上这几天的，无论我高三下学期怎样失败，我相信我自己！无论是好是坏我都认了，这是我应得的结果，最起码我认为自己肯定能上一本线。至于同北师大有缘与否，那是运气与状态使然了。

我无数次希望时间会停下来，但它只会向前走。六月七日就这么来临了，昨夜的班歌和呼喊，还历历在目。天气还是惠风和畅，木棉依旧飘摇无疑。突然间仿佛看到两年前的自己站在教室的窗下追着飘散的木棉球打发时间，颇有兴致地帮外地的学姐拍下木棉，并戴着绶带恭敬地祝福学长学姐，今天轮到自己了。入场前，老师们为我们壮行，还记得语文作文题是“运动中的赛跑，是在有限的路程内看你使用了多少时间；人生中的赛跑是在有限的时间内看你跑了多少路程”。六月七日晚上我几乎看不进书，跟同学跑到操场去谈理想，结果遇到班主任，三人就那么坐在草坪上，回想这两年一起走过的时光。

最后一天，手忙脚乱地看了些文综。班主任穿着粉色的衣裳，小明的唐装鲜红鲜红，英语老师也穿红色，老师们都来给我们加油！于是文综在硝烟中开始走向我们，时候又到了。我不敢纠结了，也不想自己对不对了。把题看了几遍，凡写过必不再观望，写政治大题感觉思如泉涌，滴答滴答。英语，激动了！听力完便开始胡思乱想了。写到作文的时候还来了场大雨，望着窗外倾斜的雨丝，可怕的时间给了我回不去的无力感。我看着面前小鸡啄米的时钟，脑袋里只有一句话："我的高中生涯要画上句号，这是我最后一场考试。"

哔！哔！哔！结束了，雨还在下，胃里翻涌着暖意。此时已经完全不管那些关切的脸、不管那些残留的雨水，走在回班级的路上就叫了出来，情绪已经压抑了两天了。进了班级，在那张我坐了N天的"太师椅上"，再也忍不住。班主任又"废话"了，多亲切的"废话"，液体把黑板上的字和我的视线完全阻隔开。我居然忍不住痛哭流涕，哪有我这样的，还被小明笑。小丸子和数学老师似乎以为我考得不好，我那么歇斯底里，大概班主任也很无奈。可是我忍不住啊，再也听不到班主任"废话连篇"，再也上不了有点乱哄哄但可爱的语文课，再也不能和三班的同学们一起上课，有那么多的再也不能。我真的忍不住，倾注了爱和时间的三班，我们是兄弟啊！

我哭了貌似有10分钟，忽然想起该是时候给小明唱生日歌了，就像我们为珍珍老师唱的那样。小明！明天生日快乐！你是教会我最多最多的高中老师，你是让我哭过的老师，你是让我笑过的老师，你是我认认真真钦慕了两年的老师。

考试结束后，别人在休整，我在奔忙。家教、聚会、打工、参加电视拍摄及学生交流等等，将所有的时间一丝不落全部利用起来。高考成绩还是做兼职的时候班主任帮我查的。在电话里知道自己考了623分的时候，我诧异地以为他在骗我，手颤抖着反反复复给他打了5个电话核实。于是最后，我来到了这里，在夏末秋初的时节，站在绿树红墙之下，朝着北师大的中北楼，没忍住笑意。

我和我的世界

教育包括我们自己所做的和他人为我们所做的一切，
最终可以使我们更加贴近我们的完美本性。

我活在世界上，爱着、感受着、思考着。我心中有个世界，那里承载了关于我的许多事情，有欢乐的，有悲伤的。它们虽然已经逝去，但是却永远不会消失。有一个声音对我说："在无限的宇宙中，在永恒的岁月里，你不过是顷刻就化作无的颗粒。"而我用辛涅科尔的话回答："是的，对于宇宙，我微不足道；可是，对于我自己，我就是一切。"

我何尝不知道，在人类的悲欢离合里，我的故事极其普通。然而，我的世界从未平庸。因为有这样一群人，他们为我付出，为我操劳，教育使我成为一个有用的人，一个无愧于社会的人。

亦师亦友亦至爱

父亲母亲不是从言语上告诉我做人的大道理，更多的是用实践教我怎样为人处世。就像卢梭所说："真正的教育不在于口训而在于实行。"他们用实际行动告诉我什么是对的什么是错的。

父亲和母亲在外人看来是极不相称的，母亲也不止一次地抱怨父亲配不上她。但是在我看来，他俩是再合适不过的了。

我父亲自幼丧父，他的母亲独自将儿女拉扯大，却又在我父亲即将大学毕业时撒手人寰，一系列的打击让父亲练就了常人不能相比的坚韧的意志。父亲曾跟我说他从未做过噩梦，因为即便在梦里有人追他，杀他，他总能想办法逃脱。弗洛伊德曾说“梦是愿望的满足”。也许在父亲的潜意识中他渴望练就一身百毒不侵的本领，来抵抗这坎坷的命运。

而母亲生长在一个知识分子家庭，且父母健在。又是外公外婆最宠爱的孩子，因此她可能更脆弱一些。母亲是一个极其敏感的人，她又是悲观主义者，所以很容易钻牛角尖。她从高中开始就失眠，神经衰弱。休息不好的她很容易发脾气，甚至无理取闹。但是无论怎样，父亲总能包容。

于是，在这两种极端性格影响下长大的我也有着非常矛盾的内在品格。有时的我会像父亲那样坚毅，不轻易服输。而有时候我又会像母亲那样软弱不堪，万念俱灰。连我自己都不知道哪个才是我的真实状态。

父亲的职场晋升之路有些不顺，即便在业绩极其突出的情况下，升职加薪的事也从来轮不到他。曾经的我很不理解，看着不如父亲的某些人，会走关系、会阿谀奉承，便如履平地、飞黄腾达、风光无限，而我的父亲却只会躲在角落里埋头研究自己的项目。我埋怨他为什么要故作清高，为什么要过分耿直，我甚至觉得他懦弱。可是现在我渐渐理解他了，无论怎样，父亲只求问心无愧，只求对得起爷爷奶奶的在天之灵，就足够了。

而母亲在社交方面就显得更如鱼得水。母亲脑子灵活，八面玲珑，很是受领导的青睐。她的性格相较于内敛的父亲也更为活泼，跟我的关系也更亲密。我和母亲之间基本没有什么禁忌话题，她有什么事就会把我当作朋友一样倾诉，而我有什么难题也多会向她求助。在为人处世方面，母亲用她的经验让我少走了许多弯路。特别是在我初中时，经历了人生中第一次重大的友情变故——我被好友们孤立了。习惯群居生活的我不得不学会与孤独相处，那种日子苦不堪言。细心的母亲发现了我的异样，她及时地与我沟通，了解情况，然后给我想办法出主意。尽管母亲的办法并没有帮我挽救那段逝去的友谊，但她让我知道我不是孤军奋战，她给了我一个坚实的后盾，让我在受伤的时候还可以暂时地躲一躲。经过那次风波后，我在与朋友交往时更加成熟了。

父亲母亲是我的朋友。我们之间没有父母和孩子的等级观，也没有代际的交流障碍，有的是平等的地位。父亲母亲又是我的老师，他们潜移默化中影响了我，是我灵魂的导师。尽管他们也不知道他们引导的方向、手段是否正确，但他们一直用心、用爱完成属于他们的使命。

卢梭在《爱弥儿》中说："最初的教育是最重要的，而这最初的教育则无可争辩是属于妇女的事情。"这句话在今天看来是错误的，但是在我的启蒙教育中，我的母亲的确扮演了举足轻重的角色。那时父亲的事业刚刚起步，无暇顾及我的教育问题。那个时候的人们对早期教育的意识相当淡薄，甚至许多人从未听说过这个词语。而那时的母亲已先于其他父母有了这种意识，在潜移默化中为我注入精神的食粮。

还记得在上幼儿园之前，我就可以把几十首唐诗倒背如流。不同于其他父母的是，妈妈从未让我在熟人面前背唐诗，来显示自己的赫赫"战绩"。所以我也没有觉得自己与同龄孩子有什么不同。只是随着长大，我对文字越来越敏感，对唐诗宋词更是爱不释手，也许这就是母亲在那个时候为我播下的种子现在开花结果了吧。母亲还寓教于乐，给我买许多玩具，像是魔方、跳棋、军棋等。虽然和现在孩子们的电动玩具相比，我的玩具单调且乏味，但是它们的确开发了我的智力，我在游戏中收获了许多书本上学不到的东西。

从小到大，我是众人眼中的乖乖女，学习认真自觉、善解人意、体贴父母。但其实我并不像外表那么柔顺，尤其是青春期的我，非常叛逆，甚至逃学。

还记得那是初中时的周末，学校组织上课外辅导班，由外教给我们上课。我很喜欢英语，也很喜欢那个外教。可是有一次，一位好友突然提议逃课去游乐场玩。我禁不住诱惑，就跟着一块去了。疯玩了一天后，也没多想就回家了。可是我回家时还不到下课的时间，母亲恰好在家。当母亲打开门诧异地看着我时，我做贼心虚，一下子慌了。母亲问为什么这么早回来，我是从不说谎的，所以就坦白了。我不觉得这件事有多严重，可是当我看到母亲神色大变，我就知道是我低估了事情的严重性。那是从小到大母亲第一次打我，我从不知道原来母亲打人是那样可怕。一下下的巴掌落在我弱小的身躯上，我的泪水止不住地流下来。最后母亲恨铁不成钢地告诫我："再逃学我就打断你的腿。"那声色俱厉的样子至今还萦绕在我的脑海。这次的惩罚的确起了很大的作用，从那以后，我再也没有因为贪玩而不上课。

但是更多的时候，父亲母亲对我的教育是动之以情，晓之以理。他们从来不逼我学习，而是摆出事实，让我自己体会不学习的下场，让我产生紧迫感。所以从小我就有很强的好胜心，我害怕落后，我急切地想要证明自己。而正是这种好胜心时时刻刻鞭策着我，每当想要偷懒时，想想自己肩上的重任、自己的梦想，立马打起十二分的精神，全心投入战斗中。这让我无论在什么情况下，都能脱颖而出，并最终出人头地。

初三之后父母很少过问学习了，更不用说辅导我了。而我又是那种自觉性、自制性很强的孩子，不需要额外的辅导。但是他们仍默默地关注我，又不给我太大的压力。当我的学习方法出现问题时，他们会适时地提醒我，并和我一起讨论，到底哪一种方法更适合我。父母从不强加给我什么东西，而是让我自己去寻找我认为属于我的东西。

最初的启蒙

我没有爷爷奶奶，不知道该说是我的命不好，还是我爸的命不好。总之，印象中每次跟别人提及我的祖父母都已不在人世时，对方都会向我投来一丝怜悯的目光。从我断奶起，爸妈因为工作忙就把我放在外婆家，所以潜意识里我一直把那里看作我的“老家”。小学几乎每个周末、寒暑假，我都是在姥姥家度过的。直到上了初高中，随着课业一天天繁重，我才不再那么频繁地往来于“老家”和爸妈家。

在家里，外公是绝对的权威，而外公在村里乃至镇上的威望也是极高的。外公之所以能赢得这么多人的尊重，主要是由于以下几点。首先，外公才华横溢，琴棋书画样样精通，他是早年为数不多的中专生，接受过良好的教育。再加上外公悟性极高，许多乐器只要拿上手，便能弹奏个八九不离十。何况在那个文盲很多的年代，身为教师且学富五车的外公自然为人称颂。其实真正让外公名声远扬的还不是这些，而是他那一手笔走龙蛇、遒劲有力的书法。小时候我在姥姥家时，经常会有人登门请外公题字、写匾。那时候科技不发达，商店的招牌、街道两旁的宣传标语都是要手写的，所以许多人都来找他帮忙。一来二去，外公便有了“一支笔”的美誉。最难能可贵的是，外公很少收钱。有时别人实在过意不去就送他一盒烟，外公才勉强收下。所以外公受人尊敬的另一个原因就是有不求回报、善待他人的品质。

现在想来，我的许多爱好都是受外公的影响。还记得小学一年级的那个寒假，我缠着外公教我写毛笔字，冬天凛冽的天气冻得我小手通红，但还是坚持每天都要写三张，那时我的动力就是想要得到外公的赞赏。直到有一次在练字时，无意中听到外公跟外婆说：“这孩子总有一天会出人头地。”虽然小时候的我还不太明白什么叫出人头地，但我知道那是夸赞的话，所以很受激励。因为有软笔的基础，所以我的硬笔字比同龄人都要好许多。至今我还记得二年级时，参加省里的一个书法比赛，那个副校长爷爷负责指导我们参赛，当我把我的作品交给他时他露出了惊异的目光。他拿我的字给身旁的其他人看，嘴上还不停地赞赏说：“这可是二年级的学生写的！”

外婆不识字，她虽不能给我像外公那样多的教益，但是外婆作为一个经历过岁月风霜的劳动妇女，却能给予我许多课本上学不到的做人哲理。我们这些孩子对外公是又敬又畏，但是对外婆就没了拘束，什么都可以说，不怕被责骂。所以外婆给我们更多的是亲情，是偎依在怀里的安全感。小时候吟唱的歌谣都是外婆教我的，直到现在我还能唱上几首。那时明媚的午后，当我在枣树下荡秋千，外婆就在我的旁边搬个小马扎，一遍又一遍地唱着童谣。有时我会在那柔柔的歌声中睡去，忘了自己还在秋千上，一不留神便跌落下来，啃了满嘴的泥巴。这时外婆会赶紧抱起我来，不迭地哄我，嘴里还念念有词，说完后就又开始取笑我了。这些儿时的趣事直到现在外婆也还是挂在嘴边，每次回家总能听上几遍。

外婆生育了四个孩子，两男两女。但是母亲总是私下里和我说，她小时候外公最喜欢她，因此我也是外公最疼爱的孩子。的确在我们家族里，外公最看重且充满期许的就是我。母亲说的不无道理，但是我觉得更多的是因为我比其他孩子更像外公。外公最痛恨别人睡懒觉，而我小时候每天都是六点准时起。我的哥哥姐姐弟弟妹妹们总能睡到日上三竿，单凭这一点外公就老大不满了。而真正让家里人对我另眼相看的是我的成绩。初中、高中我一直是年级前十名，从未出过第十名外。于是我便成了兄弟姐妹们学习的榜样，外公也不止一次对我大加赞赏，当然都是背着我说的，怕我骄傲。在他们看来，我一定是非清华北大不上的。而我对自己亦是信心满满，无奈高考有太多的变数，我未能如愿正常发挥。当外公得知我去了北师大时，我清楚地看到他眼里掩饰不住的失落，我知道我让最看重我的外公失望了。

漫漫求学路

据爸妈回忆，我上幼儿园的时候，其他孩子都哭闹着不让父母走，而我都是高高兴兴地上学，高高兴兴地放学，从不哭闹。这让年轻的爸妈很是安慰。当然现在的我无从知晓那时为什么那么喜欢幼儿园，只知道我对学习真正感兴趣是从中班时老师的一句话开始的。

我上的幼儿园是县城最好的幼儿园，学费也是最高的。尽管那时家庭生活很拮据，但父母还是想让我接受最好的教育。但上幼儿园的主要任务还是玩，很少上课。直到中班，我们才开始接触一些数学题。我还记得那时的数学老师是一个三十多岁的阿姨，一次她让我们做书本上的一列题，谁做得最快就奖励一朵大红花。那时的我已是个争强好胜的小孩了，想着一定要拿到那朵大红花。于是我认真地听讲，是第一个把那些题全部解出来的小朋友。老师很是高兴，将我大大地夸赞一番。

我的虚荣心得到极大的满足。于是我知道，原来认真学习是有许多好处的，是可以获得别人的肯定的。我从小就渴望得到别人的认同，于是学习变成了满足我渴望的手段。也许从那时起，我开始意识到我要学习。也许最初吸引我的并不是知识本身的魅力，而是学习知识以外的许多因素促成了我对学习的兴趣。从心理学上说，这不是直接兴趣，而是间接兴趣。但是不管怎么样，我还是对学习产生了兴趣。这种兴趣随着时间的积累，越来越浓烈。知识的魅力也逐渐显现，我开始转向对知识本体的关注。这些还是后话。

我的小学生活也是一帆风顺。我喜欢学习，自然就会有优异的成绩，自然就会有老师的宠爱，自然就会有同学的拥护，也就顺理成章地担任了学生干部。那时的我虚荣心极度膨胀，甚至有些骄横跋扈。我把这些看作理所应当，认为那是我该得的。直到有一天我突然被全班孤立了，我才发觉事情有些不对。这次孤立事件对我触动很大，我开始知道没有什么事是理所应当的，开始知道替别人着想，开始知道朋友的重要性。身为独生女的我，不再像以前那样唯我独尊，我开始关注世界上除我之外的人。我想我应该感谢这些所谓的坎坷，因为每次经历过这些磨难，我的心智都会比以前更加成熟。甚至有时只是一念之间，我的心境就会发生巨大的变化。往往对一个人产生最大教益的不是别人的说教，而是自己的感同身受。

初中时，我遇到了一个懂我爱我的老师，一个如同亲姐姐的老师。

这或许就是人们常说的缘分吧。我喜欢英语，她恰好是我的英语老师。我们像姐妹一般要好，就算在我毕业之后，我们还是保持着联系。人生能碰上这样的知己实属不易。在课堂上，我俩不经意间的眼神碰撞，便会心有灵犀，心领神会，她知道我有没有听懂，我知道她讲的什么意思，那种感觉很奇妙。在课下，我们会一起讨论最新的电影电视剧，甚至是明星。在她蜜月旅行去新加坡时，还不忘给我带回那里的特产和纪念品。我们的情谊早已超过师生的情分，更多的是知己间的惺惺相惜。

说起来有些惭愧，我们还曾经吵过一次架。具体是因为什么我也忘记了，只记得那时的我特别任性，赌气不和她说话。还是班主任替我们调解，后来我们都哭了。我们这种非同寻常的亲密关系也招来了许多同学的非议，但是我们从未理会过。我庆幸能有这样一位老师，她教会了我许多东西，虽然她只比我大不到十岁。

对我产生深刻影响的还有高中时的生物老师。因为他，我对生物产生了巨大的兴趣，而且最终身为文科生的我还在众人的一片讶异声中参加了生物竞赛。这应该也是缘分。

刚入学时，班主任指定我当生物课代表。开始我不太情愿，因为受初中那位英语老师的影响，我还是想当英语课代表。而我对那位生物老师的第一印象并不好，因为他看上去痞痞的，不像是老师的样子。但是随着后来的接触和了解，我发现他真的是一个好老师，不仅能把课本知识讲得妙趣横生，更重要的是他像一个大哥哥一样善解人意。高中时学习压力很大，我是个争强好胜的孩子，因此考试成绩不好时很难释怀。而这些我不会跟父母讲，一是怕他们担心，二是怕他们说我小心眼之类的话。每当这时，生物老师总会主动找到我，和我谈心，帮我把心结打开。每次和他谈完心，我总会有种如释重负的感觉。慢慢地，我们的感情也越来越好。直到现在我们依然保持着联系，他还像以前那样关心我的学习和生活，而我也把他当作大哥哥一样向他请教各种各样的问题。我相信我们的莫逆之交会一直持续下去的。

心中永远的痛

布莱士·帕斯卡曾说："我们由于交往而形成了精神和感情。"友谊对我来说一直是个奢侈品。我的身边有一大群可以谈笑的人，却很少有可以交心的肺腑之友。我不知道我做错过什么，那些曾经的挚友们一个接一个地离我而去。最刻骨铭心的是初中时，我最要好的朋友背弃我，"另觅新欢"。早已习惯处处依赖她的我瞬间一蹶不振，我甚至还未看清友情的初衷，这段关系便随着她的离去而面目全非。我试图挽回这不堪的曾经，却无济于事。昔日的欢声笑语萦绕在耳边，眼前早已物是人非。

这段不愉快的经历让我在很长的时间内封闭了自己，不再相信什么天长地久，甚至怀疑每一个接近我的人的动机。庆幸的是，上天又派来一群可爱的人到我身边，带来了久违的温暖与慰藉。我小心翼翼地紧紧攥着，生怕指缝太宽，一不留神她们又偷偷溜走。无奈，相聚的日子总是短暂的，离别来得还是那样快。只是我不再惆怅，不再唏嘘，不再慨叹。因为没有什么是永恒的。

一个复杂的矛盾体

我走在街上，一路朝熟人微笑；我坐在一群妙语连珠的朋友间，自己也说着俏皮的话……每当这些时刻，我心中会突然问自己：这是不是我？于是笑容凝固。

我身上有两个我，一个好动，什么都想尝试，什么都想经历；另一个喜静，对一切都要加以审视和揣度。这另一个我就如同罗曼·罗兰所说的"一颗清明宁静而非常关切的灵魂"，仿佛是它派我来到人世间活动，激励我拼命感受生命的一切幸福和苦痛。即使在世界上感受到最大的悲伤，只要我识得返回的途径，就不会全军覆没。

从父母那里，我懂得了获得真理的自由和追寻目标的坚定不移，懂得了任何时候都要依赖于理性，而不是其他事物；从老师那里，我也清楚地看到既坚定又灵活、在教导人时毫不暴躁的榜样；从朋友那里，我也学会了如何从值得尊敬的人那里得到好感而丝毫不显卑微。我学会了自律，在通往理想的大道上以毅力铸就尊严。从外公外婆那里，我看到一种仁爱的品质、一种慈爱的管理家庭的方式和合于自然的生活观念，看到毫不掩饰的庄严、对朋友深刻的关心、对无知者和求助者的包容。他们具有一种以明智的、系统的方式去面对和整理生活的能力，对所有人保持始终一贯且坚定不移的尊重。我学会了自制，在通往理想的大道上实现毅力和尊严的完美结合。

我活在世上，接受别人的爱，接受别人的教育，因为我坚信：教育是生活的过程。

带着理想出逃

悠然时闲云野鹤，无畏时螳臂当车。

我的姓氏读起来有些奇怪，被不少人拿来当外号。取名字也不是件容易的事，所以最后家里人因为念着好听就这么随便定了下来，没什么实际意义。但我不想自己活得像起名字一样随便。身为一个家在北京的孩子，我不敢说自己家境优越，但父母一直让我过着不算寒酸的生活。

常言道，父母是孩子的第一任老师，与其说人人都是天生的教育者，不如说人人是天生的学习者。在我年幼无知时，是我的父母承担了教育我的责任。并且我认为他们对于我思想价值观的引导大部分是对的，正确的世界观的树立对于一个孩子来讲是至关重要的，至少可以使我不至于成为“小皇帝”或者“熊孩子”。

家是半个我

从小妈妈管我就很严，幼儿园开始我就上寄宿学校一直到大学，更毋论所谓的成长在蜜罐中的感觉。妈妈对此的解释是怕我在家里被长辈娇纵惯坏了，不过我想这种环境对我性格的塑造或许也做出了不少贡献。

我是姥姥姥爷带大的。姥爷带着我去公园玩，总是骄傲地向别人吹嘘他外孙女有多聪明。我小时候喜欢各种各样的彩色塑料球，他就收集了一瓶子的塑料球送给我。我妈妈不肯给我讲故事，姥爷就代替她，给我讲一堆自己瞎编的故事。那时候我每天晚上都听一样的故事，但我还是特别满足，我会骑在他身上开心地大笑。小时候爸妈都不怎么管我，我就在姥姥姥爷无限的耐心与宽容之下长大。尽管妈妈不想让我被长辈宠溺，但我还是得到了很多爱和很多笑容。

回想起来，在公园的大槐树下，伴着空气里潮湿的香气，一过就是一个夏天。如今我姥爷已经去世了，我永远不会忘记他的呼唤声、充满期盼的眼神和眉眼间的盈盈笑意。每次只要一提起他，我的双眼总是禁不住噙满泪水。慢慢地我长大了，我的父母转变了对我严厉的态度，变得温柔而善解人意，甚至也快要到溺爱的程度。但长大的我已经不会欣然接受溺爱，只会有选择地、理智地接受自己所需要的东西。

但我的父母在一些最基本的教育方面，其实做得还算不错，因为最重要的不是知识，而是品行。真、善、美这种处世态度并非任何知识可以代替的，我很高兴我的父母教给我的是作为人的根本而不是用来享乐的工具。所以我并没有出现过逆反期，而且与父母的关系一直很好。此外，父母也不会给我很大的学习压力，只要我尽力了就好。他们允许我失误，我可以做不到，但是不能不去尝试、不去努力。小时候我的课外补习也不少，比如英语、奥数，上了高中后就很少补习了。我父母一般也会尊重我的选择，不会勉强我去上不愿意上的课。

可以说，有了好的家庭环境，子女的教育就成功了一半，孩子们往往会有健全的心智和阳光善良的个性。所以中国古训“立德、立功、立言”的顺序还是很对的，“德”不仅限于道德，更是性格抑或处世方式，忠孝礼义均为德，也是人类行为美学的一种民间通俗化版本。

康德曾说人世间最让人震撼的是万丈星空和心中的道德律，“德”的教育比“智”的教育重要百倍，只是现在的教育考试体制对于成绩的要求太高，因此有些家长的教育思路发生了偏转。我曾经特别愤懑地和我妈妈说起过这些事情，老师总是喜欢那些成绩最优异的孩子而不管他们究竟人品怎么样，每次一见到我们，嘴里除了分数从来蹦不出别的字。我就在成绩编织成的隐形的大网中苦苦挣扎着，想要出逃却没有力量也没有勇气。好在我爸妈是那种把我的开心看得比我的成绩重要的人，即使再煎熬我也总能得到安慰。只言片语可能并不足以描绘家庭的环境，但是只要一看到我脸上的笑容，就知道我一定是在爱中长大的。

在学校

在幼儿园寄宿时，我曾经很期望妈妈能接我回家，并为此苦苦哀求她。妈妈终于答应周一去接我，于是我从放学开始就坐在窗户旁边等着她。下午的阳光打在我身上，我却一点也不感到温暖。直到晚上躺在被窝里，我仍然以为她会来。我躺在被窝里，望着周围空荡荡的床，心中时刻注意着门口的动静。我想一定是她工作太忙了，这么想着，眼里流出一点点泪，终于陷入沉睡。我到现在还一直记着这个细节，带着城市里的孩子自己的苦恼。

上了小学以后，我又去了寄宿学校。完成作业之后，我就只能守着自己的桌子和书本，为自己补上妈妈不肯给的童话故事。我常常边看边念，吸引了一大帮同学围着我听。大家都一声不吭，无数个小脑袋就一同围绕着面前的故事展开想象。我念得口干舌燥都不愿意停，我不想让旁边每一双认真的耳朵失望。这倒是为我的阅读提供了很好的环境，课业并不繁重的我将大把的时间花在了孩童心智所能理解的各种书上。从童话故事到奇幻武侠，再到推理科幻乃至文学名著，忽然我就进入了一个不一样的世界。还记得低年级的时候作文总是写不好，直到杂书阅尽，我才明白阅读的重大意义。

如果说我是父母眼中的乖孩子，在上初高中时，我的角色就发生了变化，相比于我在家长心目中的形象已经有所偏差。高中毕业留念时别人给我的评价常常是“霸气女王范”一类的词汇，我觉得这不是什么好的评价。这可能说明我让别人有距离感。其实我自己心里清楚，我比较敏感也比较渴望关怀，但自尊心不允许我有弱者姿态。所以有的时候我那看似冰冷的外壳实则是在防御，其实我也不知道我在拒绝什么，或者说我可能只是想掩饰自己不太会沟通的弱点吧。书上写学会示弱是一种能力，我知道我得懂得展露出自己需要他人的一面。

当然我也是可以交到朋友的。他们都很好，我很感激有这些人的存在。我不能说自己“教育”了他们，但能看见我对于他们所产生的影响就让我很开心。我真的很爱他们，我永远忘不了那些奇妙的记忆片段，比如小学的时候八个人在宿舍里面疯狂地玩滑滑梯，初中时一起偷偷给班主任起外号模仿他的口音，高中和全班同学一起被罚到惩戒教室上自习并且包场……记得第一次感受星空是在高中的操场上，我和班上的同学一起翘掉晚自习，大家围坐在操场上，夜晚的凉风穿过胸膛，那可能就是青春的滋味。

前几天小学同学聚会，大家都说我没变。其实在我自己看来，从小到大，我的长相也许变化不大，但是性格却变得更尖锐、更有棱角，我更愿意说是变得反叛了。我年少时很喜欢《飘》里的郝思嘉，她虚荣但不虚伪，说实话的时候可爱极了，在白瑞德的诱导下一路出逃一路反叛。在此时，逃出传统束缚在我眼中不是一种罪恶而是一种崇高。她那么勇敢，那么与众不同，像一朵娇艳的玫瑰花。我多么羡慕她，虽然我不想过她的生活，但我想活得又勇敢又可爱，就像阳光下旋转的孩子，摔倒了也不知道痛。

我是一个很敏锐的人，会察觉一些不为人知的细节，所以我总是第一时间体察到身边人的精神状况并做出回应。但遗憾的是并不是每个人都会像我一样神经兮兮地观察一些没用的细节，所以能体察我心情的人并不多。另外一个比较有趣的细节是，当班上有男女生互相喜欢的时候，即使他们不好意思说出来，也不用担心我不知道，或者更应该该担心我会知道吧。就是这种从小养成的习惯，让我对人的行为充满了兴趣，我迫切地想知道某一种行为想要传达的信息，想知道人的这一个表情和上一个有什么不一样。于是，对于学习心理学的渴望就悄悄发芽了。

至于学习问题，获取知识是教育的一小部分，其实在学校更多的是学习做人，学习使自己的灵魂更丰富。众多学科里我最喜欢语文，或者说除了不喜欢物理之外，对别的学科我都抱有好感。我承认物理充满了科学之美，但是对于自己不太理解的东西，说实话我真的没办法喜欢它。曾经有一位物理老师指着我60分的物理卷子和我说："你知道吗？你不行。"这么简单的几个字完全毁了我对这个科目所有残存的好感，一句来自老师口中伤人的话在学生心里会被放大很多倍，也许他完全忘了自己曾经说过这些话。除了物理，别的科目我学得都还不错。

我喜欢语文并不只是因为我语文学得最好，而是我真心喜欢一行行方块字带来的美感和力量。而且不知道为什么，从小我就和语文老师关系好。毕竟老师还是很影响我对这个科目的兴趣的，我可爱的老师们让我一直对语文这个科目抱有好感。我小学和初中时成绩很好，到了高中文理分科的时候，尽管我更擅长文科，但我偏想要挑战一下理科，一个任性的决定不知道多大程度上改变了我的未来。为自己任性所承担的后果就是成绩不如以前好，再加上我并不是一个十分刻苦的人，总是没事给自己找点乐子，就连高三也不例外，因此我的成绩也就勉强算过得去吧。

可是即使过得去了，我也不怎么喜欢命运被考卷决定，被那些素未谋面的判卷老师一笔划下我所属的那所学校。有的时候我甚至弄不明白自己好好学习是为了什么。为了考一个好大学，找一份好工作，然后再给未来的孩子一个好的生活吗？再让孩子好好学习，找一份好工作，就这样无限循环下去吗？我多想脱离这个轨道，尽管我也不知道自己将要面对的是什么。

我曾经很想学心理学，来北师大就是出于这个原因，但却由于招生名额问题我不得不来了教育系。当我看完书上的导论，听完第一节课以后，我唯一的感觉就是自己好像误打误撞却来对了地方。我常怀疑神是否真的存在，因为我觉得每一个由不得我而被迫做出的选择却都是对的、适合我的。小升初的时候我没有考上心仪的中学，但是意外进入了让我骄傲不已的另一所学校。中考的时候我没有考过本部高中的录取分数线，但是被保送了。高考的时候亦是阴差阳错，虽然离北师大提档线差了两分，但是我恰好有加分。

为什么我总是这么幸运？这不禁让我想起了某位外国朋友在试图给我阐述上帝之爱时的论述：你不需要自己去接近神，神自会降临。当然我现在没有宗教信仰，前面的论述只能当作是随便说一说。又或许是我自己调节的能力还算不错，身边人的去留抑或人生重大事件的抉择对我来说都是很好的结果。书上说：一饮一啄，莫非前定。一切都像是冥冥之中注定要发生的事情，我坚信当下即是最好的结果。因果既定，我们就应当认真生活。也许这种幸福就是热爱生活的回馈吧。

有关感情

年少时的情感很幼稚，但也很难忘。通过这件事我开始思考个体与个体、人与人之间的关系。常看书里讲一叶一菩提，一沙一世界，一个个体便是一个宇宙，这个世界只有对我来说是我眼中的样子，这就是所谓世界因我呈现而与我共现吗？人与人是彼此分离而不可融合于一体的，只是彼此间存在着联系罢了。没有人是一座孤岛，人生下来就由许许多多的关系交缠羁绊在一起。

但我绝不能让他人决定我的生活。如果你想束缚我，那么也许与你斩断关系是我更明智的选择。我真不愿意生活在别人期许的框框里，我不小心做了一次不情愿却正确的出逃。不管在现在还是未来，对待自己爱的人就应当真诚坦率。就像林清玄所说："在时间上、在广大里、在黑暗中、在忧伤深在冷漠之际，我们若能时而真挚地对望一眼，知道石心里还有温暖的质地，也就够了。"常言道，吃一堑长一智，我也一直在受着身边之人给我的教育啊。

当时失恋的过程特别难熬，其实这个话题对于现在家长的教育来讲是有一定必要的，既然早恋了当然就有失恋的可能，而那么痛苦的一件事要如何去承受啊！我买了山一样多的书摞在书桌上，直到我看到："我们在生命里所遇到的挫折，使我们觉得自己是全世界最苦的人，那是因为我们还没有经历过更巨大的苦难，也因为我们不知道世上还有许多人正拖着千斤重的步伐，走过火热水深、断崖鸿沟。失恋，真是人生的苦难里最易于跨越的，它几乎是人生的必然。"很久以后，我终于懂得怎么温柔，怎么承受痛苦，怎么振奋自己。我并不后悔让青春有了它该有的颜色。

爱上的文学和音乐

再读儿时的书籍已不再感到有趣，但却更引人深思。现在回想起来，小时候读《小王子》的印象已不深刻，前两天向同学借来读的时候，却被孩童的视角迷住了。周国平曾说，《小王子》是写给大人的童话，它倡导返璞归真的纯真心性，又讽刺狂热地渴望占有数目的现今的我们。生活在信息量巨大的时代里，利益的诱惑抑或浮夸的追求同在，仿佛最大的困难就是保持身心澄澈。

相似又不同的是，其实我也经常沉醉在浮躁的世界里。北京富裕充足的娱乐设施给予我各种各样的玩乐方式，我也会有那种在外面折腾一天回家倒头就睡、脑子里不过事的时候。我心里明白没法安静是一种痛苦，只是就像歌里唱的"躁起来吧"多容易，从外面的世界退到自己心里又是多么难。所以我心里想着，希望自己每每迷失的时候都能回想起这个故事，想想自己的本心。没人天生就愿意纸醉金迷，只是世界太光鲜太美好，所以也太容易就迷失。

还有一点令我印象深刻的是《小王子》中"驯服"这个概念，这个词在书里把范围从动物身上扩大到了人身上。在我看来，所谓的"驯服"就是创造关系，是对彼此来说变得独一无二。猛然想起今天上课时老师提及的教育是致力于社会生活的形成，二者虽不一样，但都是在致力于使某事物形成，那么人对于动物的驯服是否也可以理解为广义的教育呢？也许人不能教给动物知识，但他们彼此间独特的关系是不是可以算作人们社会生活的一部分呢？和动物建立如同人与人一般的关系，说来有点好笑却也不好笑。人总是自己的大明星，其实在某些方面还真的不如动物。

那时候还看了不少为我中学老师所不齿的玄幻小说，实话说我长到现在这么大都没见过写得比这些大部头玄幻小说更浪漫恢弘的作品了，从语言到背景都尽善尽美，我很是纳闷为什么我的语文老师并不喜欢。她当时和我说，文学著作才是经过时间筛选出来的精华。而我确信有很多人对读著作感到头疼，即所谓的“不是我的菜”。后来随着看书类型的拓宽，我明白了那些怎么看都看不厌的、越看越有新东西的，才是上佳之作。直到今天，我都非常乐意看书，我觉得自己好像一直在汲取着、吸收着、等待着由量变到质变的过程，对于灵魂深处发生的事，我格外喜爱。

有时，文学是时代的缩影。看《额尔古纳河右岸》时，我就觉得深夜里都能听见呼啸的风让衣衫猎猎飞舞，听见鹿温柔地嘶鸣。有时，文学是作者孤独的倾诉。看《西西弗的神话》里西西弗不间断地推石上山，那种坚韧和不懈是他在反抗人生的荒谬吗？又或者在《爱你就像爱生命》里感受王小波和李银河彼此温柔的低语，用指尖划过“真话不肉麻”那一行温情的话语。

周国平的文章第一次让我接触到哲学，我现在无比渴望心灵得到滋润，就像贫瘠的大地或者饥渴的孩子。他说人要有信仰，人不甘心被世俗生活的浪潮推着走，而总是想为自己的生命确立一个具有恒久价值的目标，如此他便是有信仰生活的人。所以当我读到韩少功所说的“逻辑对信仰无往不胜”的时候，我觉得要么是他太消极，要么是他太理智。信仰就是一个会让人觉得一切都有可能的浪漫的概念，让人在碰了一鼻子灰之后依旧傻乎乎地渴望改变的精神支柱。

然后我就想到了《悟空传》的齐天大圣，一个悲情的英雄。他一直以为自己能自由，以为把唐僧送到西天就能自由，以为把妖精都杀死了就能自由。可是一切都是骗局，天庭根本容不得他的存在。书中把六耳猕猴塑造成了另一个他自己，那个他是如此叛逆和不羁，和一路安分守己的他完全不一样。于是他便一直在同另一个自己做斗争，但六耳猕猴仅仅只是另一个悟空吗？谁心里又没有另一个正在逃离的自己呢？背离该死的命运，背离跳脱不出的无奈，背离被生活禁锢的那个圈。悟空没能逃出去，却一直在出逃的路上，喜欢他就只要这么一点理由。

我最喜欢周国平说的“人活着最重要的事不是做学问，而是热情地生活，真诚地思考，以求内心的充实”。这是不是与热情而动人的沉思契合了呢？我们不是观众，却化身为生活的参与者。真诚而质朴地生活是件多么美妙的事啊。这种生活状态应了辛弃疾的一句诗：“只消山水光中，无事过这一夏。”与自然相交融，让时间都变舒缓，灵魂就像沐浴在晨光里，这才是真正的“不风流处也风流”呀。辛弃疾也是个有点悲情的诗人，憧憬着金戈铁马却终不如意，心碎让他疯魔让他偏执，于是他让梦想的烈焰喷薄而出，烧红了南宋文学的天空，带着一抹醉意，舞剑梦回沙场。

对我至关重要的还有音乐，它和文学一样，是表达情感的一种方式。归纳一下，其实我喜欢的一切都是情感的接受与表达。小时候我妈妈非让我学扬琴，我就一直练到小学毕业。在与音乐接触的六七年中，我开始迷恋上它。后来我又开始迷恋各种各样的乐器，我总以为自己很有天赋，任何不熟悉的乐器都想学一下。然后我家里就有了扬琴、吉他、葫芦丝、陶笛等各种各样的乐器。我很庆幸自己可以听懂或者自行理解音符与音符之间的奥秘。音乐是审美，是情感流露，是人生至高无上的享受。

我常常不知羞耻地自诩文艺女青年，我年少时最喜欢听民谣，因为只听到旋律就能感受到甜美和忧伤，它总是在诉说着什么，或低沉或温暖的声音营造出的气氛有如傍晚游走在寒鸦霍霍的街头。另一个比较喜欢的音乐风格是摇滚，我喜欢的不是喧闹，而是摇滚精神，那包含着多少愤怒与热情，又是多么激烈而动人的表达！躁动和叛逆是年轻特有的标志，我就想让青春在该绚烂的时候绽放，不带着一点犹豫和娇羞。我性格比较率直就与摇滚精神有关，我喜欢有话就说清楚，不要拖拖拉拉扭扭捏捏半天交代不明白。然而有的含义是用语言表达不清楚的，但是当特定乐器、特定嗓音吐出的特定音色在耳边响起的时候，一切就都豁然开朗了。这就是为什么我在听*Adam and Catherine's tango*的时候那么安静，而在听《情热大陆》的时候又那么激动。

前两天无意听到好多以前喜欢的音乐，我发现它是让人有情境感的。我甚至可以准确地想起曾经我听某一首歌的时候在干什么：想起我答古诗题时安宁的气氛，在粉红色天空下吹着温柔的晚风和朋友一起大笑的画面，整个班的人一起翘掉晚自习跑到月明星稀的操场上玩游戏的场景。一切就像时光倒流一样。甚至可以说我被音乐教育驯服了，我愿永远与它们保持密切的关系不分离。

在最后

在我几近平淡的生活中发生的重大转折只有两个，并且在上文中我都提及了。分别是失恋带来的思考和重新认识教育学，一个让我重新审视情感，一个让我重新思考未来，两者都是很重要的事情。要知道，像我这种有点被父母过度保护的人与那些一路成长到大、像蜕了层皮一样升华的人相比，经历有些平凡。我每天遵循着一样的路线，在同一个时间起床吃饭，过不知道第多少个一样的今天。于是就又想起韩少功的一句话："我宁可暴露自己的平庸和笨拙，不愿意效仿邻人，把自己可以做成哗众的谈资和表演，比方说一只绣花鞋。"即使我的每一个今天都会和昨天类似，我也会抱着今天的心态去认真思考明天。

我觉得我像一只被困在了标本盒里的蝴蝶，没法飞去外面的世界。其实我并不清楚我想要去哪，我只是想逃出去，大口呼吸着陌生的空气。我并不厌倦现在的生活，但却止不住对未知的向往。或许是去感受《狼图腾》中充满野性的苍茫草原，或许是去洁白又无垠的天空之镜，再或者是潮湿而危险的原始森林……其实无论是哪里，无论去做什么，只要一直在路上就很浪漫。

我爱父母但我也爱自由，我想化身成玫瑰色的悟空，带着勇气和理想出逃。

第五编

幸福来敲门

期待花开

生活是最好的老师，经历是最好的教科书。

我的大学生活在那个暑气未消的九月拉开帷幕。

深夜的火车站依然灯火通明，人来人往。我和妈妈挤坐在候车厅里，她趴在行李箱上睡着了。晚点的火车给了我一个静静观察妈妈的机会，我仔细打量着，寻找着她脸上每条岁月的痕迹，感动与内疚溢满心头。

一夜奔波，终于到达。稍作安顿，妈妈便要去赶返程的火车。走在路上，妈妈说："你长大了，要学会照顾自己，经常给家里打电话……"接着便是一阵呜咽。我泪流满面地回头看她，她边伸手为我擦眼泪，边抽泣着责备自己："都怪妈妈不好，妈妈不该哭的。"彼此的眼泪却更汹涌地流下面颊。

之后，一路沉默。心情稍稍平复，我们才又唠起家常。未说至兴处，公交车便匆匆而至，我立刻催她上车。十几秒后，公交车便载着妈妈扬长而去，空留一个泣不成声的我怔怔地站着。你的问题我还没有回答，我的承诺还没有给你，连说一句再见都来不及。自此，我要开始独自面对自己的人生。

也许成长就是这样，如同一趟没有归程的旅途，车来了，我们各自奔向不同的方向。前方的路只是心中的期待，来时的路却只能被装订成最美的相册珍藏在心灵的图书馆，偶尔翻阅，时哭时笑。

种子萌发

1994年9月，一阵啼哭划破夜的宁静，我在月圆之夜降临人间，我的生活由此开始。那是一个贫穷但却幸福的农村家庭，妈妈是一名高考落榜、在外工作一年后回家务农的家庭主妇，爸爸是一名参军两年多的退伍士兵，高中文化水平。

自诞生之日起，我便是爸爸妈妈的掌上明珠。虽然家中有外债上千元，但他们从不让我受苦。养鸡时卖了鸡蛋就去给我买好吃的和漂亮的衣服。由于妈妈的勤劳和独到的眼光，总能用最经济的形式把我打扮出公主的气质。村里人都说："这女孩儿真像个城市的小孩儿。"正是这样一份十足的呵护，使我打心底里有种优越感，让我人生的前六年如彩虹般绚烂。欢声笑语，纯真美好，一切都回荡在那个小村落的上空。

由于村中学前教育的落后以及对母亲深深的依恋，在幼儿园开学不到两个月的时候，我搬着小板凳，哭着跑回了家，再也不去了。妈妈便成了我的第一任启蒙老师，她始终坚持要给我最美好的童年，所以从不强迫我学习知识。在那样快乐的环境下，我学到的是比知识更宝贵的道理——我明白了妈妈是最爱我的人，我学会了去听懂大人的话。懂事听话、自信且善良成为我生命最初的色彩。那些奔跑在阳光下的日子多么令人怀念呀！多么恰如其分，让我在人生最无忧无虑的日子里享受了最大的自由，这是爸爸妈妈给我的最珍贵的礼物。

破土而出

2000年，只有一二百口人的小村庄拥有了自己的小学。不到六岁的我被凑数般地拉进学校，班上也只有20个学生。我是班上年龄最小的，最大的比我大三岁，同学们普遍比我大两岁。初次上学，离开父母，我很不适应，但也不哭不闹，总是在邻居小朋友的簇拥下，一边回头不舍地望着站在街口的妈妈，一边走向学校，妈妈总是对我微笑。我勇敢地迈出了求学生涯的第一步，因为妈妈告诉我：去学校学习是我必须面对的事，这是长大的标志，否则就落下小伙伴许多；无论发生什么事情，都不要怕，有妈妈在，妈妈可以帮我。

一学年下来，我渐渐适应了学校生活。成绩虽是平平，但在学习能力上已初露锋芒。妈妈很是欣慰，并尽全力激发我的学习兴趣。我也听妈妈和老师的话，在一种真正纯粹的学习中收获着快乐。记得二年级快期末考试时，老师问："哪位同学有信心在本次考试中考第一呀？"班中一阵寂静，一个个子矮小、瘦瘦弱弱的女孩举起手，站起来，轻声轻语地说："老师，我能考第一。"那个女孩就是我。之后的学习是否更努力我已不记得，只是最后我真的考了全班第一，全乡第三。现在想来，我都会佩服当初自己的勇气，也许这就是"初生牛犊不怕虎"。稚嫩的小女孩用一份率真与自信迎来了求学生涯的第一个光环。

三年级时，村中的学校因规模太小被解散了，我们只得每日骑车到邻村去上学。班级里的同学也多了许多，陌生的面孔、陌生的学校，还有路途上的奔波，这一切都让小小年纪的我有些吃不消，整日丢三落四。适逢家中出现变故，妈妈也无法全心全意照顾我，我的成绩又回落到普通水平。这是暴风雨前的宁静，我的人生即将迎来第一个转折。

一束阳光

三年级暑假，我们一家乘上了开往郑州的火车。

在郑州的姨妈给爸爸找了一份月工资1000元的保洁工作，于是我们举家前往。我们全家住在不到5平方米的出租屋，只摆了一张略宽的单人床、一些炊具和一个洗手池。面对这一切，我没有伤感，我依旧有一颗快乐的心。我不在乎这些，我欣喜于来到那样大的城市，繁华而新奇。我本是以旅行者的身份去的，但在暑假快结束的时候，妈妈决定要把我留在郑州上学。

要理解这样一个决定就必须知道妈妈的特殊经历——妈妈在十岁时被独自送到郑州，住在我的四姥爷即妈妈的四伯伯家，在郑州求学直至高中毕业。虽寄人篱下，妈妈的成绩却一直很优异，她深切地了解城乡教育的巨大差距。妈妈相信我不比别人差，也不想让我的人生留下遗憾，于是做了这个决定。

在一切都没有着落的情况下，妈妈回到家乡帮我办了转学证明。但天不遂人愿，在开学已将近一个月的时候，我依旧待在家里。没有学校接纳，姨妈帮不了忙，四下又无人可托。妈妈当时看到上学的孩子都会伤心，晚上待在外面痛哭。这是她后来告诉我的，我把它写在这里，这是妈妈爱我的深切表现，也是父母对我早期教育的典型方式：无论父母多苦，绝不苦孩子；无论父母压力多大，绝不告诉孩子。

但或许是命运的安排，经过辗转，我从农村来到城市，迎来了一个全新的开始。一束阳光与我撞了个满怀，这束阳光是妈妈为我争取来的，那份光明与温暖为我开辟了一条新的人生道路。

奋力生长

因当时在农村小学，未学英语，我不得不从三年级的内容开始学习。

说到这里，我不由得要感谢那些可爱的同学和善良的老师。同学们都很友善，总是热情地欢迎我加入，毫不排外，耐心地教我玩新游戏，让我顺利地融入集体中。老师都十分有责任心，对缺了课的我倍加关心。特别是班主任刘老师，对我很是器重，让我尝试当课代表、当班委，手把手教我，提高我的能力，培养我泼辣的性格。这为我的小学学习打下了坚实的基础。

妈妈也一如既往关心我，而且省吃俭用另租了一间大一点的单间，买了一台旧电视机，继续我们的幸福生活。虽然当时我们生活在社会底层，但自信的种子早已在我心中发出茁壮成长的芽，我没有丧失自信，依旧做着优秀的自己。

四年级暑假时，在一位热心阿姨的介绍下，我第一次参加了英语辅导班。收费相对便宜，每个月16个课时，160元。但是一个月后，我还是光荣"退课"了。一方面是因为我基础不好，有些跟不上进度，另一方面则是因为家里经济压力太大。我没有不高兴，因为那也是妈妈的无奈之举。好心的阿姨得知后，非常痛心。她不愿放弃我这颗种子，于是与辅导班的老师多次沟通。情况终于发生了转变，我可以一个月交80元且不限课时。于是我开始努力学习英语，学一门基础课，再学一门提高课，每堂提高课学两遍。就这样坚持了两年，我的英语成绩突飞猛进，再后来变得名列前茅。

五、六年级是奋斗的日子。五年级时，学校选拔组织了培优班，让学生学习英语、奥数，提高语文水平，争取考上全市最好的中学，我有幸入选。同时，我也遇上了人生中的第二位好老师——李老师。他是我五、六年级的班主任，一直对我充满殷切的期望，学习上给予帮助，精神上辅以引导，并在经济上加以支持。

那时我的弟弟刚刚出生，妈妈不得不赋闲在家，以便更加专心致志地辅导我。没钱报奥数班，她就买了教材在家研究，再来教我。我们思维碰撞，相互启发，亦师亦友，我的奥数成绩也绝不落后。冬天下雪的时候，妈妈担心路滑，就抱着弟弟冒着严寒步行去接我，弟弟被冻得红扑扑的脸蛋儿真让人心疼。当时的我们依旧蜗居，生活拮据，但我有打心底里的幸福感与自豪感。我骑着儿童自行车奔波在求学的路上，无论刮风下雨，都以充满活力的姿态站在高楼大厦间。

虽然我不明白好初中的意义，但我非常享受那样的过程，以知识为友，与关爱为伴，一切都顺其自然。最终，我过五关斩六将，成为200

个幸运儿之一，成功被梦想的学校录取。考试成绩出来时，妈妈比我还高兴。正如我们老师所说，妈妈未能实现的理想在我的身上实现了。由普通的小学到最好的初中，这是我人生的第二个转折。

这是我第一次靠自己的奋斗取得的成绩，但成功的光彩引起了命运的不满，他挥动魔爪，引来狂风暴雨。

风雨交集

初中三年应该是我十二年求学生涯里最灰暗的日子，它深刻地印证了“祸兮福所倚，福兮祸所伏”的道理。那三年我错过了许多，也收获了许多。

成功被外国语初中录取，仿佛是一场战役胜利的标志，作为优胜者的我开始对学业放松对待。六年级的暑假，妈妈在外谋得一份工作，开始挣钱补贴家用，将未满三岁的弟弟托付给了我。我尽心尽力分担家务，学着蒸米饭、炒土豆和做番茄炒鸡蛋。我每天上午带着弟弟去公园，中午顶着烈日背着他回家做饭，下午再背着他去超市“蹭空调”。那个暑假我没有为初中做任何准备，更严重的是，那样一种不重视的心态是极为有害的。但我也收获了弟弟的依赖，在送我去军训的那天，弟弟和我都哭了，我第一次有了一种“被需要”的责任感。

我是带着“光明未来已经在脚下”的想法和小学生的能力步入初中的，当然，接踵而至的便是种种打击。我的成绩由原来的全校第一变为班里的三四十名，学习内容由语数外变为九门功课。我没有正确的方法，也没有了父母和老师的引导，一个人摸索，整日应付着成山的作业，完全没有自主性和“培优补差”的意识。我只是一个“乖学生”，却不是一个“优等生”。生活上，我每天要坐公交车上下学，难免力不从心。与同学的关系也不再像以往那样如意，由小学的“众星拱月”变为初中的“默默无闻”。一切荣誉与好成绩都把我排除在外，我又总为同学间的小事烦心。妈妈忙于工作无暇顾及我，又偶尔和爸爸吵架，这一切都让我无所适从。我渴望变得优秀，希望受到关注。但无论如何努力，一切都还是老样子。渐渐地，我变得沉默寡言，悲观爱哭，自我封闭。

初三上学期时，我与一位优秀但却沉默的男孩成为同桌。我对他产生了朦朦胧胧的好感，但那绝不是爱情。只是希望找个信任的人倾诉，找一份内心的安全感。他接受了，我很开心，那也是三年中最踏实快乐的日子。一个月后老师担心会影响学习就把我们调开了，我也和他减少了来往，又回到了从前的状态。但命运总喜欢与人开玩笑。不知怎么了，初三上学期期末考试时，我竟一跃考了我们班的第六名，我高兴极了。妈妈为我买了一双150元的运动鞋以表嘉奖，同时也为体育考试做准备；老师也十分关切地与我谈话，表扬并激励我，还针对那段“早恋”为我做了思想引导，告诉我以后要继续努力，争取考上好高中。我心中如灌了蜜一样甜。

沉睡中的人是不能被和风唤醒的，唯有用冷水倾盆而下。有些事情只有真正触动心魂，才能使人彻底明白。初三下学期我过得浑浑噩噩，只是完成作业，却没有自己的方向、方法和目标。那场侥幸终究只是一场闹剧而已。心智未开的我当时完全没有中考的概念，只是当作由小学三年级升四年级那样自然。在外国语高中的高调宣传下，我也随大流报了这所全省数一数二的高中，但傻乎乎的我竟从未考虑过“是否能考上”的问题，就这样，暴风雨即将推向高潮。

中考成绩出来的那一天，我的世界里一切都黑了。我没有考上外国语高中，我所面对的便是没有学校上了，我被这突如其来的风暴惊呆了，整个人都傻了。黎明前的黑暗，总是最浓重的。旁观者可以看到黑暗外的光亮，而身处其中的我却被无死角的黑暗完全吞噬，所有的幻想都在一瞬间被击碎。什么幸运儿，什么聪明，什么光明，全都是自欺欺人。我愤怒地质问：什么是命运？什么是未来？我做错了什么？你们都在哪里？我该如何走下去？爸爸妈妈，我对不起你们！

我的土壤

大概从小学四年级开始，爸爸便不再做保洁员了。我们家也搬到了某家属院中的一个小车库，依旧挤在一间房里。但房租不贵，离我的小学也近了许多。全家唯一的经济来源，就是爸爸每月送液化石油气挣的1000多元。

爸爸的工作很辛苦，无论刮风下雨还是节假日，总是骑着自行车，带着七八十斤重的煤气罐奔波，楼上楼下地搬运，每瓶才赚2元。在这种条件下，在初中以前，钱在我心中有着特殊的位置。我从不买零食，有一次弄丢了一支自动铅笔，我从学校哭着回家。全家改善生活也只是意味着会买5元钱的猪肉炒个菜，爸爸妈妈再推推让让，多给我吃些。但我从未因此而伤心过，我只觉得有爸爸妈妈的地方就有幸福。上初中以后，爸爸妈妈基本稳定在超市工作，家庭月收入在3000元左右，经济条件有所改善。

父母的不易让我体会到生活的艰辛，我们如同一叶小舟漂泊在陌生的水域。我下定决心要好好学习，这才是我改变自身命运、报答父母恩情的唯一出路。我是抱着这样一个信念学习的，也是如此去做的。命运抓住我心中这根最柔软的弦，刺痛我的心，摇醒梦中的我。

绿叶依依

阴差阳错，中考成绩公布后的一天，我被通知交两万多元的择校费便可以上高中总校。我知道那是怎样一个天文数字，但一切都成了现实摆在那里。妈妈没有埋怨我，只是后悔自己忽视了我的学习，并开始筹钱为我择校。爸爸有些犹豫，但最终还是同意了。在去学校交钱的前一晚，我哭了许久。终于在一次巨大的打击后，我从梦中醒来，一夜之间长大了许多。

高中三年是努力的日子。外国语高中是寄宿制学校，每周末回家一次。这让我有了安静的学习氛围，除却了许多家庭与社会带来的苦恼与烦扰。我总结初中学习与生活中的教训，找到适合自己的学习方法，明白了如何处理人际关系，不为无关紧要的小事烦心，全心全意投入学习。从第一天起，我就尽自己最大的努力，一天学习十多个小时。这样的日子我坚持了三年，成绩也一直名列前茅。我信心倍增，也开始由压抑的被迫学习转变为享受学习、发现学习的乐趣。我是快乐的独行者，以知识为友，以心灵为伴。

每当学习压力过大时，我就会去找班主任——孙老师谈心。她是我人生中的第三位好老师，她虽然很忙，但每当我留下纸条说要和她聊聊时，她都会抽时间找到我，给我讲她的经历，言传身教。孙老师告诉了我许多人生道理，也给了我继续走下去的精神力量，我很感谢她陪我共度高中生涯，有了她，我的人生才能更精彩。

我还要感谢一位单纯可爱的女孩——小缺，从高二下学期起，我们两个便形影不离。每当我向她倾诉抱怨，她都会静静聆听、包容、理解，无需她的开导，只是那一份无怨无悔的接受，我便已得到最大的安慰与解脱。小缺，你还记得吗？我们一起奔向食堂，踏着铃声回到寝室惊出一身冷汗，一起在漫天繁星下的操场上散步谈心。高三上学期末，你以优异的成绩被保送到山东大学，而我却因莫名其妙的失误错过了保送。我送你离开，你在信中为我加油，谢谢我在你失败时给你的鼓励，你说有我做朋友是值得的。我会心地笑了。

友谊之花开得灿烂，既然如此，你又何必言谢。那是朋友的本分，我只是不想让你“重蹈”我初中时的“覆辙”，我愿为你吹散些许迷雾。而你的悟性又恰到好处，我们是最佳拍档。三年努力，我收获了知识、成长与友谊，一切的付出都是值得的。

那些花儿

世界真是大极了，在它面前，个人是如此微不足道。每个人都在演绎着不同的人生，或悲或喜，但这世界始终无动于衷。就在我“与世隔绝”的高中三年里，那些与我一同长大的“花儿”，或开早了些，或未开便夭折了。

雅妮是比我大两岁的儿时玩伴，在家乡上小学时，她总是替我背书包，如姐姐一般照顾我。但在我离开那片土地以后，我们的人生轨迹就如同一个角的两条边，渐行渐远。再次听到她的消息，是她在外打工一段时间后结识了男友，不久就怀孕了，生了孩子，嫁到另外一个省去了，远离家乡与父母。她的家人很伤心，却也无可奈何。

我无比惊诧，当我还像孩子一样在妈妈怀里撒娇时，她却已是孩子的妈妈了。我又有几分伤感，也许再也没有相见的机会了，或许也没有相见的必要了，我唯有在心中为她默默祝福。像她这样的农村孩子还有许多，与我同班的那20个孩子里，多半是小学毕业或初中毕业就去打工了。我高考完回家乡时，她们已将结婚提上日程或是已婚了。我们默然相对，唯有我还一脸稚气。

初中时和我同桌的那个男生，性格内向，不善交际，有一个经济条件不甚好的家庭和一个太无私、太爱他的母亲。不再是同桌以后，我们很少联系了，我只是在心里关注着他。高中时他去了另一所较好的学校，我们在毕业典礼后便再也不曾谋面了。

眨眼间快两年了，唯有我心中还留着他的那一笔。

含苞待放

天道酬勤，三年的努力终于换来了北京师范大学的录取通知书。那些天，妈妈和我都很高兴，妈妈说我完成了她的梦想。我说，我要完成全家的梦想。背负着一份责任、理想与期待，我来到了这里。我想这应该是人生的第四次转折，我步入这所全国顶尖的大学，必将以更自信的姿态步入广阔的社会。

刚开学的时候，我常常会想家，会哭泣。后来渐渐意识到，无法改变就努力去适应，学会独立与坚强，乐观看待每一天。我不害怕失败，正是那些挫折铸就了现在的我，我把它们当作未经磨洗的璞玉小心翼翼收好。生活越来越明晰，但似乎还缺了些什么，对了，是理想。我当前的计划是从事教育行业，成为一名人民教师，将生活给予我的传递给孩子们，让他们的人生也因我而精彩。但又不拘于此，我想用大学四年的时光，去尝试各种活动，更全面地认识自己、发展自己、完善自己。抬头仰望这蔚蓝的天空，我想象着四年后那个令我满意的自己。

在相集的尾页，我认真地写下结语：感谢用血汗养育了我19年的爸爸妈妈，无论我走到哪里，你们都是我最安心的依靠，你们能够不再那样辛苦，是我最大的心愿；感谢那些倾心栽培过我的老师们，没有你们当初的付出就没有如今的我；感谢那些帮助过我的好人，我将你们记在心底，祈祷祝福；还要感谢生活，无论顺境与逆境都那样恰如其分，共同拼出一张多彩的拼图，少任何一块都会是缺憾。以后的日子里，我会带上你们为我精心缝制的背囊，勇敢地迈向前方，期待人生的花开。

谨以此纪念一个平凡家庭中普通孩子的19年岁月。

平凡人家的女儿

我家有五口人，勤恳年迈的父亲，成长艰辛的母亲，
离家十几年未归的哥哥姐姐，还有我，这个平凡人家的女儿。

我的父亲

我来自祖国的西南地区，出生在云贵高原上一个普通的小镇。

我的家乡有着十分典型的喀斯特地貌，是众多少数民族聚居的地方。我的父亲是个地地道道的布依族人。和很多在这里土生土长的农民一样，我的父亲有着黝黑的皮肤和淳朴的性格。他在布依族的村庄里长大，是个不太善于表达的踏实肯干的人。父亲年幼时就失去了自己的双亲，十六岁以后就离开家乡出来工作。后来他娶了一个布依族女子为妻，两人养育了一双儿女，也就是我的哥哥和姐姐。

父亲后来想做些买卖，于是就把自己的那份土地都分给了村里的亲戚。父亲卖过香蕉、卖过甘蔗、卖过粽叶。但毕竟是土地里培养出来的汉子，因为不善于表达，并不适合做生意，几次尝试都失败了。最后因为城里煤矿开发招工，父亲就应招做了一名矿工。

后来，父亲的妻子不幸因病过世，那段时间成了家里最艰难的日子。父亲一个月十几块钱的工资要抚养一对读书的儿女，以至于那一段时间每天下饭的菜就只有水煮萝卜。小时候听我母亲说，那个时候一到开学，市场的猪肉就要降价，因为农民们为了给孩子们筹学费，都急着把猪卖了。我的父亲也是想尽方法地到处借钱。

再后来，父亲经我大姨介绍，认识了我的母亲。

我的母亲

我的母亲出生在贵州的一个小县城，在她小时候，家里赶上了最为贫困的时期。

我的外婆家里原来是地主，上几辈人省吃俭用攒下来的钱全部用来购置了土地，成为当地比较富庶的一家人。外婆十八岁以前过着比较殷实的日子，念过书。即使在后来几十年的辛苦劳作中都没有使用过文字，如今八十多岁的她仍然能够写下自己的名字。要知道，在我母亲那一代人中，很多人连自己的名字都不会写。后来外婆被家中安排嫁给了我外公。我的外公在我出生前就已经过世，听母亲说，他是一个十分俊朗而又能干的人，不仅能识文断字，而且算账做生意也是一把好手。但他后来不幸染上了鸦片，最后英年早逝。

外公染上了鸦片就再也不顾家里面了，成天想弄钱去买烟，甚至常常偷外婆辛苦攒下来的买种子的钱，人也变得自私起来。那个时候家里的孩子都吃不上米饭，甚至连玉米粥都喝不饱。外公偶尔会自己偷攒一小把米煮粥喝，却不会分给家里的其他人，甚至是自己的孩子。我的母亲成年以后身高甚至不足我的外婆高，就是那时候营养不良所致。外婆一个人担起了照顾全家的重任，每天带着孩子到地里劳作，一年到头从来没有空闲的时间。

我的母亲就出生在这个时期，她在家里排行老三，有一个哥哥一个姐姐，还有一个妹妹。外婆实际上生育了五个儿女，其中一个因为营养不良、抵抗力低而染病死了，死的时候才七岁。因为出生在家中最困难的时期，而且又是女孩，所以根本没有人关注我母亲的生辰，甚至连我外婆也忘记了。以至于我母亲自己也不知道自己确切的生日是哪一天，她户口上的生日是胡乱编出来的。

都说穷人的孩子早当家，我母亲的姐姐，也就是我大姨，十几岁就出来打工养家。而我母亲小时候心里最大的愿望就是能早点为家里减轻一点负担，所以在小学毕业后就辍学了，跟着我大姨在外打工。后来大姨嫁了人，来到了我父亲所在的这个小镇（我的姨父当时是我父亲的工友）。我的母亲知道自己不能一直跟随着姐姐，就自己到广东打了几年工。

时间如流水，在外寄人篱下的日子终究是不好过，于是我母亲回到了贵州。当时我大姨在操手小本的米凉粉生意，于是我母亲就跟着学会了做手工凉粉，在城里租了房子住下来做生意。此时母亲已年近三十，家人替她操心起终身大事来，旁敲侧击地说得我母亲也心焦起来。但是在家乡，由于我外公有着抽鸦片的前科，大家不太看得起母亲家，没有人愿意娶外公的女儿。外婆家姊妹三人，都是嫁到外地去的。

后来大姨就介绍了我父亲与我母亲认识。母亲迫于家中的压力，而且自己也年纪渐长，在那个农村女子普遍早嫁的时期，身边同龄人的孩子都已经临近初中，自己却一直还没有个着落，于是她就同这个大自己十几岁的男人交往了。因为两个人都认为结婚不过是找个人搭伙过日子，而且了解到对方是个踏实诚恳的人，便没有在乎两个人的年龄差距，顺理成章地在一起了。结婚以后我的父母就在城里的这个小镇定居下来，成了当地的外地人。

我的哥哥姐姐

母亲继续做着米凉粉的生意，每年农历七月半鬼节的时候还会进购一些蜡光纸来做小衣服（烧给死去亲人的衣服）、阴币什么的来卖。母亲虽然没有读过多少书，但是口算能力很强，后来做买卖的时候我一直都算不过她，想必她就是做这些生意时日练出来的。父亲每天去矿山挖煤，每个月的工资涨到了两百多元。当然，跟着一起上涨的还有物价。后来，就有了我。我出生的时候哥哥15岁，姐姐12岁，哥哥姐姐都还在念书。家里的经济情况并没有好转多少，只是父亲的工作转了正。每天早出晚归，作为家里的顶梁柱，父亲非常辛苦。

由于我出生的时候父亲正值中年，我又是家中最小的孩子，所以格外受宠。我现在还依稀记得，父亲下班回来让我骑在他脖子上带我出去玩的场景。从小到大，父亲都极少大声吼我，甚至从没动手打过我。和我也没有过多语重心长的交流，更没有冗杂的说教。我的父亲不善表达，他的爱像水，不像烈酒那么浓烈，也不像果汁那么香甜。他的爱是淡淡的，没有痕迹的，但却是不可或缺的。在我的父亲那里，我获得了太多的宽容与自由，我的成长没有受到一点束缚和抑制，是如此的顺其自然。

但是我的哥哥姐姐却跟我完全不同。

哥哥姐姐们幼时丧母，性格受到了很大影响。而我的父亲在感情方面是一个非常木讷的人，他并没有想过要怎样把孩子们遗失的母爱弥补回来，他对待哥哥姐姐甚至有些过于放纵。太多的宽容和自由不是一件好事。而我的母亲作为继母，也不好去教导这两个正处在青春期的叛逆的孩子，跟他们的关系总隔着一层纱，只得由他们自己做主。

在我一两岁的时候，我的哥哥成天和一帮社会上的混混在一起，后来在一次打架中一刀捅死了人，就这样断送了自己的前程。出事以后，父亲终于认识到对儿子的放纵是多么可怕的事情。为了能得到稍轻的判决，父亲亲自把我哥哥送进了派出所。在最美好的年纪，我的亲哥哥，就这样糊里糊涂地走上了一条不归路。所以在我成长的记忆里，“哥哥”就成了一个名字和一个故事，怎么也拼凑不出一个完整的活生生的人。

而我的姐姐，她上初中没多久就主动辍了学。一来想出去找点事情做以减轻家里的负担，二来也是读不进书，知道自己不是读书的料。在我姐姐的意识里，知识是没有神圣感的，知识本身是没有力量的，在学校里学到的东西不能当饭吃，那些都是生活中用不到的。于是她自己做主离开了家，去往东南地区的沿海城市。我并不能准确地说出姐姐的打工生涯是在什么时间、怎么开始的，而且后来不知道是什么原因，姐姐再没有回来。母亲说是因为回家受了父亲的冷落，一气之下就不愿再回来了。姐姐的电话号码换了也没有通知家里，就这么走了。十三年杳无音信，不知道她现在在做什么、结婚了没有。

在我的记忆里，自从我开始上学，我的家里就只有我一个孩子了。于是我这个不是独生子女的孩子在这个不富裕的家庭里就像一个独生女一样成长起来。

童年

和每一个孩子一样，小时候的我对画笔情有独钟，整天拿着画笔在家里的墙上乱画。爸妈凑钱买了矿区建的公寓，一套不到六十平米的房子，在五楼，刚搬进去就被我画了满墙的花。即便是这样，我也没有受到任何责罚。在家里我十分自由，没有过多的约束，没有兄弟姊妹的争抢，虽不富裕，但父母都很疼爱我。

父亲是很喜欢小孩子的，在我小的时候，他常常下了班就把我抱在腿上同我玩耍，晚上睡觉时跟我讲猫和狗的故事，还给我取了许许多多奇奇怪怪的乳名。但我上学以后，跟父亲的交流就少了。由于我生长在外地，所以父亲也没有教授我布依族的语言。小时候父亲带我回乡，我居然因为水土不服生了病，长了一脸的疹子，还被蚊子咬得全身是包，后来父亲就再不带我回去了。

从我小的时候起，我的母亲就极少动手打我，她总是温和地教导我好好读书。我年幼时有些骄纵，偷家里的钱去买零食。我五岁那年，带着小我三岁的小侄女（我大表姐的女儿）跑到小卖铺，自豪地大喊一声："买东西！"然后开心地"分赃"。当然，很快就被家里人发现了。我被母亲狠狠地打了一顿，罚跪了一整天。这件事给我的印象极其深刻。从那以后，我一直深刻地告诫自己，不能随意拿别人的钱财和物品，哪怕是你的亲人。

说起我的小侄女，不得不好好地提一提。她是我成长过程中最重要的玩伴，我们弥补了彼此独自长大的缺憾。我的大姨有一儿两女，我的大表姐家离我家就两三分钟的路程，相当于是邻居，所以我们两家关系也最为亲密。由于我的母亲跟我的大姨相差十几岁，又加上我母亲是晚育，所以我的这位表姐跟我年纪相差很多，而我的侄女就只比我小三岁，我们从小就像一对小姐妹，形影不离。小时候在学校写作文，我最爱把我这位亲爱的小侄女当主人公。

我的小侄女是我们家族最漂亮的女孩子，鹅蛋脸，皮肤如雪，瞳仁如墨，而且双眼灵动，看人的时候非常有神。因为非常瘦弱，所以给人一种楚楚可怜的感觉。我很小的时候就知道她很美，带着她出门非常自豪，觉得自己带着一个活生生的洋娃娃。因为天天跟她在一起，我总觉得自己在扮演姐姐的角色，就要表现得勇敢一些。好在她不是那种娇气的女孩。

小时候我带着她干了不少淘气事，比如弄脏屋子、在家里墙上乱画、剪破家人的衣服给洋娃娃做裙子、打网络游戏、离家出走（好在只是象征性的出走）……不过更多时候，我们都像大多数女孩子一样，只是抱着洋娃娃做游戏，就这样度过了我们的童年。当然这种长时间待在家里的活动造就了我们比较内向的性格，尤其是我的侄女。现在，十五岁的她最大的理想就是当一个“技术宅”，以绘画为生，不愿跟过多的人交往。而我则稍好一些，由于小时候在学校比较爱表现，所以我在性格方面有了一些改善。

爱上阅读的女孩

对于我母亲来说，学校是一个充满了神圣感的地方，读书可以改变一个人的未来。我母亲早早地辍了学，而她的一些同学选择了继续读书，并在中国的其他城市有了不错的发展。所以在我母亲的观念里，读书是一件近乎神圣的事情。

从很小的时候起，母亲就有意识地培养我爱看书的习惯。在我不到5岁的时候，就给我买了很多有图片的童话书（那个时候绘本还没有普及）。我上学前班的时候她给我买了一本《唐诗三百首》，于是我就自己背，也不管有什么含义，只是觉得好玩。至今我记得最清楚的一首诗，就是幼儿时期背的李白的《登金陵凤凰台》。

上学时我母亲常常跟我说，在学校要听老师的话、好好学习之类的。我那个时候是个乖巧的孩子，并没有什么叛逆的想法，确确实实把母亲这些话放在了心上。在我一年级的时候，母亲就开始给我买一些作文书，我就照着那些作文书练习一些简单的写作。或许是由于这些书的影响，我的写作水平比其他同学高一些。从三年级起，我的作文就常常被老师当作范文来念。

由于受到我母亲的影响，我对老师产生了一种特别敬仰的情感。很快我就发现，只要乐于配合就可以得到老师的喜爱。我从不认为我有过很认真很努力的学习经历，我只是做了我该做的。在二年级的时候我考试就常常是班里的第一名。到了三年级以后，就可以保持在全校第一名了。不过，在我们那样的小镇，在中国最偏僻的地方，确实不需要很努力就可以拿到比较靠前的成绩，只需要认真做好该做的事。

我很早就知道，读书是一种有品位的爱好。我可以一个假期哪都不去，就坐在家读书。一般情况下，一个学期就能读上十几本书。刚开始的时候，母亲非常乐于给我买书，可到了后来就不这么做了。因为我迷恋书本，也喜欢买书，买书的速度比读书的速度要快，书柜永远比脑子要充实。于是我的母亲就不太高兴了，后来不得不减少我用来买书的零花钱。

读书给了我很多我的成长经历所不能给我的见识，还有我的年龄所不能给我的财富，所以我很早就表现得比同龄孩子更成熟。我喜欢读书，书籍成了我生活的一部分。没有书读的日子，我是无精打采的，是没有自信的。我相信书籍有一种神奇的魔力，可以使我成为自己期待的模样。

没有叛逆的青春期

初中的时候我依然幸运地保有老师对我的喜爱，而我们小镇里的同学们，也从来都不会对成绩优秀的人有任何嫉妒或是偏见。他们更加尊重我，更乐于和我做朋友。因此，我刚刚进入青春期的时候，正好是我的学生时期最辉煌的时候。

在中国的学校教育里，往往是成绩优秀的学生受关注，优秀的人总是拥有更多的机会。于是什么发言、演讲、做节目主持人的机会就都找上门来了。一有什么活动老师都会指定我去参加，而这些活动也正好塑造养成了我的性格，使我长成一个不那么内向的人。但是这样的教育也使我养成了一个坏习惯，机会自己会上门，我就不太会去自己争取。这使我在后来的日子里后悔莫及。

也是因为成绩不错，父母都认为我比较懂事，给了我足够的信任。在家里，我从来没有担心过父母会翻看我的日记，我大可以把自己的小秘密写下来，把日记本随意放置。即便我正值青春期，我的父母也没有问过我早恋的事（那个时候我正在和班里年纪最大的男孩交往，他大我四岁，字写得极好），最多就是偶尔提醒一句要懂得自我保护。最好的教育方式就是有的放矢地让孩子自己去探索和经历，不论对于爱情还是生活，教太多反而成为一种重负，我认为父母的做法是对的。

在我初中的这段时期，我的老师给了我许多有益的指引，他们是我的向导，教会了我很多。其中一位老师给了我最多的信任与肯定，给了我最多的鼓舞，她后来做了我的寄母。

我的寄母是一个性格温和的人，当时她是我的语文老师。那时候我上课时总是积极发言，我认为真正的课堂不是简单地听和一味地接受，而是主动地参与。我带着极强的求知欲，积极地参与着每一节课。另外，那时候的我是个喜欢写作的孩子，比较真诚和单纯，你可以在我孩子气的作文里看见我全部的内心。这样，就引起了我的语文老师——也就是我后来的寄母——的注意。当你开始关注一个人，你就会喜欢上她。我的寄母只有一个儿子，而她一直想要一个女儿。在我们越来越亲近的交往中，我顺理成章地成了她没有血缘关系的女儿。于是我就有了一个可以交心的长辈，我常常给她写信，诉说少女的心事。而我的寄母总是很包容我，给我以诸多方面的支持和鼓励。我的寄母为我弥补了同家里人交流甚少的遗憾，我十分感激她给过我人生的指引，她是我最敬爱且又最亲密的人。

后来，我就去读高中了。

涅槃之路

我中考的时候考了全校第一，很顺利地考进了县里最好的高中。学校给了我两万块钱的奖学金，并且把我分到了最好的班级。

但是，高中的我就不再那么幸运了。我的高中聚集了县里各个乡镇的好学生，我所在的重点班被大家戏称为“火箭班”，每一个学生都充满了自信和学习的动力。而我是第一次离家，第一次住校。在学校里没有了老师的关注，没有了父母的照顾，身边又多了那么多强劲的对手，难免有些不适应。高一时有九门课，每天都很忙，课业压力很大。由于未能及时调整好状态，我的成绩一直在下滑。那个时候很少跟父母联系，又怕他们对我失望，遇见什么事情根本不敢也没有人可以倾诉，找不到合适的宣泄方法。我一个人把心事默默地压在心里，形成了恶性循环。于是我从进校时的前十几名，掉到了全校的两百多名。我的高一，成了我在学校最黑暗的时期。

由于成绩下降，我没有选择读理科，而是选择了文科，读文科才有可能进重点班。在高二的时候，我比较适应高中的生活了，原来的九门课变成了六门，压力也比较小了，成绩稍稍变好了一些。

在这个时候，我发现了自己除阅读之外的第二个爱好——舞蹈。

舞蹈，是一种生命的律动，它使我的内心得到了释放，再一次给了我自信。我爱上了舞蹈。我加入了舞蹈班，和集训的同学一起训练。虽然基本功没有大家好，身体也没有大家协调，但是我非常认真。很快我的舞蹈老师就认识了我，而且我是那个舞蹈训练营里唯一一个重点班的学生。但我学习舞蹈的事情传进了班主任的耳朵里。每次在路上遇见他，他总是提醒我不要耽误了学习，我的家里也并不支持我去舞蹈班。他们不知道舞蹈替我分担了多少的孤独，我真的非常羡慕那些学习舞蹈专业的同学，以至于有时候看她们的演出会热泪盈眶。后来，到了高三，高考临近，我就没有再学舞蹈了。

高三的生活是充实而紧张的。有压力、有努力，更多的是不断地自我鞭策和鼓励。我的同桌是个天生的乐天派，而且她学习起来非常认真，我们成了好朋友。随着我们的友谊慢慢加深，我们无话不谈。同时，因为她，我的身边聚集起一群非常可爱的女孩子。高三的日子是简单而充实的，我也越来越学会调整自己，使自己变得简单、变得乐观。高三其实是我高中最快乐的一年，人的心态一旦变好，就会吸引到更多好的事情来到身边。虽然压力是不可避免的，但我的心变得越来越笃定。虽然有时候也有迷茫，有苦涩，但是我不断提醒自己，要无所畏惧。

高三时，我的成绩一直保持在学校前三十名左右。我的母亲由于我高中成绩的波动，也渐渐调整了自己的心态，不再对我有过高的要求。

我知道她不是一个望女成凤的人。我的母亲对于我，一直有着极为朴实的愿望。她只是希望我自由、快乐，将来能过上殷实的生活，能够养活自己、养好自己，不依赖任何人，不受制于任何人。我非常感谢我的母亲，她没有给我过多的压力，让我得以轻松地面对高考。

对于学习，要踏实、谦虚，不好高骛远是最为重要的。我数学成绩最差的时候只能考67分（150分的试卷）。我高一基础很差，所以一切都要从头再学一遍。我每次做题都很慢，但是我告诉自己，别管别人如何，哪怕自己用别人两倍甚至三倍的时间做，都要踏踏实实把它做出来。我做题求质不求量，虽然有时候看别人做了更多的题，真的压力很大，但是我一直不断提醒自己，别羡慕任何人，别畏惧任何事。就这样，慢慢地，我就能考到90多分了。即便到最后数学还是我考得最差的一科，我也考了近120分。

高考的那两天，我告诉自己，只要尽力就好，跨过这道坎，更自由的日子即将来临。我告诉自己，不管结果如何，我都会积极地面对它。我从来没有过复读的想法，从我身边的人身上发现，只要一个人做事有了再来一次的想法，他就不会用全力去做，他就做不好这件事。孤注一掷未必不是好事。对于高考这件事，心态极为重要。我身边有许多成绩很好的同学都没能正常发挥，而我和我乐天派的同桌，因为心态较好，都发挥得比较好。高考之后，她去了上海，而我来到了北京。

传奇的“仙子”人生

紧抱着一颗活力自信的心，恒做着艰难却有意义的事，你就注定不平凡。

我的名字让我略显与众不同。上了大学，来到一个陌生的环境，我才知道名字原来这么重要。好多同学都记不住对方的名字，唯独我的名字大家一听就记住了。那么下面就说说我满18岁之前的种种吧。

家庭

我的老家在黑龙江省的一个小村庄。

我家有四口人，爸爸、妈妈、我还有弟弟。我家是朝鲜族，家里可以有两个孩子，不违反计划生育政策。爸爸和弟弟的名字里都有“yong”这个读音，而妈妈叫仙女，我叫仙子。嘿嘿，虽然妈妈在我7岁时才成了我妈妈，但也是种缘分。爸爸和弟弟、我和妈妈的名字都很像，是不是很有趣。

我的家庭既平凡又不平凡。平凡之处在于爸爸妈妈和所有农民一样，靠种地养活我们全家人。不平凡是因为我们家卖的是种子而非大米。

这就要从我爷爷开始说起了。

我的爷爷是一位了不起的人物，在1950年11月加入了中国人民解放军，在军队中历任职务。1962年从部队转业后，看到家乡人穷困潦倒连饭都吃不上，爷爷决心搞科研，开始踏上育种之路。后来，他培育出几十个水稻品种，为国家做出了巨大贡献，还被誉为“黑龙江省水稻高产大王”。1978年，他光荣地出席了在北京召开的首届全国科学大会，被表彰为“全国先进科技工作者”，还被授于“农民育种家”的光荣称号。

到了八九十年代，爷爷的育种工作有了新的突破，他在市里拿了许多科技奖项，曾以黑龙江省唯一的农民特邀代表身份出席全国劳动模范和全国先进工作者表彰大会，还曾荣获“中华农业科教奖”。总之，我的爷爷是一位很棒的农业科学家。

当然，那时候的我还小，而且爷爷是在我八岁的时候去世的。所以，我对爷爷的了解，全是靠父母的讲述和家里的奖状，还有百度百科。我从小以有这么一位伟大的爷爷为荣，当然他也一直是我的榜样。我经常会想，爷爷要是健在，我会是什么样？很多时候我都希望能和爷爷交流一下。

当时爷爷得了癌症，来北京治疗了一年，家里花费了所有积蓄还欠了一大笔债。与此同时，家里又开始建公司的办公楼，经济状况越来越窘迫。楼建完了之后，爷爷也回家疗养。本以为一切可以重新开始，但不幸，最终爷爷和奶奶双双去世，一切重担都压在了爸爸和大爷身上。这时候妈妈刚生下弟弟不久，还在医院里住着。

这些打击对爸爸来说太大太大！虽然爸爸生在一个育种大家庭，但是从小酷爱美术，一心想要考中央美术学院。考试没能通过，爸爸就回到家专门负责去南方的科研项目。与爷爷和大爷不同，爸爸每天西装革履，经常去海南的育种基地出差。这就是我记忆中的爸爸——电视剧中富二代的化身。但是家里的一切重担都落到了他一个人的肩膀上，于是他也开始学着种地，靠着以前看爷爷育种的记忆，独自摸索。

我记得第一年家里靠着姥姥家的玉米面过了一个冬天。后来，家里的公司渐渐步入了正轨，爸爸靠自己的努力保住了以爷爷的名字命名的育种研究有限公司，与此同时也累弯了腰，晒黑了皮肤。现在的爸爸妈妈就是典型的农村夫妇的形象，但是他们又是那么的不一样。我的家人受教育程度普遍不高，爷爷和爸爸妈妈都是高中毕业。唯独我的奶奶上过大学，上的是东北工学院，也就是现在的东北大学。奶奶在我们那里是出了名的女强人工程师，对不正之风批评起来毫不留情，所以她经常得罪人。但在我眼里，奶奶是最厉害的女中豪杰。

学习

我的家人和学校的联系少。可能是因为我从小不爱惹事，学习还跟得上去。也有可能是他们比较信任我，或者是家里的活太忙，若没什么特殊情况，家人只会在家长会的时候和班主任了解一下情况。所以，他们不知道我是外表斯文内心火热的女孩子。

可以说我的学习从小都是靠自己，小学三年级开始我就住在二姨家。二姨是从来不指导孩子学习的家长，只会督促我快进屋写作业，这样的状态一直维持到初中二年级上学期。初二下学期我住家里通勤，初三就开始了我的住宿生活。这么说来家人干预我的学习只有在小学一、二年级和初二下学期了，所以我没有多少记忆。只记得小时候妈妈管我握笔姿势管得很严格，但后来到二姨家之后还是想怎么拿就怎么拿。妈妈对我的教育还是比较严格的，在我初中的时候妈妈就教会我做饭和洗衣服，让我早早学会了独立。爸爸不太干预对我的教育，他是一位不善言辞的人，所以就连平时和我的对话也少之又少。

至于补课嘛，我在初中的一个假期补过化学，但我的化学成绩依旧是我高中理科中最差的一科。我自认为和那些大城市里每天要去好多补习班和兴趣班的孩子比起来，我的学习生涯算比较轻松和自由的了。

下面介绍一下我上过的学校。

我的幼儿园是汉族学校。家离县城较远，但是奶奶又执意要让我在县城上学，所以我不得不从四岁就开始住校生活。那时候我什么都不懂，在一个陌生的环境对什么都充满了恐惧。我只隐约记得那时候我很瘦，话也少得可怜。每天晚上都会哭得很惨，吵醒全寝室的姐姐们，而第二天我却什么都不记得了。所以几乎每个早晨我都被姐姐们批评，我很委屈，又无力解释。爸爸和奶奶会抽空来看看我，给我带点零食和漂亮的衣服，每周五晚上妈妈会接我回家。

就在我要上一年级的时候，开始了通勤的生活，转到了朝鲜族学校。这是妈妈说服奶奶才作的决定。因为那时候的我只能听懂朝鲜语却不会说，这在她眼里是不应该的。所以她毅然决然地把我送到了村里的朝鲜族学校。

那是一间很小的学校，曾经这间学校也辉煌过。但是后来学生越来越少，从几千人变成了几十人。而我们班人最少，包括我就三个人，两女一男。我很佩服那时候的老师，对着我们三个还会认真备课讲课，真是敬业的好老师。后来我上三年级的时候，家人看村里的学校太小，并且我的同学学习都不是很好，就把我转到了县城里的朝鲜族小学。

县城里的学校人也不是很多，每个年级一个班，平均每个班十人。我记得那时候我们班有十三人，但是和之前的学校比起来已经算很大的了。我觉得一切都是那么的新奇：有好几层的教学楼（我之前的学校是平房），有课间操，有校服，有微机课……我就像发现新世界一样开心。来到这所学校之后，我就有了学习上的竞争对手。在之前的学校我一直是第一，来到这里我才知道人外有人，天外有天。就这样我融入了这个集体，成绩还不错。我们这个集体会一起升到初中直至高中毕业，所以在我来大学之前，和同学都认识超过十年了。

上初中之后和小学差不多，因为就在我上初中的那一年，我们那个县城的朝鲜族小学和中学合并，在学校还能见到小学时的老师。一切都是那么熟悉，所以不会有太多不适。但也有些区别，那就是外语从英语变成了日语，从考试从来不排名次变成了每次考试都排名次。我清楚地记得第一次月考我考了第五名（全班十三个人），这与小学班主任和我二姨估摸着说的第二名相差甚远，让我的家人吓了一跳，他们认为我上初中后不爱学习了。我觉得这就是我的水平，但为了不被家人批评，我就开始慢慢努力，一名一名地赶上，在中考的时候考了全班第二。当然我们班里的第一永远是一个天生冰雪聪明的女生，那时候的我们认为赶上她这辈子是不用想了，但后来的事实证明这并不准确。

不知道是不是命中注定，上高中后我们班的男生都不在了——要么转学要么辍学（因为我们朝鲜族学校人少，升学压力小），只剩下女生。我们班里学习最好的那个女生也转去更大的市里的朝鲜族中学上学去了，说实话我挺伤心的。因为她可以说是我最好的朋友，而且当时我喜欢了好久的同学也和她转到一个学校。当时真的好想跟着他们一起去，但是妈妈不放心我自己去人生地不熟的地方上学，就没同意。结果我们班里就剩下五个女生坚守阵地。之后又来了个韩国留学生，所以我们班有六个女生。

那时候我就想，班里上课经常发言的同学大部分都走了，剩下的人这么少，老师们都没兴致上课了。学生这么少在我们学校还是第一次，别的班级都是十多个人。于是我就想自己一定要努力积极发言，多带动班里的学习气氛，让班级不要因为人少而死气沉沉。就这么个小小的想法让我刚上高中时的学习状态变得特别好，分数高得惊人。班里也没有那么冷清了，我觉得那时候我的觉悟真的蛮高的。

我们那里的老师们是特别重视学习好的学生的。而且我们的班主任比较忙，不怎么管我们，经常把事情交给学生做。学习还算不错的我因此成了老师的好帮手，许许多多事情都是我来代替老师完成的，这间接地锻炼了我的能力。偶尔我也会抱怨老师不负责，但是换个角度，也是因为班主任我才能接触各种各样的工作，学会了很多东西。当然学习是不能耽误的，像之前那个女生一样保持三年第一我做不到，但是除了两次月考以外我都考了第一。当然，在六个人的班级里得第一没什么厉害的。可当我在高二时的会考上第一次和汉族学生一起考试后，才知道自己其实也不赖。因为那时候除了没怎么上过课的通用技术考了“B”以外，其余科目的成绩都是“A”。我们那里的汉族学生有好几千人，没几个能到这个分数。这让校长高兴坏了，也让我的信心和野心倍增。

高三的时候我有一阵子想考北大，但现实是我那时候考的最高分是623——北大根本遥不可及。但我还是把目标定得好高好高，在目标墙上贴上“总分680，数学满分”……好多老师看了之后笑我野心太大、像闹着玩一样。还有老师友好地提醒我，让我别贴在上面，说要是达不到别人会嘲笑我。但我认为那是为了激励自己才写的，我不怕别人笑我。他们越不信任我，我的斗志就越强。

虽然后来还是没能考那么高的分，但我还是很感谢当时自己的想法和勇气。当时我就想考市里的“状元”，因为我觉得自己要是做到了，会有好多我在乎的和在乎我的人为我高兴。经过一阵子抛弃杂念的努力学习，我真的做到了。我考出了比其他学生漂亮得多的成绩，老师欣慰地笑了，校长在学校走廊里贴上了大红条幅。妈妈一直以为自己在做梦，爸爸逢人就开始夸我的种种，在大街上也有人能够认出我……这一切的一切都让我好感谢当初的自己。

老师

高中阶段对我影响最大的就是我的数学老师，她在我高二的时候刚大学毕业，来到我们学校接手了我们班。那时候我的数学，不，我们全班的数学成绩都差到极点，极少数情况下才能有一两个及格的。之前的数学老师是一位教学经验特别丰富的女老师，但是我们的成绩依旧很不理想。上那个数学老师的课我不是在睡觉就是在玩手机，反正一堂课都没有好好听过。一换年轻老师我还真想好好听课了，但那也是三分钟热度，就持续了几周。那时候我只觉得这位老师挺积极的，毕竟刚上任。但是后来的事让我不得不好好听老师的课。

起因就是我情窦初开，交的小男朋友被老师发现了。说来也巧，我的小男朋友是职高的学生，同时也是我们那个小县城里有点小名气的乐队的鼓手，而老师的男朋友则是那个乐队的主唱兼队长。之前我就听说过，队长的女朋友是我们学校新来的老师。但是那年来了三位新老师，我怎么也没想到是我们班的数学老师。

后来老师加了我的联系方式跟我证实，我也不得不承认。但出乎我意料的是，老师没有骂我也没有逼我就此罢休，而是告诉我不要影响学习，她不会告诉班主任和其他老师。我当时半信半疑，毕竟在我们那里，学生谈恋爱被老师发现就绝对不会有好下场，在老师眼里就会是个彻彻底底的坏学生。但是经过多天观察，班主任真的没找我谈话，数学老师也照样讲课、向我提问。一切都是原来的样子，只是我上数学课变得丝毫不敢懈怠。数学老师也让我当了课代表，这让我十分感谢她。当然，这还不是我对这位老师印象最深刻的原因。

老师家离学校远，所以她住在学校，就在我们寝室的斜对面。一来二去我们和老师的距离越来越近，但我还是会和老师保持距离。毕竟是老师，高高在上的老师。后来我发现了她和其他老师的区别。一般新来的老师们热情都挺高涨，但是后来逐渐听其他老师们的经验分享，经受时间的打磨后，对学生的看法会逐渐改变，不会觉得每个学生都是天真的小天使，会对学生们产生各种各样的偏见。但是这位数学老师不会，她依然认认真真地备课到深夜，上课时保证全班都听懂，甚至还专门给成绩差的学生补课。这些我们看在眼里，记在心里。

后来有一天，我和我的小男友分手了。毕竟第一次分手，对我的打击还是蛮大的，我整天没精打采的，也不吃饭。老师马上就看出了我的不同，一下课就问我怎么了，是不是分手了。我没回答，老师问班里的同学，看他们脸色一个比一个不好看，就知道我真的分手了。老师就让其他同学都出去，然后开导我。但是大家都知道，不可能一开导就能改变。我还是老样子，老师晚上看我没吃饭就会给我熬粥喝。那时候老师带给我的感动数都数不过来。没多久我就从低谷里爬出来，开始努力学习，为我的高考梦想继续奋斗。

但是知道真相后让我惊呆了，也震撼了——其实就在我分手的当天，老师也分手了。但与我9个月的恋爱不同的是，老师谈了6年。那个乐队主唱从高中就开始追求老师，直到上了大学老师才答应了做他的女朋友，也是为了他才回到了我们这个小县城，不然，老师完全可以去一所更好的学校当老师。后来他们还是分手了，老师独自承担了这份悲伤，依然尽心尽责地备课、上课。

这就是我的老师。她每天都说我们就是她的天使，是她的奇迹。每次我们解出来她认为我们可能解不出的题时，她就会惊喜地夸我们简直是个奇迹，开心一整天。她会对已经失去的感情释怀，说因为他才认识了我们。每次我问她为什么不去别的学校工作赚更多的钱，她都回答要是为了钱就不当老师了。她从来不会怪我们成绩上不去，她说她相信没有教不好的学生，教不好都是老师的不对。

高三的时候老师去了我们县里最大的重点高中，但是也依然会给我们班上课，收着一份工资做着两份工作。刚知道她要离开的时候是周一的上午，我还以为她是为了自己的前途不想带我们了。那天晚上刚好是数学晚课，看到她饭都没来得及吃就赶回来给我们上课的样子，我就好心疼，恨自己那么自私地误会了老师。就这样，她奔波于两所学校之间，每天早出晚归……

这一切我看在眼里，疼在心里。高三每次累得要坚持不下去的时候，想想她我就会再咬牙坚持下去，因为她为我们付出了太多太多。每次我怀疑自己的时候，她都会用极其信任的目光看着我，说她相信我。每次我说我真的好累，在她面前忍不住掉眼泪的时候，她会让我想想她，告诉我她一直站在我的身后，注视着我。她说每次早起上班和晚上下班的时候，看到高三教室亮着的灯都会特别欣慰，知道自己不是一个人在奋斗。我们就这样相互扶持走过了高三。她是我的老师，亦是朋友，更是好姐姐。

新的征程

这就是我至今为止经历过的一切，该说的不该说的都写出来了，绝对是真情实感。在老家的那段时光好像让我从平凡走向了不平凡，毕竟2014年的暑假我足够耀眼，也尝到了众星捧月的滋味。

但在坐上开往北京的动车的那一刹那，我早已把头上的光环卸掉装进了回忆的袋子里。因为我知道来到北师大会有许许多多比我优秀太多的同龄人成为我的同学，我又会成为芸芸众生中的一个。一切都需要重新开始，一切都在等我重新梳理。现在就是一段新的人生旅程的开始，我已整装待发，期待和新的同学、新的老师在一个新的环境开始新的旅程！

那些美丽的时光

我想，我是一个幸福的孩子。

坎坷温暖

我来自一个没有多少人知道的小县城，在这个喧嚣的城市里，我是平凡的一个，而在家乡，我是骄傲的一个。是的，即使我没有漂亮的衣服，即使我没有高级的游戏机，即使我不懂电脑、不会网购，我依旧是骄傲的自己。

我的爸爸妈妈曾是普通的工人，在我很小的时候就双双下岗，家里一度只靠爷爷奶奶微薄的工资和低保金度日。虽然生活很拮据，但父母依旧很注重对我的教育。我五岁以前，爸爸一个人在沈阳打工，爷爷奶奶都上班，因此妈妈一个人在家带我。由于没有多余的钱上幼儿园，妈妈陪我度过了我的幼年时光，给了我更加独特的童年记忆。即使没有很多的小朋友陪我玩，我还是长成了一个爱说爱笑的女孩。走在街上我总是会问，这是什么，那是什么。妈妈就教我认了很多招牌上的字，从而我也就喜欢上了各种与文字有关的东西，比如报纸书刊。只要有字，我都爱看。

五岁那年，我随妈妈到沈阳找爸爸。那一年的生活给幼小的我留下了深刻的印象。爸爸妈妈每天都在打工挣钱、忙碌辛苦。我一个人待在街边狭小的出租屋里，对周边环境的印象只剩下嘈杂拥挤。所幸房东老太太是个很好的人，她教我认识了更多的字，给了我一大摞的儿童读物，它们陪伴着我度过了那一段日子。爸妈回家的时候，我已经不再冲着关之琳的海报叫“美蜘蛛”了，我能背的唐诗也超过了他们的想象。楼上的同龄小女孩成了我的好伙伴，她偶尔会从家里偷跑出来找我玩。至今我脑海里还清晰地印着我们在大雨里奔跑的影子，也就有了以下的一幕。

妈妈回家发现我不在，问了房东奶奶，也不知道我去了哪里。她找遍了周围所有小孩子可能会去的地方，还是找不到我，急得直哭。这时有人告诉她我可能在楼上那个女孩家里。妈妈去找我，我却躲在门后不肯出来，妈妈一把拽出我狠狠地打了几下。我哭着说你们都不在家，这里有人，家里没有！妈妈哭得更凶了，而那时的我却不知道为什么。

不久之后我们回到了故乡，不再幻想大城市的浮华。今天的我明白了妈妈为什么打我，为什么哭，为什么放弃大城市的日子，那是为了给我一个温馨的家。沈阳虽好，却无法让幼小的我得到应有的有父母疼爱陪伴的生活。在爸爸妈妈眼里，我的成长远比优越的生活重要。教育孩子最好的方式绝不是单纯依靠物质的，更多的是精神上的陪伴。就这样，爸妈常常陪我背唐诗、讲故事。爸爸还会和我比赛有感情地朗读课文，使我更加热爱书籍。爸妈不懂英语，可是愣是省吃俭用给我买幼儿英语书和英语磁带，和我一起学。他们甚至想到了买电脑。当然那时电脑对于我们来说还是奢侈品，可是直到今天我还是可以流利地背诵五笔字根表。他们给了我最好的一切，用他们的全部。无疑，拥有这样的父母，是我的幸运，更是我的骄傲。

我是你的骄傲吗

七岁，上学前班的年龄，也是我成为老师眼里好孩子的开始。由于识字多，我成了班里的“小红人”。我每天都会用一节课给小朋友们念故事书，还会有其他班级的老师叫我去讲故事。所有的孩子都认识我，这弥补了我没有去过幼儿园的遗憾。而那时的我也会不懂事，看见别的小朋友学舞蹈，就非吵着去舞蹈班。爸妈很无奈，我们的经济条件实在不允许，于是这也就成了妈妈一直念叨到今天的遗憾。

上一年级的时候，我顺理成章地当上了班长。老师和同学都很喜欢我，体育老师除外。很可惜，我没有遗传到爸爸发达的运动细胞。除了体育，我几乎门门通。于是，运动会上我就成了专业的写稿选手，半个班的稿件都出自我的手笔，这是我热爱写作的开端。也是在一年级，爸妈用他们几个月的工资为我报名了剑桥英语班，为我在学英语方面提供了先于其他孩子的优势，使得从小学三年级学英语开始直到初中毕业，我都是班里的英语课代表。妈妈对我的要求也很高，考99分都要打屁股。年幼的我听大人说，妈妈在我身上找寻着她的梦想。妈妈的心气高，绝不甘心我也蜗居在小县城里。相比之下，爸爸对我则采取了“放养”的态度。他更明白张弛有度，给我自由，让我学会自律。这也是很重要的一课。我的父母都不是什么教育家，可是不知不觉中，他们却给了我最好的教育。如果不是他们如此重视我的学习习惯的养成，今天我也不会坐在北京师范大学的教室里。

二年级的时候，妈妈去饭店做了服务员，陪我的时间越来越少。因为妈妈很晚回家，我又很早上学，我们几乎没有交流的机会。于是，我们用写日记的方式保持交流。现在想来还是很浪漫的，这让我学会了珍惜与父母之间的沟通。到了四年级，爸爸妈妈选择开小吃店来改善我们的生活。他们再也没有像以前一样陪着我写作业，又一次回归到忙碌之中，再也没有管过我的学习。他们说，你长大了，我们相信你。

终于我不负所望，带着父母的喜悦和老师们的期待，以优异的成绩升入了初中。这时也暴露了我在人际交往上的一些问题。我为人过于强势，习惯由成绩带来的优越感，给我的朋友带来了很多压力。几个好朋友逐渐离开我，我突然发现自己融不进任何一个圈子或者小团体。一开始，我以“天下大势，合久必分，分久必合”来自我安慰，但后来我却发现这事关个性的养成。我开始想办法改变自己的个性，不再摆着骄傲的架子，和大家一起玩一起疯，一起哭一起笑，终于赢得一些肝胆相照、荣辱与共的兄弟姐妹的友谊。直到现在，他们也仍是我生命中不可分割的一部分。可以说，我初中生活的最大收获，就是在人际交往上的成长。

在此有必要提到我的初中班主任，他是一个以严厉著称的男老师。与其他同学一样，我在背后说他的坏话，给他起外号，叫他“华仔”“华哥”。可是到了毕业的那天，他用他过时的小收音机放了一首老掉牙的《再见》。我们所有人都泪流满面，不知为何。事后，有的同学开玩笑说，女强人似的你也会哭啊。我突然发现，我好像强势了太久，一直以保护者的姿态待在我的朋友身边，从未想过这种状态会有所改变。更没想到的是，在我上了高中之后，改变接踵而至。

面对整个县城的同学，我不再是最优秀的，也不再是唯一一个优秀的。我考进了最好的班级，却只是年级第三十六名。这让一向骄傲的我有些接受不了。班里的活动不再由我组织，老师也直接选择了学习更好的同学担任班干部。我在班级中无足轻重，甚至找寻不到归属感。这令我不适应高中生活。我开始反思自己，对于生活的不适应总要从自己出发寻找原因。我告诉自己，你并不是太阳，没有谁会一直围绕着你转动。每个人都有自己的光芒，只有你足够闪亮，才能赢得别人的重视以至喜欢。在前两次月考均失利的情况下，我最终还是收获了第三次月考年级第十一名的好成绩。在我把这个消息告诉爸妈的时候，他们笑得比我更开心。也就是这时我才知道，在我第二次月考考了年级第七十五名的时候，他们心里有多着急。可是一个月前，他们却都只是云淡风轻地说，没关系，人有失手马有失蹄，下次好好努力。

我应当感谢他们的宽容，要知道在我们的高中，有多少人因为父母的压力而逐渐对学习失去信心，有多少人因为逆反心理放弃了学习。而我的父母，以他们的无条件信任为我创造了成功的机会。

友情万岁

到了高一的下学期，面对文理分班，我有着自己的选择。我坚持学文，父母再一次尊重了我的意见。他们说："你长大了，有权利选择自己的未来，我们什么都不懂，你只有作出自己的决定，才能长远地走下去。"我点头。他们不知道的是，听完这些话，我一个人偷偷在屋子里流眼泪。因为我知道他们会向来小店里吃饭的每一个人打听，几乎所有人都说："你们女儿学习成绩那么好，学文就浪费了，学文没有前途。"可是父母还是相信了我的选择。今天的我要再次感谢他们，让我选择了自己喜欢的道路，才有了今天——我在中国最高的教育学学府，学习着我所向往的学科。

在提交文理申请表之前，文科重点班的班主任也来给我做动员，鼓励我学文。尽管学文已经是我的决定，但他对我的重视还是让我更加自信，也对未来充满期待。意料之中的是，来到文科班，我依旧不是第一名，我前面有两个强有力的竞争对手。为此，我发愤图强，第一次月考就战胜了其中的一个女生。在这之后两年半的生活里，这两个人成了我最亲密的朋友。

更令我感到幸运的是，我分班前的同桌，和我一样选择了学文。在申请和坚持下，我们一直做了三年的同桌，可谓是"情比金坚"。我们有着别人无法想象的默契，对同一件事的反应总是如出一辙，说同样的话，做同样的手势。根据成绩，原来综合班的同学都坐在了一起。我们四个好姐妹也就开始了我们的友谊，直到今天。当年的我们一起学习、一起打闹、一起写小说、一起改歌词……总之我们的生活丰富多彩，因为有彼此而变得不同。我们走进了彼此的生命，让共同的青春不虚此行。

在学业繁重的高中生活里，竞争是不可避免的，最好的朋友也是最强大的对手。在高二下学期之前，我们四人中的一员始终占据着第一名的位置，我始终在第二。可这并没有影响我们之间的友谊。有一次“第一名”考试失利，成了第四名，郁郁寡欢。我就写了一张字条鼓励她好好学习，不要被一次失误打倒。她的回答让我印象深刻，她说：“你是我最温暖的朋友和最好的对手。”这句话成了我们之间的“经典语录”。每每发生一些事情，我们就会用这句话互相鼓励，最终我们都来到了自己梦想的地方。

毕业的那天，全班聚餐。我们四个人端着杯子向班主任敬酒。他乐呵呵地说，这是我们的四朵金花。我们笑着说不敢当，心里却十分自豪。我们之中有三人来了北京，分别考取了不同领域的高等学府——中国政法大学、中央财经大学和北京师范大学。另外一人去了山东大学。我觉得，集体的成功弥足珍贵。我们高中三年这样圆满的结局几乎比我自己的成功更让我觉得幸福。所有人都记住了我们，说起我们，他们会说，那四个人，不可分割。

就在几天前，我的同桌还来到北师大找我。在这个还陌生的城市里，我们查着地图去了后海，带着一点冒险的热情开启了我们全新的生活。在后海，我们照了一张合影。我欢喜地把它发到了网上，“瞧，我们还在一起”。是的，我们还在一起。与同桌的相逢让我想起了自己逐个把朋友送走的那些伤感的夜晚，想起吃散伙饭的那天我们送给彼此的祝福，想起我们在分离的时刻抱头痛哭，想起我们之间那么多的故事。

我在最好的年华遇见了最好的伙伴，是她们让我知道，高中不仅是学习的地方，更是收获感情、收获支撑的地方。高中，可能是我们人生中最后一段单纯的年华，最后一段不掺杂任何杂质的岁月，它让我学会了珍惜。

痛并快乐着

我终于踏上了去大学的征途，来到了北京，我梦想的地方。告别了父母，告别了熟悉的小伙伴，开始了一个人的生活。我想，大学教给我的第一课，叫作“独立”。这一课的上课地点，在北京顺义军训基地。

9月23日，我们集体坐上客车，带着激动而又期待的心情，来到了军训基地。迎接我们的是蒙蒙细雨和陌生的教官们。我一个人提着行李箱，随着人潮走。听着各处的喊声，心却很平静。因为在那时，我心里的画面，是妈妈在学校的木铎下流下眼泪；是报到那天，她说：“你报到结束了，我就难受了，好像姑娘要飞走了。”思念突然涌出，让我无所适从。我只有自己一个人了。

接下来的几天，我过得并不幸福。我陷入了深深的思念和痛苦，难以自拔。9月27日是我的生日，越是接近我的生日，我就越是想念那个千里之外的家。在烈日下站军姿时我一直努力维持的自立和坚强在这陌生的生活中统统垮塌，我第一次发现，自己那么需要别人在乎。烈日下，我的眼泪流着，把我心里的光影洗刷得越发清晰。我想起爸爸在宿舍门外摸着我的脸说：“宝贝，只要你过得比我好。”写到这一段的时候，我还是哭了。这句话深深地烙印在我的生命里，“只要你过得比我好”。我想，任何一个为人父母的人都能理解这句话简单却意蕴深长的期待，每一个为人子女的人都能理解父母不再陪伴自己的那种心酸与不舍。

然而就在我生日的这一天，事情有了一个美妙的转折，也是大学教给我的第二课——集体。在大学，我们依旧是单纯的，依旧愿意为了集体奉献自己的一切。同宿舍的同学竟然记得我偶然提过的生日，在早操的忙碌时间对我说了一句生日快乐。并且我发现竟然还有一个与我同月同日生的小伙伴！我的班主任来到了基地，和全学部的同学一起为我们庆祝了生日。这是我从未有过的体验。宿舍的同学一起为我庆生，“雪中送炭”地送了好多好吃的。我们一起唱生日快乐，一起欢快地唱起了歌……

我突然觉得不那么想家了，突然觉得有兄弟姐妹的地方也是家。

“九连九连，我是九连，再说一遍，我是九连！”

这是我们集体自创的连号，更让我对九连充满了归属感。我们几乎拿到了所有比赛的第一名，可以说是最棒的连队。因为我们是一个集体，为了这个集体，我们的内务从倒数第四名一直进步到了第一名；为了这个集体，我们在操练场上喊出震天动地的“杀”；为了这个集体，我们“卖命”地踢正步，做匕首操……这一切也是我不可磨灭的记忆。

谈到集体，就不由得让我想到班级。大学的班级给人的感觉很不一样。即使在同一个班级，我们似乎也不是十分熟悉。我们不再拥有“同桌”的概念，甚至很长一段时间内都不认识身边的同学。下了课我们不会再像从前一样追逐打闹，好像短短的一个暑假就改变了我们的个性，变得“成熟稳重”起来。脱离了高中老师的管制，手机成了更加亲密的伙伴，一下课几乎所有人都在玩手机。我不得不承认，即使到了今天，我依旧不喜欢集体中这样的改变。所以我选择竞选班级的团支书，我需要集体的力量，我需要归属感。凭着我的勇气和胆量，也凭着我的三寸不烂之舌，我赢得了老师和同学们的信任，希望为我们的大教育二班添砖加瓦。因为这份职务，我认全了班里的每一位同学。也因为这份职务，我感受到班委会里每一位同学的支持和团结。他们让我相信集体，也相信人心。

当然，尽管如此，我还是不得不接受了大学教给我的第三课——享受孤独。因为在这里，没有固定的人会陪你一起去食堂，没有人会一直和你上一样的课，参加一样的社团，没有人会一直陪伴你。面对这样的生活，我觉得学会享受孤独比独立更加重要。因为我认为独立是强迫自己接受一种生活方式，是勉强的坚强。而享受孤独则是创造一种生活方式，是真正的坚强。

我一直坚守一个信条：真正成熟的人是不会认为自己已完全成熟的。就像我在高中时写的一篇文章结尾：也许有一天，我会感到自己今天的幼稚与无知，也许有一天，我会嘲笑自己的自以为是，但那又怎么样呢！如果有一天注定要分离，至少要记得一起牵手在操场走过时夕阳下的影子。

人生的路很长，每一天都在收获新的经验和道理。也许我今天看到的孤独只是表面，又或者我应该珍惜和感谢这种孤独。不管如何，走到今天，我想我还没有长大，但我会努力适应，努力开始自己的新生活。

也许迷茫，也许彷徨，但我相信，总有一天我会找到自己的方向。也许孤独，也许寂寞，但我相信终究不会是孤芳自赏。大学，我来了。北京，我来了。未来，我来了！

最初的梦想

“不忘初心，方得始终”，我要感激这句话。这句话让我记得每一位在我成长道路上帮助过我的人，包括从过去到现在一直相信我、陪伴我的父母和朋友，包容我坏脾气的初中班主任“华仔”，假意放纵、实则关照我的高中文科班主任“军哥”。当然还有已经连续两年一起在后海跨年的小伙伴们，以及对我照顾有加的大学导师和班主任。

我依旧没有长大，就在修改这篇稿子的这一天，我还和妈妈吵了一架。我还是一个要承受家务和妈妈坏脾气的孩子，写完这篇稿子就要去擦玻璃了。我记得有人对我说过，无论你走多远，别忘了你的父母老师，别忘了你在哪里长大。

我还是我，相信这段美丽的旧时光会像《还珠格格》一样年年上演，我的青春要轰轰烈烈、潇潇洒洒。

一切有感皆教育

爱是所有善意，教育亦是。

时间在变，流逝得太快。我在其中，也在改变，虽然细微，虽然悄然，哪怕不愿。如今回首，我想，平静纪念的意义大于悲恸的感怀。逝去的日子皆沉默，沉默地来临，亦以沉默的姿态消逝。但它们同时以静默的力量，在我的心中留下痕迹。而这样独自回忆的时刻恰好用于妥善的倾诉。我知道人生不可也最好不要时时璀璨、平顺无歧，可我相信若这不是传奇，也绝不是荒野。

我与家人

我的家庭简单而传统。爷爷是当年的知青，写得一手好字好文，也做了一生好人好事。他生在新中国成立前的战乱年代，家教还有着浓厚的传统遗风，家庭中十分讲究礼仪尊卑、长幼之别。爷爷见证了新中国的诞生，经历过难捱的三年困难时期，十年“文化大革命”，也见证了现代中国的转变，见证了改革开放后的80、90年代和新世纪的到来。爷爷的一生经历丰富却也朴素简单，爷爷用他的行动教会了我勤劳坚韧和善良真诚。我常常看爷爷当年的照片，爷爷总是把它们当作宝贝，相框总是干干净净，几近无尘。

年轻时的爷爷，笑容灿烂天真。照片里的他初中刚刚毕业，清晰的三道杠依然熨帖地佩戴在肩上。而那时候，爷爷的爸爸妈妈已经去世多年。爷爷是家里唯一的男孩。在传统的观念里，爷爷要独自承担起整个家庭的生计。爷爷喜欢把他的一生当作平淡无奇的陈旧故事讲给我听，而我却觉得仿佛传奇。我想知道，可我从未敢问，那些艰难的孤独的日子，爷爷一人是怎么熬过来的？是否在黯淡的年岁里，有着太多伤心的难熬的时刻？又或者，在那悲凉荒芜的大时代中，个人的悲喜早已无处放置？

爷爷年近古稀，双鬓花白，牙齿眼睛都没有从前那么好使，可是依然时常会有天真如往昔的纯净笑容。这总让我想到那张照片记载的年月里，一切都荒凉黯淡，唯有风华正茂的爷爷无限勇敢，乐观坚强。那仿佛从未体会过苦痛、从未受到过伤害的纯真笑容太过美好，美好得让人心酸。但爷爷如今的身体还是十分硬朗，热爱运动、健康饮食，有着自己朴素实用的生活哲学。爷爷有四个小孩，爸爸是最小的儿子，而我是这一辈家里唯一的女孩，从小便得到爷爷奶奶更多的爱和照顾。爷爷看着我长大，我看着爷爷变老，这是公平的交换吗？我说不清楚，也没有问过爷爷，不过我想，他听了，一定会笑的。

奶奶也是下乡青年。听爷爷说奶奶年轻时倔强得很，又很勇敢，16岁时一个人带着简单的行李硬是在陌生的城市里落了脚、扎了根。后来她在乡下遇到爷爷，两人在劳动与奉献中萌生了纯真的革命爱情。老人们从未主动说起他们当年的爱情故事，可是我想，爷爷当年一定是被奶奶的聪明和勇敢吸引，惊异于纤弱女子居然有着异常坚强独立的内里。而奶奶，一定是喜欢爷爷单纯的善良和坚韧。老夫老妻相携着走了大半辈子，四个子女都已长大成人，并都有了各自的幸福生活。老人依旧朴素生活，只是开始喜欢回首。我来北京时爷爷的回忆录已写好，只等我在校门前的一张照片作序。“喜欢怀念是因为开始老去。”我不管，爷爷奶奶一定能活一百岁。

爷爷奶奶教育出了全世界最好的我的爸爸。虽然我知道“全世界最好”常常是不明世事的小孩子才说的前缀,可是在我心里，爸爸就是全世界最好的，无论什么也不能交换，不管怎样都不能从我身边离开的最爱我的人。爸爸已过不惑之年，却依然热血率真，有着后青春期的一切特质，骨子里永远有着纯真的孩子气。可爸爸又非常坚强勇敢，同时细心温柔，所以我感受到的父爱，深沉冷峻却也温暖直接。爸爸带给我生命中最有趣的事情、最好的想法、最特别的经历。爸爸用和妈妈不同的角度教给我辨别是非的能力，以及如何成长为一个独立勇敢的女孩。若是如今的我有着深刻的英雄情结、军旅情怀和一腔热血，那一定是因为爸爸。我太庆幸我有这样的爸爸，以“全世界最好”作为前缀真的不为过。我愿在爸爸面前永远是天真的孩童。永远有爸爸包容、爱护，爸爸照顾、关怀，爸爸教导、批评，是多么难得而珍贵的幸福！

我想妈妈一定也是因为喜欢爸爸骨子里的纯真和热血才愿意与他组建家庭。我有全世界最伟大的、最好的妈妈，她善良温柔，如月光皎洁，如阳光温暖。她为家庭、为我，付出了她最宝贵的青春岁月。妈妈有着纯真而美好的学生时代，是班长，是懂事的好学生，被很多人喜欢。妈妈曾无比美丽，哪怕这凛冽时光过去，也只能够增加岁月的底蕴，而未曾留下风霜的痕迹。我要快快长大，长成如妈妈一样独立、美好的女子，变得足够坚强懂事，好来保护她。爸爸妈妈，培养我生而为人应有的教养，教给我做人应有的品质与精神。那两个正慢慢变老的人儿啊，年年岁岁，给我的太多太多。我真庆幸我的身上有着深深的不可磨灭的他们的影子与印记。我是他们生命的延续。我的品质、言行、态度与精神，甚至某些动作表情，都与他们的相似。那接下来就好好说一说我的故事。

我与师长

关于师长的故事可能要从幼儿园说起。师者，或许远不止是传道授业解惑。那一年，小小的我五岁。爸爸妈妈送我到教室门口，叮嘱好一切，幼儿园老师可亲地微笑，要将我领进门。气氛温馨和谐，我却突然大哭起来，紧紧拉着爸爸妈妈的手不肯放开。小孩子总以为转身便是失去。别无他法，妈妈在其他小朋友好奇的眼光里把我带走。我到现在依然佩服爸爸妈妈当时的坚持，第二天、第三天、第四天的早晨他们依然不放弃，把我拉到幼儿园。我开心地拉着爸爸妈妈的手一路蹦跳，但只要一看到幼儿园的大门就又哭起来。可最后我还是被爸爸妈妈打败，他们决绝地转身离开，把嚎啕大哭的我留在身后。老师的安慰毫无用处，其他小朋友的目光我也不管不顾。

可是我顾自哭了一会儿之后也开始明白，不会再有人把我接走了，至少直到放学前不会。我绝望地停止了哭泣，满满的泪光里，隐约看到一个人影，她从教室那边穿过笑着闹着的小朋友，径直走向了我。从这一刻开始，我小小的执拗的心中对幼儿园的抵触、抗拒开始消解，耸立在自己之外隔开他人的围墙仿佛突然有了破洞，并透进光来。而尚老师，就是光。她用手而不是用纸巾拂去我眼角的泪，捧着我的脸，轻声说："老师教你写字好不好？写好字，爸爸妈妈就来接你了。"仿佛是商量，语气是温柔的征求。

这样的声音让我感到安心，并且轻易地信任。我点头，看着她。她又笑，揉揉我的头发，说真乖。她教我握笔，反复纠正手指的位置、下笔的方式，调整我的坐姿。这场景我到现在依然记得清楚，这是我不同于别人的幼儿园第一课。其他小朋友还在笑着闹着学唱歌，而我在尚老师的注视下安静地写着字。我怀疑这是命运有意的铺陈和伏笔，多年后这样的场景仍在重演，初中高中的开学第一天，同学们在座位上说笑嬉闹，而我在黑板上安静地写着入学须知。我要感谢尚老师的引领和启蒙，她不仅找到了让我安静下来的方式，还让我写得一手好字。我知道无论是当年她教会我的沉稳，还是我与她共度的时日，都是我有幸拥有的太过珍贵的财富。

尚老师的方式是我至今遇到过很多老师、感受过很多种教育方法后，依然觉得好的教育方式。她的教导温和而中肯，言辞不犀利却因为其中的笃定道理而让人无法反驳，甚至有一些不卑不亢的味道。尚老师用身体力行、潜移默化的方式带给我难忘的记忆，她教给我的美好品质和春风化雨般在我身上留下的痕迹依然还在，并且我相信会永远都在。

我带着这样的感动步入了小学的校园。我所在的班级是最不服管教的那一个，所以更换班主任也就最为频繁。她们风格迥异，都带给我新的启迪，让我成长，并最终留给我难忘的记忆，让我永远感激。启蒙老师张老师最为年长，教语文，德高望重，教育方式也更有古时长者的遗风。她写得一手漂亮的粉笔字，分析课文感性而深入，对于文章表达的感情与意蕴拿捏精巧，课堂上总是循循善诱，带领我们抽丝剥茧、逐层深入，最后将那哲理娓娓道来。我们做错事时她的批评也带着母性的慈祥光辉，并且从来都是鼓励式的、满是爱怜的、引导般的，让人毫无压力与不安。她就是这样教会我们可贵的诚实，因为她的鼓励，我们拥有勇气。

一年后，我们迎来了第二位班主任。又一年后，迎来第三位。田老师和王老师的教育方法有一些相像，在这里就放在一起介绍。两位老师比张老师年轻些，于是教育方式里的严厉就多一些。她们面对总是一团混乱的班级更想做出一点成绩，来证明自己的能力。可是相应地，她们的严厉总是换来我们更加不听话的回应。我觉得当时我们的确太不懂事，还不太能够理解严厉的关怀。但我也依然觉得教育是相互的过程，应该在平和的、温馨的气氛中完成。如同远古时孔子的讲学，学生围坐老师身侧，老师倾心讲授，温和解释，学生洗耳恭听。尊师重道、敬畏与崇敬等种种情感都是发自内心的，不仅有对所学知识、所传天道的敬畏，还有与此平行的对师长的自然敬重。我相信就算是气急败坏的批评里亦有善意的成分，让人难以接受的惩罚里亦有希冀，只是这些都没有平心静气地完成教育本应呈现的、和谐共通的、相互的过程，教与学的乐趣也就相应地少了一点。

小学时为了培养兴趣，妈妈送我去学习书法和电子琴。学书法的地方离家比较远，需要爸爸接送。书法老师或许有意重现老北京四合院的独特感觉，小院取暖采用明火的炉子。我们每周末连续练字三个小时，时间却总是过得很快。书法的确是一门奇妙的艺术，引人探求、引人深思，而不觉其枯燥。学习书法的半年时光里，让我印象深刻的不是我的书法老师，而是书法或者说汉字本身。练字的过程包含了反思的过程、自我勉励的过程、欣赏的过程、学习的过程，而这本身就是教育的过程，往往也包含着更多深刻的哲理感悟与启迪。而我的电子琴学习之路更为长久一些，加上后来改学钢琴，我与音乐在一起的时间长达十年。音乐引领的教育更是给了我很多平常生活中不曾遇到的启迪。千锤百炼，方得真知，琴艺更是如此。音乐老师一直倡导学习音乐首先要发自内心地感兴趣，其次要有良好的学习习惯，刻苦沉稳是必需的学习品质。幸福有时就是重复，老师说得真好。练琴时会觉得枯燥，但当重复达到一定的程度，量变终于催生质变，就会觉得一切都值得，觉得得到了某种回报，让人满足并欣慰，这是音乐独特的魅力。音乐老师的教育方法也比较好，在教育的过程中有着足够的细心和耐心，和学生平等地沟通交流，所以老师也是我们音乐上的朋友。同时他还提倡在音乐中注入情感，强调真实的表达和演奏最为重要。学艺学人，我相信两者之间有相通之处。

初中的班主任是我非常想要好好感谢的人。她姓齐，是一位年轻的数学老师。齐老师的专业素养很高，数学课堂生动有趣，非常精彩。她采用启发式教育，引而不发，引人思考探求。她的教育少有地带着明显的善的本质甚至是先验的善意。我做错事，她的批评准确地说更像来自一个母亲，带着对女儿的爱意的责怪。她教我们的时候正是我们刚刚进入青春期的时候，每个人都有着自己的想法和性格，都觉得自己很了不起，这或许是青春期的标志。所以我身为当时的班长，工作就有些为难。我拿捏不好协助老师管理同学的分寸，有时候话说得让同学觉得受到伤害，而我自己却没有觉察；有时候言语的力度又不够，让同学们去做的事情没有得到切实的执行。学生工作中的难题我未曾和齐老师说起，可是老师却非常细心地看出我的困惑。她用温和细腻的方式教我面对各种事件和情境的处理方法，帮我梳理同学关系，帮我分析每位同学的特点，寻找适合的相处方式。老师言传身教，让我慢慢成长为更加宽容、更加懂事的人，塑造着我的人格。

与齐老师相像的还有一位老师，是我的高中数学老师。她姓娄，她自己常常开玩笑说这姓氏标志着她生来就和数学有关系。娄老师虽然年轻，却有着一套独特、成熟的教学方法。上课的气氛轻松愉快，她却也在嬉笑怒骂中深切地体会每一位同学细微的情感和真实的想法。印象很深刻的一件事是她在一次晚自习时让我们做一张卷子，题目有一些难度。那时候高一刚开学没多久，我们知道她要求严格，所以都想尽最大努力把题目做好。我完成所有题目后，只有一道题犹豫不决。恰好坐在我前面的同学刚刚问过老师，在老师的提示下想出了答案。于是我在想知道最终答案的好奇和想把卷子答到完美的双重心理作用下，拿来他的卷子，看了那道题目。我觉得他分析得有道理，就写下了与他相同的答案。但是我没有交我的卷子，因为我觉得那并不是完全由我自己作答的卷子，可是我又没有足够的勇气和老师坦白说是因为抄袭了其他同学的答案。

评卷结束后，老师开始登记成绩并点名核对。我忐忑难安，怕老师会在全班同学面前问我为什么没有交卷子，以及我即将不得不做出坦白。但是出乎意料地，老师没有拆穿，而是非常自然地在点名时跳过了我。在这之后，大家已经开始做其他的事情，娄老师坐到我桌前，笑着问我："刚刚的卷子呢？为什么没交？拿来我看看。"我紧张地递给她，明知上面的答案都是正确的，可是依然紧张。她看过之后在卷子上方写了大大的"100"，开玩笑一样地说："得了100分就可以不交卷子吗？"听到的同学小声地笑，娄老师也笑，我却笑不出。最终我还是没有勇气坦白，但我知道娄老师一定看穿了我。因为在最终的成绩单上，老师没有写上我的分数。

我感激老师能够看穿，让我不用再背负沉重的思想包袱，也感激她的不点明、不拆穿，让我没有经历预想中的难堪与尴尬。老师的处理方式让我想要为她击节称赞，不仅因为我是当事人，更因为她巧妙地保护了一个学生的尊严，不破坏那小心翼翼的、忐忑的情绪，却早已在不易察觉的悄然里，用最适度的语言和最精准的分寸，让学生明白自己错在哪里、以后应该如何。这种教育方式已经不需要多余的解释，早已诠释了与教育俱来的善意。其带给学生的微妙的向上向善的心理影响，对学生今后的成长和发展而言，是意义深远的。至少我从那以后再没有过所谓“借鉴”或“抄袭”的行为，也拥有了敢于坦白的诚实与勇气，而这些都是娄老师教会我的。

我的高中生活与很多同学都不同，完全没有传说中的紧张与难熬，没有所谓“地狱式的磨炼”。生活与学习的节奏平稳，步调正常。而我又是典型的、非常不刻苦的学生，成绩的得来只是凭借着小聪明。我觉得自己的接受能力和领悟能力还可以，老师讲的内容听一遍就差不多可以完全掌握，不必再重复。相比来说，我更相信自学和独立钻研的力量，而不喜欢合作。在小小的学校里，我每次都是第一名，而一切荣誉又来得轻而易举，让我有些飘飘然且有着非常明显的优越感。但好在这种傲慢主要作用在学习上，并没有过多影响我的同学关系。长久的家庭教育和长辈们性格涵养的熏陶，让我拥有了比较温和并宽厚的性情，能够站在他人的角度思考问题、感同身受，这让我和同学们的相处比较容易且愉快。

但还是要感谢同学们的包容，这是必要的。我高中的政治老师就曾对我说：“你让人感觉高傲，难以接近，有距离感。”我好好想了想与同学们相处的种种经历，想了想我的朋友圈，又想起以前遇到却未曾注意的他人的眼神，想起很多明明在同一个班级里朝夕相处却几乎未有交集的同学，我们之间只有在我先和他们讲话之后才会有对话。这种种让我不禁开始怀疑，难道我真的如同政治老师所说的那样吗？我觉得老师直白的方式很好，让我知道一直不曾留意的问题所在，让我在为时未晚时审查自身，找出解决问题的出路。于是我明白，我应该更加乐于帮助他人，与他人共同进步并完善自身。我要做的就是努力让自己变得更好、更优秀，也更好地融入班级的生活，唯有如此，方不辜负老师苦心。

还要特别说说的，是陪伴我最久，给我最多感悟和启迪的良师益友——阅读与写作。书籍给了我最伟大、最深沉的教育。阅读的习惯与爱好从四五岁时就已存在，在我还不识字时是妈妈念给我听。小时候觉得童话寓言生动离奇，我往往沉浸在故事里无法自拔，因为美好的结局而开心，因为悲伤的情节难过哭泣，也是常有的事，小孩子的情感往往易变。我只记得那时候的阅读带给我非常奇妙的感受，难以言喻。后来长大一点，接触到不同类型、不同风格的作品，视野慢慢开阔，爱好也变得广泛。我在不同的领域里发现不同的奥秘，在人物身上体会与己不同的情感，经历生命的跌宕。它让我的生命在某一个维度上变得丰富，让我的精神富足。这是伟大而深沉的教育方式。

因为阅读，我开始写作。喜欢写作不为功成名就，但小时候却萌生了成为专职作家的梦想。直到现在，我依然为这梦想和它背后的勇气与执着感动。如今再没有当年的热血和热忱，但喜欢写作的心却没变。在书写中，我手写我心，锤炼我的语句，表达我的情感，想象不同的人生。在这过程里总是有新的感悟与启迪，这是意外的收获与成长。写作与阅读也悄然塑造并改变着我的性情。我庆幸，因为书，因为纸笔，因为我一直不肯舍弃的、通过文字与遥远的（无论这遥远是时间还是空间的）伟人的交流，我的性格里依然保留着百无一用的书生意气与单纯偏执的文人情怀。

我与大学

很快地，我还来不及好好沉淀我的高中尤其是我的高三，来不及好好回味我生命中出现的风格各异的可爱的老师们，时光就已带着我步入了北师大的校园。步入大学将近一月再提笔，回想过去，希冀未来，心情依然激动难抑。想到8月末时，初看这校园感觉一切新奇，找不到路时学姐亲切指点：宿舍楼是红色，教学楼是灰色，图书馆靠近东门。当时我觉得有了不迷路的秘籍，那也是来到北师大第一次感受到学长学姐的关怀和友爱。于是非常轻易地，心中对北师大的喜欢又多了一分。

喜欢和归属感就这样一点点累积，上一届的学长特意跑来，递给我几乎翻遍了整个寝室才找到的书。同样来自辽宁的师姐，开学初各路打探到我的寝室，拿着好吃的跑过来问我开学的感受，向我介绍北师大的环境，用家乡话聊天，那感觉如同相识已久的老朋友重逢叙旧。我独自度过的第一个中秋，晚上在图书馆门外接听着高中同学和老师打来的电话，有分隔两地的思念和担心，却意外地没有泪水灌溉的一诉衷肠，我们彼此以平静的语气轻快地相互询问，得到放心的回应，分享两地有趣的事情和近况。

我在北师大的操场上，看着北师大的月亮，圆润清透，红心黄边，光芒并不清冽但是异常温柔亲切。那一刻，不想拍照记录，只想默默地看，在心里标注留念。那种感觉异常奇妙，独自一人，却不感到任何孤单、茫然。明明相隔千里，却不觉遥远难见，只觉得好意与真心一直围绕在身边。那一晚的师大，是刚刚军训回来的我第一次好好观察到的。夜幕低垂，明月寥星，仿佛奇妙的自然已自成一个体系。倒是我不经意地置身其中，生怕破坏了那奇妙难得的宁静与自得。

说到这里，还是忍不住想要说一说军训。军训实在是太好的教育。13天，开始时总觉得漫长，恨不得拥有时光机，直接穿梭到结束后。可是让我至今仍觉得奇妙的，是当我坐上晨光里启程开往军训基地的大巴时，靠着窗子，在与爸爸妈妈送别的泪水中一觉醒来，看到天色已完全明亮，沿路的草木青葱可爱，屋顶齐整的农家房一排排一列列，成为道路两边极富生气的风景。路程还有10分钟时，正经过一个十字岔路，军训基地的指示牌笔直地立在岔路口，其背后的远山、蓝天、花草、人家亲昵相贴。也就是那一刻，我忽然觉得，我们一直惴惴不安的军训生活，也许是可爱可亲的。就像任何初初听来觉得艰难、辛苦、可畏的考验和经历，当终于到达它面前，我们小心翼翼地看清它的真实面目后，就会猛然发现事情并没有我们预想的可怕。而我想，同样地，我们一直期待却又惴惴不安的未来，也一定会是明亮的。这是军训还未真正开始就给我的第一课。

后来，这种感觉越来越强烈。我简直太喜欢在基地里的生活和训练，每天按时的作息、规律的饮食、有趣的项目、持久的烈日和突然的风雨都只成为小小的注解。而可爱的教官们，亦以他们的方式教给我太多太多。他们在与我相仿的年龄，却有着比我丰富得多的经历。他们说人生没有平坦笔直的坦途，应当怀着美好的理想，在青春正好的年龄，翻越山岭，披风戴雪。在那其中，曾挡在面前的如同路障的孤单、艰难、想念、疲倦，现在一说起来，仿佛轻松平凡得不值一提。而那群可爱的人儿，在这曲折漫长的路上愈发坚强与坚决，终于在磨砺中拥有了军人的意志和心念。“军人的字典找不到失败，军人的名字为了祖国而存在。”说得真好。如今，我虽已离开军营，却依然愿意、永远愿意以此自勉。

我与希冀

人生就是在不断告别、不断重逢、不断体验新的境遇中成长丰富的。我慢慢地明白，无论面对什么事，希望自己能变得平和、从容。过去的我一路顺利平稳，成长的路上从不是独自一人。爸爸妈妈的庇护、长辈师长的照顾、同学朋友的关怀，太多的宠爱仿佛来得异常容易，并且无需代价或回报。我只是以自己认为好的方式做着自己，完善自己。

我庆幸并感动，太幸运能够拥有这样好的一群人和这样好的情感。我一直以来独自坚持的方式和样子，也得到了他们的肯定和喜欢。我要一直不动摇地坚持下去。要善良、宽和，多多为他人而不是自己着想。要变得更加从容，要变得更加优秀。也唯有如此，才不辜负那多数时候沉默着却从未消失的好意与真心。

在大学里，最重要的是在这宽松的环境中真正了解自己，清楚地知道自己喜欢什么，想要什么，一定要完成什么。现在可以暂时没有清晰的规划，但一定要有确定的方向和想法。要独立而勇敢、果毅而豁达、坦诚而单纯，要成长为更好的自己。

写到这里，终于觉得可以停笔。可是有时候，言语毕竟匮乏、苍白，更多真实的感慨还需要在平静的时刻独自回味、表白。愿人生的原野枯荣也有时，但凭心中草木以传奇。